刘诗白 — 著

刘诗白选集

第六卷

社会主义产权理论研究

·下册·

四川人民出版社

图书在版编目（CIP）数据

社会主义产权理论研究：全2册 / 刘诗白著. — 成
都：四川人民出版社，2018.12
（刘诗白选集；第六卷）
ISBN 978-7-220-10866-2

Ⅰ. ①社… Ⅱ. ①刘… Ⅲ. ①产权理论—文集
Ⅳ. ①F121.21-53

中国版本图书馆CIP数据核字（2018）第184862号

SHEHUIZHUYI CHANQUAN LILUN YANJIU XIACE

社会主义产权理论研究（下册）

刘诗白　著

责任编辑	吴焕姣　唐海涛
封面设计	陆红强
版式设计	戴雨虹
责任校对	王璐　袁晓红
责任印制	王俊
出版发行	四川人民出版社（成都槐树街2号）
网　址	http://www.scpph.com
E-mail	scrmcbs@sina.com
新浪微博	@四川人民出版社
微信公众号	四川人民出版社
发行部业务电话	（028）86259624　86259453
防盗版举报电话	（028）86259624
照　排	四川胜翔数码印务设计有限公司
印　刷	成都东江印务有限公司
成品尺寸	170mm×240mm
印　张	19.5
字　数	230千
版　次	2018年12月第1版
印　次	2018年12月第1次印刷
书　号	ISBN 978-7-220-10866-2
全套定价	3000.00元（全13卷）

目 录（下册）

专著

产权新论

西南财经大学出版社

1993年出版。

导　语

为了构建社会主义市场经济新体制，我们需要加快推进三个方面的改革：（1）构建社会主义市场经济的微观主体；（2）培育和发展社会主义市场体系；（3）建立政府间接宏观调控体系。这是需要互相配套进行的、以企业改革为核心的三连环的改革。国有企业的改革，是我国城市经济体制改革的中心环节。国有企业，特别是国有大中型企业，是我国社会主义经济的基本支柱，是我国国民经济的主导力量，是国家财政收入的最重要来源。大力深化企业改革，把我国国有企业从传统的计划经济体制所固有的许许多多的束缚中解放出来，把它构建成自主经营、自负盈亏、自行发展、自我约束的商品生产者，不仅能使企业拥有的现实的和潜在的生产力得以充分地发挥出来，极大地促进和加快我国经济的发展，而且通过大力抓企业改革，用它来带动计划、投资、金融、财政税收、劳动工资等多方面的改革，这就使改革由中心启动，逐步扩展，向各个领域延伸，使改革环环相扣，有序地进行，从而使改革不断深化和加快向新体制的转换。

我国国有企业的改革是沿着引进市场机制，把企业推向市场的方向开展的。这一企业的改革，1978年以来就已经在四川等省市进行试点。1984年中国共产党的十二届三中全会制定了《中共中央关于经济体制改革的决定》，从此拉开了城市国有企业全面改革的帷幕。14年来国有企业的改革大体经历了如下四个时期：（1）扩大自主权；（2）第二步利改税；（3）1987年以来全面推行承包制；（4）1991年秋以来的转换企业经营机制。经过10多年来的改革，国有企业的营运状况，较之改革前有了很大变化。企业应该享有的自主权已经明令宣布下放，企业自主支配的财力有所增强，越来越多的企业不再围着计划转，已经不同程度地开始适应市场而自主营运，人们说："原来被管死的企业开始活起来了。"在全国各地出现了一批机制新、发展快、效益好，表现出勃勃生机的优秀企业。这些企业即使是在宏观环境不利的1988～1991年，也仍然能依靠它的应变能力和自身努力，战胜困难，保持良好的发展势头。但是对国有企业的改革成就不可估计过高。10多年来出台的改革措施已不少，政府、企业、职工为搞活企业付出许多努力，理论家为企业改革的方案设计与理论论证绞尽脑汁。可是尽管如此，当前国有企业亏损面仍有1/3，还有1/3潜在亏损，获得效益的只有1/3，多数国有企业，特别是国有大中型企业尚未活起来，一部分国有大中型企业一直是处境艰难。而另一方面，非国有的城市集体企业、乡镇企业、个体企业、三资企业等却获得迅速的发展，在工业产值中的比重由1980年的24%上升到1991年的47%，与此相应，国有企业比重由1980年的76%下降到53%。人们称这种发展为："老公不如老乡，老乡不如老外。"十分值得注意的是，这种非国有企业超过国有企业而迅速发展的趋势还在继续。一份研究报告提出：如果国有企业仍然停留在目前的运行势态上，到2000年，它在国内生产总值中所占比例将由45%下降到33%。

传统国有制企业模式是计划经济的产物。在传统计划体制下，国有企业由政府分钱、分物来保着，尽管企业缺乏活力和效率，但是总体上仍然维持一种高投入、低产出、慢节奏的运转。在20世纪80年代经济逐渐转入市场经济轨道的条件下，非国有企业能在市场经济中表现出活力，而国有企业却表现出僵化不灵、缺乏适应性，尽管人们采取了许多改革措施，但企业老是活不起来，这种情况使人疑惑不解。一些人产生模糊认识，认为"国有企业是不可能推入市场的""要搞市场经济只能发展非国有经济"，甚至"只能发展非公有经济"。这里人们提出了一个需要从理论上加以回答的问题：国有制能否与市场经济兼容？

市场经济是自发性的市场机制成为主要调节者和在资源配置中起基础性作用的经济。这一市场机制成为主要调节器的经济，要求微观组织是以营利极大化为目标，实行自主经营、自负盈亏、自我发展、自我约束的市场主体和拥有自行支配的经营财产的产权主体，也就是说是一个真正的企业。市场主体也就是人们称为"围绕市场团团转"的独立的商品生产者。由于企业活动是以营利极大化为直接目标，企业才从利益驱动上去使自身的行为密切地适应于市场。如果生产者是以自己需要的满足为目标，或者是以完成上级下达的实物产量为目标，而不是以交换价值和营利为目标，那么就不会有面向市场的生产动因和企业行为。

市场主体的行为特征是独立决策、自主经营。真正的市场行为，是由主体独立作决策，体现主体的意志的行为。如果生产者无权作决策，而是执行他人或"上级"决定，这个生产者就不具有商品生产者的性质，这种生产交换活动就不具有自主经营的性质。

既然企业实行独立决策、自主经营，它理所当然地就要自担经营风险和为自己的各种经济行为承担责任。反之，也正因为企业实行自负盈亏，独立承担经济责任，因而，它就能大胆地自主经营。

市场主体，不仅仅实行自主经营，而且实行依靠自身力量，依靠良好经营获得的收入，自行积累、自我发展。这样就要求企业活动进一步密切适应市场，这是企业行为的市场性的一个重要原因。

企业实行自负盈亏、自我发展，意味着企业的兴衰成败，决定于自身能否充分地适应市场，这就要求企业自我约束，即自觉地把自身行为规范于符合市场状况与要求的合理行为的界限之内。

可见，以营利为动机，自主经营、自负盈亏、自我发展、自我约束等企业行为动机与行为特点，集中体现了企业的市场性，具有这样的性质的企业就是一个真正的市场主体。

市场主体必须是产权主体。上述企业的行为动机与行为特点，均离不开保证企业成为主体的财产结构，即企业必须拥有归它支配的经营财产。这是由于，企业进行真正的市场交换，要求承认交换双方对交换对象拥有"产权"。企业开展市场竞争，进行有效的自主经营，必须不断调整生产结构与股权结构，机动地处理收益分配，改善内部经营管理，这一切要求企业有权处理"人、财、物、产、供、销"，即要有充分的经营权。市场经济越发达，企业越要进行全面的资产经营，包括物质生产、商业营销、资本营运（各种投资活动），要进行企业组织的调整，如企业分立、合并、兼并等，这就要求企业拥有财产处置权，这样就进一步扩大了经营权。可见，使企业拥有财产支配权或占有权，即成为产权主体，是生产者能形成市场性的行为，真正成为市场主体的必要条件。因而，更确切地说，市场经济的微观主体就是一个独立的市场主体和产权主体。

我们这里谈到的产权，即property rights，是现代经济学和法学的一个重要概念，如果予以马克思主义的科学解释，广义的产权，既包括财产所有权又包括财产支配权或经营权。我们说市场经济的微观主体是一个产权主体，就是指生产者或企业拥有财产所有权或支配权。

市场经济作为一种经济组织形式和运行方式，它是不断发展和变革的。市场经济不断发展、变革与创新，包括市场经济微观组织结构（生产组织和经营组织结构，产权结构）的发展、变革和创新。这些变革和创新，使企业越来越适应于更加发展和成熟的市场经济的要求。就企业产权来说，市场经济在它的以私有制经济为基础的发展时期，创造出一种私有企业形式和私有产权形式。后者包括两种形式：（1）所有权与经营权相统一的私有产权形态。例如，个体私有企业（它在近代资本主义产生以前就已经出现和获得发展），资本主义的独资企业、合伙企业，等等。由于这种私有产权形态把所有权与经营权集于企业主一身，从而具有产权主体明晰和财产"权""责""益"清楚的特点，特别是企业财产的使用经营状况和经营者（所有者）的利益最直接地相联系，因而独立的私有产权，保证和强化了私人企业的自主经营，这是私人企业在市场经济发展中一直表现出活力不衰的重要原因。（2）所有权与经营权相分离的形态，这是生产集中化和资金联合化趋势下产生的现代股份公司企业的产权形式。这一企业产权形式在保证所有者权利的前提下，在企业法人财产形式下，赋予由非所有者的经营者以充分的支配权，企业由此成为一个能在市场竞争中发挥高度自主性与积极性的市场主体。后者生机勃勃的独立营运成为现代市场经济的活力的重要制度要素。

基于上述论述，我们可以看到，作为市场经济的微观主体的企业，并不是一定要求有某一种所有制，例如，并不是一定要求私有制，而是要求与市场经济相适应的产权形式；它也并不是一定要固守着所有者与经营者相合一，即所有者成为产权主体的形态，而是要求有一种企业拥有资产支配权，从而表现为产权主体的形态。人们可以看见，现代公司企业，尽管存在所有者不经营而经营者不是所有者的矛盾，但是这并未出现所有权桎梏和束缚企业经营自主的情况。借助企业法人财产这一"准财产主体"的构建，由经营者负责营运的现代公司企业，不仅能实现高度的自主营运，而且使企业活动最灵敏地反映和适应市场，使企业组织结构适应市场而不断地调整和合理化，一句话，产权主体保证了企业的市场主体性质获得充分的体现。

还须指出，第二次世界大战后，20世纪70年代以来西方资本主义发达国家，在实行国有企业民营化中，借助改变和废止企业由政府直接支配和实行把经营权交给企业的两权相分离的产权制度，使一些国营企业管理得到加强，效益得到提高，企业活力得以增强。

可见，市场经济既在小私有制基础上构建了它的微观主体的产权形式，也在资本主义私有制基础上构建了它的微观主体的产权形式。这些不同的企业产权形式，是企业独立地参与市场，成为市场主体的重要条件。基于这一认识，我们再回到我曾提出的社会主义国有制是否能与市场经济兼容，国有企业能否推入市场的问题。现在，我们就可以有理由地说：在社会主义国家，把国有企业构建成适应市场经济的微观主体的艰难，根本障碍并不是公有制，而在于传统国有企业的产权制度，具体地说，需要构建起一种能有效地实现国家所有权和保证企业经营权的新产权制度。我们所说的实现国家所有权，不是说在所有制结构中要实行"大一统"国家所有制，而是要以国有制为主导；不是说在企业产权中要建立单一的国有制结构，而是建立国有、非国有（包括非公有制）的多元化产权主体结构；不是要实行国有、国营，而是要实行国有企业独立经营的两权相分离的产权结构。特别是要采用法人财产体制，使企业拥有长期归它支配的经营财产，从而使企业经济实体化。国有制企业产权制度的构建，旨在保证维护国家所有权的前提下，充分地强化和硬化企业经营权，使后者真正与所有权相分离，使政企真正分开，由此在社会主义公有制地基上，创造出一个个独立营运的市场主体。

构建起这样的产权制度，必须深化企业改革，把单一国有产权制度改造为多元产权制度；把高度集中的国有产权制度，改造为两权相分离的产权制度；把模糊不清的产权关系改造为明晰化的产权关系。显然，这是一项深层次的改革，它不仅涉及企业体制，而且涉及经济体制的方方面面，从而需要配套地进行。

国有企业产权制度的改革，是一次国有资产权、责、益结构的重大调整。利益格局的大变动，也是使产权改革面对着重大阻力而难以顺利开展的原因。但是我们认为，我国改革发展的历程，已经使国有企业产权改革成为迫切需要的和不可回避的。10多年企业改革的经验与教训表明，理顺产权关系，构建新的产权制度，已经成为当前搞活我国国有企业的突破口。"雄关漫道真如铁，而今迈步从头越。"只要人们按照邓小平同志南方谈话精神，大胆实践，解放思想，下决心闯过这一关，我国国有企业，将因为财产权、责、益关系的理顺，使各方面利益矛盾得以恰当处理，企业将由此焕发出新鲜活力。产权制度的完善化，将促使企业机制的转换，产权主体的形成，也将使企业真正成为市场主体。当然，这一项改革是史无前例的，是十分艰巨的探索，但是我国企业改革的实践，特别是一些地方进行的规范化的企业股份制改造，已经显示出国有企业产权制度改革对于转换机制、搞活企业起到的积极作用。人们已经可以从改革的实践中看到：坚定不移地推进企业产权制度改革，理顺产权关系，实现企业组织结构的再造，将使社会主义国有企业表现出与市场经济的充分兼容性。可见，通过深层次的改革，使国有企业的活力大大增强和在市场经济中更舒展自如地游泳，这不仅仅是人们的一种期望，而且有客观经济规律为依据，有历史经验作佐证，因而是完全可能实现的，对此，我们应具有充分的信心。

我国日益深化的企业改革是一场伟大的制度创新，为了开展中国产权制度的改革，当前迫切需要探讨产权理论。产权理论的研究，不是为了赶时髦，标新立异，而是改革的需要。我国社会主义经济理论研究中，产权的理论刚刚起步，这一领域的研究成果十分薄弱，不仅缺乏系统的基本理论的研究，而且对许多基本概念的认识都模糊不清。因而我主张更多的同志踏踏实实，结合实际，多做些理论研究和应用研究，建立起立足于中国实际的社会主义产权理论。本书说不上是对产权理论的系统的研究，顶多算一个纲要，一本探索性的论著。

第一章

市场经济与产权制度

一、市场经济是发达的商品经济

商品经济是人类社会经济活动的一种组织方式和运行（作）方式。人类社会要存在，就要用一定的方式来组织它的生产、交换、分配和消费等活动。这种方式可以归结为三大类：自然经济、商品经济和产品经济。自然经济是一种自给自足的经济活动组织形式和经济运作方式。在那里，劳动成果表现为产品，进行直接分配和消费，这是一种缺乏交换的、在生产单位内直接组织和自我运行的经济。商品经济是一种交换型的经济活动组织形式与运行方式。在那里，劳动成果表现为商品，通过市场在不同主体之间进行交换，然后进行分配和消费。这是一种引入了市场形式的活动交换的经济组织形式和运行方式。产品经济中劳动成果是产品，通过产品交换和调拨进行分配，这是不通过市场而由政府或社会中心来组织生产、交换与分配的经济。

自然经济、商品经济、产品经济都不是区分社会经济制度的标志，它们可以存在于不同社会制度之中，并为各个社会经济形态服务。例如，商品经济是资本主义经济的原本形式，但它也存在于前资本主义和社会主义社会，而自然经济是前资本主义社会经济的原本形式，但它也残存于资本主义社会和社会主义社会的不发达阶段。

就概念的科学含义来说，不能把商品经济等同于市场经济。商品经济是存在市场、实行市场交换的经济，但是在商品经济的不同阶段，市场的组织与功能是有所不同的。具体地说，市场的结构有简单与复杂之分，市场作用有弱与强之别。历史上的商品经济经历了四个阶段：简单商品经济、发展的商品经济、发达的商品经济、高度发达的现代商品经济。中世纪行会手工业的简单商品经济是商品经济的萌芽时期。它的特征是：市场结构极为简单，除了城市市井，主要是集市；市场功能主要是实现自给性生产之外的商品部分的交换，即"调剂余缺"；市场竞争还很不充分，还保存着自给性生产的性质，生产者还不是唯一依赖与听命于市场的微观主体。此外，还缺乏生产者经济独立的社会政治条件。上述种种情况，决定了市场机制还极不完全和软弱无力，中世纪的简单商品经济还谈不上是由市场机制来进行调节，例如，手工业行会就以其限制市场竞争的行规来对生产起调节作用。可见，迄至近代资本主义商品经济产生以前，还谈不上有真正的主要由市场力量调节的经济运行，从而谈不上有真正的和确切含义上的市场经济。

市场调节的经济运行，首先出现于发展期的商品经济，大体上说，这就是资本主义工场手工业时期。工场手工业的出现，标志着资本主义生产方式的确立和商品经济由初始时期进入发展时期。在这一发展阶段，在资本主义所有制的基础上形成了生产自主、独立经营的市场主体，独立经营的企业之间的活动交换使市场不断地发育，市场组织结构进一步发展，从而形成了充分的市场机制，使市场调节功能得以发挥。此后，以机器大工业为基础的工厂制度的确立，商品经济进入了发达阶段。这一阶段的特征是市场主体在组织与功能上进一步完善，特别是市场组织结构的不断分化和市场体系的完备化，从而使市场机制完整和市场调节功能日益强化。这种为英国经济学家亚当·斯密称为由"看不见的手"调节的发达的商品经济，已经是属于市场经济的范畴。当代资本主义是商品经济发展中的一个更新阶段。当代资本主义，一系列科学技术的革命把生产社会化推向了一个新阶段，出现了拥有高度劳动生产率的大生产和技术，智力密集型的现代劳动生产方式。与现代劳动方式相适应，出现了现代公司企业这样的与现代商品经济相适应的市场主体，出现了组织结构更复杂，市场体系更完备，调节功能更强的现代开放、统一的大市场。这就标志着高度发达的商品经济，即现代市场经济的到来。大体说来，资本主义国家的当代高度发达的商品经济，在20世纪30年代以前是由"看不见的手"调节的自由的市场经济，而在30年代以后则进入实行政府调控的现代市场经济。

以上我们大体勾画了资本主义国家的商品经济发展的历史轨迹与脉络。无疑地，当代资本主义国家的市场经济仍然是植根于资本主义所有制的地基之上，并且体现了资本主义生产关系；它的运行也要受到资本主义生产关系固有的矛盾的制约。但是，如果剥去和舍弃掉这种社会经济制度的本质，而着眼于经济活动的组织和运行，人们可以从中找出商品经济如何发展为市场经济，市场经济的共同构架、运作的形式、内在矛盾，由初级形式到高级形式演进与体制创新的规律。从这样的经济运行角度来对市场经济进行研究，对于我国社会主义市场经济的构建是十分必要的。

二、市场经济的基本构架

市场经济的基本构架是：独立营运的市场主体+主体的交换活动所由以进行的市场结构。古典的市场经济结构，就是由上列二因素组成的二维构架。

（一）市场经济的微观组织

我们的分析着眼于现代市场经济，即20世纪以来的发达资本主义国家的市场经济，这是十分发达的市场经济。现代市场经济立足于以自动化为技术基础的现代劳动方式之上。当代资本主义国家通过科技革命的迅猛发展把19世纪末以来的现代化进一步向前推进，形成了现代社会高度发达的物质技术基础。其表现是：机器生产的自动化、自控化，电子计算机、原子能、新型材料、生物工程、激光、宇航技术等普遍地运用于生产。奠立于高度发达的物质技术基础之上的现代化大生产，决定了微观组织的变形。企业不再只是使用个人的、家庭的、少许人联合的（合伙）资本，对于现代化大生产来说，必须是包容有多数主体在内，采取资本联合形式的大企业，即股份公司（joint-stock company）。这可以称作现代市场经济微观主体的第一个特征，即资本聚合性。

组织的创新性：与手工劳动方式相适应的微观组织，无论是封建庄园或是农民家庭都具有刚性的特点，它世世代代地保持原有形式，即使由于战争和社会大震荡而发生破灭，也会不断地再生。现代市场经济的微观组织必须适应社会物质技术和市场状况而经常地进行组织创新，即处在联合、扩大、分立、缩小的不断创新之中。现代科学技术的迅速进步要求技术的不断更新，生产要素在全社会流动，不断地调整和优化组合，微观组织就应该有不断释放生产要素和不断吸收生产要素的功能。因此，微观组织要互相合并而扩展，企业要改组，要有自我改组的适当形式（通过破产、兼并）实现结构优化，不断提高效率，这是企业在激烈的竞争舞台中求得生存和发展的必要条件。一个一次塑造成形，具有刚性的永不变易的企业组织，如计划经济体制下的那种组织形式长期不变的"大而全""小而全"的企业，是不适应现代市场经济的发展的。

独立运作性：独立运作是商品经济的微观主体的特征。当代市场经济竞争激烈化，经营风险更大，市场需求情况不断变化，各种机会瞬息即逝，这就要求企业更加有效地进行独立决策和自主运作，对市场作出灵敏反应。能否独立决策、自主运作，是关系着企业能否适应当代市场经济的运作，能否在竞争激烈、充满风险的市场运作中求得生存和发展的关键。

总之，资本聚合性、组织的创新性、独立运作性乃是当代市场经济的微观主体的特征，这些特征体现于股份公司这种企业形式中。

（二）市场经济的市场结构

市场经济是一个双重组织结构：追求赢利、独立营运的主体结构+为上述经营主体的交换活动服务的市场组织结构。上述结构下实现的市场交换活动表现为价格→供求→价格连锁，也就是人们所说的市场调节机制。

市场的主体结构（作为商品生产者的微观组织）与市场组织结构是互为条件的。完善的主体结构下的交换活动促进市场组织的完善和表现为更充分的市场机制的作用，而市场机制的作用又推动主体组织的完善和生产、经营活动的完善，使二者更加适应市场。而上述二者的总和就是市场（价格）导向（market oriented economy）的经济运行。可见，独立经营的主体结构+市场组织结构，成为市场经济的基本构架。

市场组织结构及其功能通称为市场。在市场经济这一部大机器中，市场处于核心或心脏地位，它是整个经济活动的启动者、推动者和调节者。越是发达的市场经济，市场的组织结构越发达，市场的启动、推动、调节功能越强，就经济运行来说，即越发表现为市场"主宰"的经济。

市场高度发达，是当代市场经济的特征。

第一，完备的市场体系的形成。商品经济具有自我再生产的内在机制。它表现在：把更多的物质产品和精神产品纳入商品生产轨道的商品化，和把各种经济资源纳入市场交换之中的市场化。上述商品化和市场化在发达的市场经济中有着更鲜明的表现，不仅消费品、生产资料、劳动力、金融等市场获得更大发展，而且有了门类众多的服务产品市场，并形成了发达的科技产品、产权、信息等市场。多种类的要素市场的形成，使市场成为完备的体系。

第二，交易形式的多样化——从现货交易到期货交易。商业组织，从事货币商品交易活动的金融组织，保险组织以及为市场流通服务的审计、咨询、律师事务所等中介组织的发展和完善。

第三，规范交易行为的各种规章、制度和贯彻执行这些规章、制度的机构（如司法体系）的健全和行为规范机制的形成，使更多的主体能自觉地遵守公平竞争的交易行为，并将遵守交易规则作为一种习惯。这也是价格→供求→价格连锁作用得到正确发挥的重要条件。

第四，发达的交通设施、运输设施和信息传输设施，为各种物质要素与精神要素的流动化创造了物质前提。

总之，各种生产要素的商品化，发达的市场组织结构的形成和交易主体行为的规范化以及物质要素与精神要素的流动化等条件，促成了一个高度发达的市场的产生。上述市场是开放、统一的大市场，它是一个大系统。就其经济内容来说，是各种商品交换、货币（资本）交换的总和；就其物质内容来说，是物流、商流、信息流的总和；就其领域来说，是国内流通与国际流通的总和。可见，市场不仅真正成为无所不包的，而且成为无所不在，渗透于一切经济领域的。上述大市场概念已不同于历史上的市场，而是现代发达市场经济中的一个范畴。

大市场的形成，一方面意味着单一的商品流通转变为多种生产要素流通网络；另一方面意味着区域性市场的周界的淡化和融入统一的大市场，而且是国内市场和世界市场连接成为一体，商品的价格形成也就是以这样的统一的大市场为舞台。与上述市场相适应，市场调节功能也就大大强化。市场启动作用——新生产的开拓与新企业的创建；推动作用——生产的扩大；调整作用——产品、行业、产业、企业、地区等结构的调整，都大大加强。一句话，市场调节功能大大增强，而其具体形式是价格→供求变动链与供求→价格变动链的链条作用的力度的增强和时滞的缩短。

市场作用的强化表明，市场机制真正成为经济的基本调节器，成为资源配置的基本力量。整个社会经济活动（产品的生产与经营、资本的积累与集中、企业资产的出售和产权结构的变化、个人的消费活动、国家的投资、对商品与劳务的购置等）都依靠市场，从属于市场。这是一种市场全面调节的商品经济，它不仅应称为货币经济，而且更确切地说，是市场调节的经济，是真正的市场经济。

三、市场经济运行的特点

支配市场经济的运行的市场机制，具体表现为价格机制。它是由下述双向经济连锁作用组成：价格→供求，即市场价格变动引起微观购销活动的变动；供求→价格，即微观购销活动又引起市场价格的变动。在形成了完整而强化的市场机制的场合，价格→供求→价格连锁作用表现得十分有力和十分灵活。首先，在这里，价格的变动十分迅捷地引起企业活动的调整，或扩产，或减产，或转产，对个人来说或增加购买，或减少购买等。越是完整而强化的市场机制，越是拥有价格→供求连锁作用的灵活的效应，表现为价格变动对供求影响力度大和时间快，即短时滞效应。因而价格真正成为市场调节的有效工具。其次，灵活的供求→价格连锁作用。在这里供求的变动十分灵活地表现为市场价格的变动：供过于求就会引起减价，供不应求就会引起涨价。在这里供求变化的价格效应是十分灵活的。发达的市场经济正是借助这种灵活的价格→供求效应和供求→价格效应，使由千百万个微观主体独立进行的和充满盲目性的经济活动实现有效的自我调整，不断地对经济活动中出现的比例性的偏离进行自我校正，使经济在不断失衡中趋于均衡。

市场机制所固有的价格→供求→价格连锁作用的强劲有力和灵活性，其关键是：

第一，微观组织本身所具有的市场主体的性质，即对市场价格反应的灵敏性。后者又取决于企业的自主经营状况。企业独立自主性——独立创业、独立经营、自行积累、自我扩展、自我约束和自我调整越是得以发挥，越是表现出主体高度的首创性（initiative）和积极性，就越能提高价格→供求效应。可见，构建市场经济的重要前提是市场主体的塑造，首先在于创建真正的企业——适应于市场的微观主体，要维护、发扬与加强企业的独立决策、独立运作的本性。

第二，价格的市场形成机制的完整。统一的大市场的形成，价格的放开和更加完全的市场竞争机制的形成，是灵活的和合理的供求→价格效应的前提。在上述条件下，价格才能充分地反映供求状况，不致因为垄断性价格或不变的计划价格而使价格信号失真。另外，充分反映供求状况的价格——包括适应供求变化的价格迅速涨跌，它以极强的经济利益的吸引力或损失的排斥力，从而能起到对生产者以及消费者行为的有效驱动和引导作用，有效地和及时地实现自主的经济调整。这是价格→供求→价格灵活效应的必要条件。

第三，市场的充分发育和要素市场的完备化。由于完备的要素市场的形成，一切生产要素（物资、资本、技术、劳动力、知识、信息等）均进入市场交换，它为企业自主进行生产规模、产品结构和企业结构的调整创造了充分的条件，这也是价格→供求→价格的有力和灵活效应的必要条件。

由于价格机制的作用，市场经济表现出下述特征：

（一）自行运行

市场经济实行以企业为主体，企业有独立决策权，有自身利益，有自行支配的法人财产，上述企业构架使企业成为自行运行（利益驱动、自行维持、自行发展）的主体，无论是生产、投资、销售、信贷、就业、消费等经济活动均表现为主体适应市场信号的自主行为，而国民经济运行就表现为千百万个主体的自主行为的总和。市场经济越是发达，价格机制越是畅通、灵活，主体的自主运行就取得更强劲的势态，也意味着数量更多、实力更强的主体的参与经济活动和他们的积极性和首创性的更充分发挥。

（二）自我调整

市场经济的微观主体既自主运行，又自我调整。市场机制通过价格变动的损益机制，促进与强使企业和个人进行及时地和自觉地调整。市场机制对供求的调节是双向的，例如，价格上涨既刺激企业扩产又抑制需求，从而能加快供求相均衡，这种有效而灵活的自我调整，对经济运行的内在矛盾起着自我校正作用，它是使市场经济得以保持自行运行势态的内在契机。

（三）自我创新

市场机制的重要杠杆是竞争机制，市场经济的有效的自我调整是通过竞争机制的作用而实现的。竞争机制也是市场主体进步和创新的机制。经济竞争，包括优胜劣汰，即企业破产和职工失去岗位、失去工作，这是一种达尔文发现的物竞天择的生物学的规律在经济领域中的表现，借助这一严峻而无情的竞争和优胜劣汰的机制，促使和鞭策企业不断追求技术的进步，产品的创新，成本的降低，从而表现出一种不断完善和创新精神；它也促使工作者勤奋努力，不断向上，提高自己的文化科学素质与工作能力。实践表明，竞争是创新和进步的源泉，盈亏、破产、失岗、转业等一系列经济竞争机制有力地促进企业组织与营销活动的完善、效率的提高和人的素质与工作质量的提高。而一旦抑制和取消了竞争，经济就会趋于萎靡不振，发展就趋于停滞。

（四）自行适应

市场经济固有的价格→供求→价格效应建立在主体活动对市场的适应性之上。市场经济的顺利运行，一方面表现出价格的有效的导向作用。在那里，价格变动诱导和推动企业去适应市场状况。另一方面它又表现在主体对市场状况的十分灵活的反应上。在那里，市场行情的任何变化都会引起企业在生产与营销上的调整。因而企业经营的第一信条，就是面向市场及时调整。激烈的竞争也促使越来越多的企业表现出对市场反应的灵敏性和调整的迅捷性，市场经济越加发达，主体对市场自行适应的能力越是增强。商品经济中，价格是消费需求的信息，企业行为对市场价格变动的自行适应，意味着企业不断地进行自我调整（产品调整、行业调整）生产出适销对路的产品和服务。正是借助这一机制，发达市场经济才能做到物质产品丰富多彩，服务和文化产业十分发达，现代化社会多样化的需求充分有效地得到满足。

归结起来：（1）以上指出的自我运行、自我调整、自我创新、自行适应，是市场经济运行固有的特征，是企业自主性的表现。在运行中表现出"四自"，意味着企业拥有完满而充分的经营独立和决策自主。（2）自我运行、自我调整、自我创新、自行适应，意味着经济大机器肌体有着强劲的启动能力和良好的自我调节能力，能在变化了的情况下，经过自我校正继续运转。这是一种具有生产与活力的经济机制和运行机制，市场经济正是这样地拥有生气与活力的体制和机制。（3）人类自身创造的文明，不仅表现于物质文明和精神文明，而且表现为经济活动组织文明。商品经济及其发达阶段的市场经济，是人类创造的、推动了社会组织进步的经济活动组织与运行方式的文明成果，是人类现代经济组织文明。而市场经济乃是世界商品经济发展的共通趋势，它不是西方国家所独创，而是人类长期经济实践共同形成的文明成果。

四、市场经济的缺陷与体制创新

市场机制作为一种自发性的经济运行机制，它的协调社会经济活动的作用并不是完美无缺的。它存在着自身固有的局限性。

第一，经济活动的盲目性。市场机制的作用表现为不断变化的价格诱导企业的扩产、减产或转产，微观活动具有很大的盲目性，加之在出现市场信号失灵，例如垄断从而竞争价格难以形成的场合，市场机制反而会引起供求失衡，从而导致生产短缺或生产过量，价格过度上涨或过度下跌，经济过热或崩溃、萧条都有可能发生。上述现象都来源于市场机制本身的运行"障碍"，并表现为一种周期性经济波动。在资本主义制度下，它与资本主义制度固有的基本矛盾相交织，就会演化成具有很大破坏性的周期性的危机。

第二，市场调节失灵。市场机制协调的有效范围主要是近期活动，它形成一种近期的经济均衡。对于那些建设周期长、投资多、风险大的基础性生产和设施、尖端技术、新兴产业等，市场机制的协调作用往往不足。对于那些涉及福利和社会发展的产业，如公用事业、环境保护、生态平衡、教育、卫生等活动，自发性的市场机制更不可能使其获得应有的和最佳的发展。

第三，收入差别扩大。市场机制的自发运行，市场竞争及其运作过程中的投机行为，会导致收入差别的扩大。在缺乏平等竞争和存在自然垄断的情况下更会产生收入的悬殊。后者与资本主义制度固有的矛盾相交织，就会形成和加剧收入的两极分化。

可见，市场机制的作用具有二重性，既是商品经济的有效的调节器，又有其固有的局限性与不足，即市场失灵。在发达的市场经济中，在高度发育的市场结构下，一方面，大大强化的市场作用，实现了分工细致的现代经济中各种经济活动的协调和国民经济的有序运行；但是另一方面，自发性的市场经济运行固有的矛盾也更加复杂，总需求与总供给、供给结构与需求结构、生产活动与流通活动、经济增长与信贷增长、生产与消费、进出口与外汇平衡等一系列矛盾经常发生，而且越来越难以顺利地加以协调。在资本主义国家，发达的市场经济的机制性障碍又与资本主义制度的基本矛盾交织在一起。资本主义所有制造成的广大人民群众购买力的增长落后于生产的增长，形成了需求不足的大格局，这种制度性的矛盾不断激化，使发达市场经济的机制性的矛盾更难以得到自我调节和缓解，其结果就是资本主义经济危机的深化，而它的最鲜明的表现就是1929—1933年的资本主义世界的大危机，出现了前所未有的经济大崩溃、企业大倒闭、大规模失业。在这种条件下，资本主义国家借助凯恩斯的国家干预市场活动的理论，通过加强政府的经济职能，采取了一系列财政金融措施和调节手段来协调自发性的市场经济的运行。

以此为契机，现代市场经济出现了一次体制的变革和创新，这就是把政府调控职能引入古典的自由市场经济体制构架之中，使它成为市场主体+市场结构+政府宏观调控的三维构架。

现代市场经济中政府通常采用信贷、财政手段来间接调控经济。这就是：（1）运用货币手段。通过中央银行增加或减少货币供应量以影响利息率，通过利息率的变化调节投资行为和消费行为，调控总需求的变化。（2）运用财政手段。政府通过扩大或缩小财政支出，调节公职人员和政府的消费支出，影响总需求的变化。政府还通过税率的变动和补贴、出口津贴等手段来影响个人消费、企业积累和进出口，以贯彻产业政策，刺激和支持重点行业的发展。

借助影响和管理利率、税率、商品购进、货币投入等市场参数，以调控总需求或总供给，形成某种供求势态，这是现代市场经济中政府调控经济的一般方法。在出现总需求不足、物资过剩、经济不景气的情况下，政府采取扩张性货币、财政政策，通过利率、政府支出、税率等参数的扩大总需求效应，来刺激企业扩产；在出现总需求过旺、物资短缺、经济过热的情况下，政府采取紧缩性的货币、财政政策，通过利率、政府支出、税率等参数的紧缩需求效应，来抑制企业的生产活动。在出现某些基本生产资料物价过高上涨或是本国货币汇价波动的情况下，政府通过抛售物资、黄金、外汇，干预市场以平抑市场行情。此外，在出现总需求与总供给基本均衡，经济稳定增长的情况下，政府则注意调节经济参数的运用力度，以保持和维护总量均衡的势态，为企业进行正常的活动提供宏观条件。

在实行政府间接调控的场合，市场经济的运行表现为以下图式：

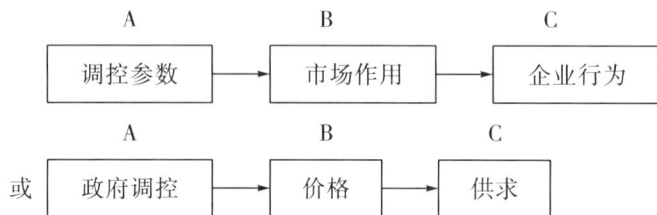

A		B		C
调控参数	→	市场作用	→	企业行为

	A		B		C
或	政府调控	→	价格	→	供求

在这里，经济运行的基础仍然是 B→C，即价格→供求、供求→价格的连锁作用，仍然是由自发性的市场机制调节的经济运行。它表明，政府只是借调控参数的输入去影响和调控市场，通过市场去影响和诱导企业（个人）行为，这里引入了政府的调控经济的职能，但并未改变一个个微观组织的适应市场而独立营运的行为方式。但是另一方面，这种经济运行引入了 A→B，市场内生的价格→供求→价格连锁

模式，转变为政府调控→价格→供求→价格连锁模式。它表明这里已经不再是纯自发性的市场经济运行，而是市场作用受到政府的调控，适应市场的企业行为由此受到政府的引导和影响。在这里，实现了作为基础的市场作用与作为补充的政府作用相结合，即"看不见的手"和"看得见的手"相结合，这种经济运行方式的改变，标志着自由市场经济转变为有宏观调控的市场经济。

资本主义国家，在特殊的历史条件下，在出现了紧迫的经济形势下，也要采取刚性的调控经济的方式。例如，在战争时期，政府也要对基本消费品和物资实行价格管制，甚至实行用行政手段分配物资和配给日用消费品的制度，这里国家越过了市场而直接干预微观经济，即政府→企业（个人）活动。这种方式也曾在平常时期的某些经济领域中保留下来，例如，资本主义国家为了缓解严重的农产品过剩，维护和保护其农业经济，往往采取规定保护价、规定生产限额等方法。这种不是借助价格机制和利益关系的引导，而是借助行政手段的调控方式，使价格→供求→价格这一市场运作的基本机制失灵，它意味着价格机制调节作用的弱化或不灵，这种刚性调控方法不能引导、促进和发挥生产者自我调整的积极性。其结果往往是使已不适应于市场的农业结构和企业结构继续残存，而一旦放开行政控制，又会出现生产过剩和价格猛降的局面。可见，依靠行政手段的直接调控与管理，就其本性来说，是与市场经济的运行不能兼容的，它只能作为一种特殊历史条件下的应急手段。

二战后的许多资本主义国家，为了解决一些企业和经济面临的困境，特别是发展中国家为了加强资金筹集，加快工业化的步伐，曾经采取政府直接介入和干预微观经济的国有化政策。由于实行政府所有、政府直接经营，企业缺乏自主权，在实行政府定价的条件下，实际上取消了价格→供求→价格机制。特别是由于资本主义国家的国有企业也存在一种吃财政"大锅饭"问题，企业缺乏市场竞争的压力，加以官僚主义的办事拖拉，缺乏效率，这一切使企业的经营活动中表现出管理窳败、效率低、成本高的共同弊端。经济效率低，积累少，使企业难以发展，日益增长的政府补贴又增加了国家的财政困难。因而，20世纪80年代以来，发达资本主义国家按照新自由主义理论，采取以下的措施：（1）重新私有化，如增加国有企业私人股份或国有企业实行民营化。（2）放手使企业从属于市场机制的作用。由于实行自由放任的经济政策，削弱和放弃政府调控，带来了自发性市场运行的矛盾和不少消极现象的显现。

基于以上分析，人们可以看见，商品经济走向日益发达，市场经济固有矛盾的不断加深，引起了市场经济体制结构的创新，这就是有政府调控的市场经济体制和政府调控功能的产生。古典的市场经济的主体结构+市场结构的二维结构由此转化为现代市场经济的三维结构。这是商品经济发展中一种意义十分重大的内在结构的调整，它增添了政府调控经济的上层性组织结构，用于补充基础性的主体市场结构。与上述结构相联系的是政府的经济调控职能与机制（包括计划机制）的产生和与市场调节作用相结合。而在经济运行中则是有意识的调节行为的引进，使市场引导的、自发性的经济活动有了自觉性因素，或体现有计划性的作用。古典的市场经济运行方式也由此发生变化，由市场→企业转变为政府→市场→企业。

现代市场经济是市场经济体制的一次意义重大的调整和创新，一方面它保持了市场价格机制自发地调节经济运行的功能，保持了市场经济的活力；另一方面又发挥了政府对市场作用的引导和校正，缓和了盲目性市场运行下各种经济活动的相互脱节，互相摩擦，并且在出现运行障碍时及早排除故障和将经济运行纳入正轨。这种有调控的市场经济使高度强化的现代发达商品经济运行能实现程度不同的既灵活又有序。因此，现代市场经济是商品经济这一组织与机制的完善，它意味着商品经济发展到高级阶段。借助于这种商品经济的高级形式的结构与机制，使商品经济在现代化大生产条件下仍然能有效地发挥组织经济运行的作用。当然，这种体制与运行机制的创新并不能消除自发性市场经济运行所固有的矛盾，而对当代资本主义市场经济来说，它更不能消除资本主义制度所固有的基本矛盾与运行的制度障碍。但是，它毕竟为商品经济形态下经济的进一步发展开拓了道路。

五、搞好产权制度的构建，重塑社会主义市场经济的微观主体

加快经济体制的改革和新旧模式的转换，在我国构建起社会主义市场经济新体制，已经是摆在全党、全民面前的一项最为迫切的任务。为此，我们需要：（1）大力进行国有企业的改革，重塑社会主义市场经济的微观主体；（2）全面发育市场，强化市场机制；（3）搞好政府调控，完善政府的经济职能。以上三个方面的改革互相联系，互相制约，必须密切配合，有序地加以推进。

以构建社会主义市场经济为目标的全面改革，必须以构建市场经济的微观主体作基础，即以企业改革为核心，用它来推动其他方面的配套改革。企业改革，首先要按照市场经济一般规律来构建起市场性的企业；其次是按照社会主义经济的本质要求，使市场性的企业立足于以公有制为主体的基础之上。

市场性的企业是面向市场独立决策的商品生产者。在我国，要把

塑造面向市场、独立决策的商品生产者作为企业改革的目标，对国有企业来说，就是要彻底转换企业经营机制，使企业由被动地执行上级下达的计划转变为主动地面向市场、参与市场、自主决策，使企业形成一种自动适应市场的机制；企业要以市场为生命，每时每刻地留心和观察市场状况，细心捕捉市场信息和迅速而灵敏地对市场信息作出反应，迅速调整产品结构。推出适销对路的新产品，进行技术革新，调整投资方向和经营战略，改进企业组织形式，发展联合，到其他地方甚至国外办厂等。总之，使国有企业真正成为自主经营、自负盈亏、自行发展、自我约束的独立的商品生产者，这是重塑社会主义市场经济的微观主体所要达到的具体目标。

重构企业产权制度，是构建真正的市场性企业的必由之路。我国传统的国家所有制企业，其特征是：（1）实行政府集中决策，对企业下达指令性计划，排斥了企业自主决策；（2）实行大一统的国有产权体制，企业没有资产的独立支配权，从而导致企业缺乏搞好经营与发展的条件和积极性；（3）国有资产缺乏明确的人格化的代表，对企业并未形成有效的产权约束机制；（4）尽管当前企业实行两权分离，但仍停留于传统国家所有制框架内，未能形成企业自主经营、自行发展、自负盈亏、自我调整所必要的，归经营者自主支配、使用即"占有"的法人财产。当前，普遍实行的承包制或租赁制，均未能解决市场性企业所必要的形成法人财产的问题。缺乏法人财产机制，企业就不可能拥有进行真正的面向市场所必要的权、责、益，就不可能真正自负盈亏。"盈了企业有份，亏了国家负责。"可以说，这种传统国有产权模式与市场经济是不能兼容的。因此，国有企业的改革就应该按照市场经济中企业的共性重新塑造微观主体，这样就要求不能只提转换企业经营机制，而应该着眼于改革公有制的实现形式，具体地说，要按照两权分离的原则，探索和构建确保国家所有权，强化企业经营权的法人财产制度并由此建立现代企业制度。

　　产权制度的改革关系到国有企业能否真正地搞活和良好地运行，关系到能否加快建立起社会主义市场经济的全面构架，关系到20世纪90年代中国经济体制改革的成败，这是一项十分艰巨的任务，是我国改革中的一场攻坚战。为了打好这一仗，我们首先需要研究产权理论，要对财产权的起源，它的历史发展变化、社会功能，特别是对现代企业产权制度的特征、内在构架、实现机制等进行深入的理论研究。要基于我国社会主义经济的具体条件和发展市场经济的要求，来研究社会主义制度下的产权制度。因此，对社会主义产权理论这一较为陌生的课题进行探讨，就是当前经济理论研究中的一项十分重要的任务。

第二章

财产权及其形式

一、财产一般

（一）财产与占有

什么是财产？这似乎是不难解答的。人们会说，财产就是归人们支配占有之物，诸如自耕农的土地，手工业者的工具，资本家的货币资本。此外，还包括鲁滨孙支配的星期五。基于以上所述，财产涉及作为主体的人和作为客体的物或对象，确切地说，财产是一种社会关系，是人的经济活动和社会生活中客观存在的人对物（对象）的排他的（exclusive）占有关系。财产的要素是作为主体（所有者）的人和作为客体的物或其他对象（包括非物质对象如服务、知识以及人身对象，例如人的劳动力或人身等），但物本身不是财产，土地、工具、货币本身不是财产，礼拜五本身也不是财产，物和对象成为财产关键在于占有，在于人和物之间客观存在的占有关系或占有权利。

占有是人类社会经济生活的固有的内容。所谓占有是人对物（对象）的有目的的排他的支配，具体地说，作为经济主体（生产主体和消费主体）的人，把某种生产资料或生产成果在生产或消费及其他社会生活中任所欲为地加以使用，使它从属于自己的意志，即使它成为"我的"。马克思说："财产最初无非意味着这样一种关系，人把他的生产的自然条件看作是属于他的，看作是自己的，看作是与他自身存在一起产生的前提。"[①]作为财产的占有是具有排他性的支配使用关系，排他性是占有的特点。某个人或某一群体能对一物（客体）建立起和实行一种专属于他的支配使用关系，也就是占有（possess）该物。占有总是与非占有相对称的，占有者拥有一物的排他性的支配使用权或专属权或归属权，某一物一旦归甲占有，意味着乙不能加以支配使用。如果某一物或对象人人均可加以支配使用，就不存在主体的排他的支配使用权，任何人均能占有，也就是任何人均不占有，这种生产关系和社会关系也就不存在真正的占有范畴。

（二）占有与稀缺性

占有的产生，就其物质根源来说，在于人类对经济资源的利用、使用的矛盾。人类要生存就要生产和消费，就要利用、使用物质生产资料和享有生活资料。原始群要进行狩猎就要支配使用一个林区，原始氏族要进行农业生产就要在一定时期内支配使用一块土地，农民及其家庭要从事农耕、纺纱、织布就要支配使用土地和其他农业和手工业生产工具。人类要实现生活消费就要支配享有食品、衣服、住房、日用生活用具、书籍及现代消费生活中的各种各样的消费资料。对象供给的有限性和人类需要的无限性的矛盾，产生了经济资源的稀缺性，从而决定了主体在资源利用中的矛盾和争夺，因而决定了人们要

---

① 《马克思恩格斯全集》第46卷上，人民出版社，1979年，第492页。

通过（1）相互协议的、约定俗成的方式，（2）暴力的方式，来建立起一种排他的支配使用关系，并由此形成人们共同遵守的行为规范和稳定的社会生产秩序和社会生活秩序。

基于占有产生于经济资源稀缺性，我们就可以得出下述论点：并不是一切物均是财产。在任何社会形态总存在一些可以保证充分供应，或是由于其供应方式的特点而无须加以排他性支配的对象，如可以由公众使用的大江大河，未开垦的荒地，公开广播的音乐、新闻等。至于空气、阳光等，更是人人可以支配使用的，人们无须对它实行占有，它是非财产。只有那些有限的、供应不足的物，如基本生产资料和消费品（工具、食品、衣服等），人们要获得它、使用它，就要建立一种排他的即独占关系，这样就有了占有和财产。

占有产生的生产力的根源是经济资源的稀缺性，但这并不是现实的占有产生的唯一原因，现实的占有还有其经济制度的根源。这就是在业已形成某种占有制度，特别是私人占有制度的情况下，即使是某些领域实现了生产力的发展和产品的丰裕，但并不能自动缓解和淡化私有主体占有的排他性，私有主体也不会自动把对物的专属的占有改变为共同的占有。"朱门酒肉臭，路有冻死骨"，表明了占有的制度根源。

（三）占有关系与生产力

人对于物和对象进行占有的关系，体现在社会经济生活和广泛的社会生活中，但占有关系本质上是生产关系，它根源于社会的经济生活，即社会的生产方式之中。这就是说，任何一个人要进行生产，就要参与一定的与社会生产力水平相适应的经济组织，也就要参与一定的对生产资料和产品的占有方式，他也就置身于一定的占有关系之中。可见，基于马克思主义的历史唯物主义，占有并不是出于人们的"邪恶的占有本性"，也不是强者的意志和暴力的产物，而是一种基本的生产关系，它决定于生产力的性质与状况。有什么样的物质生产力就会有什么样的占有关系，随着生产力的进步，劳动方式、经济组织会发生变化，由此会出现占有关系的变化。可见，占有关系并不是听随人意的，而是从属于客观经济规律的。马克思阐明了：在人类历史上，随着生产力的发展，社会占有方式要经历由原始公社制、奴隶占有制、封建主占有制、资本主义占有制，到社会主义、共产主义占有制的变化。上述五种占有形式，也就是五种基本财产制度。

（四）占有是一个历史范畴

占有关系与形式不是固定不变的，而是随着生产力的变化，随着社会经济组织形式的变化而变化的，从而是一种历史范畴。占有作为一个历史范畴，意味着：（1）占有形式在人类经济发展中是不断地变化的。例如，占有的私人形态不仅不是永恒的，而且也不是人类原初的占有形态。人类历史上最早的、原初的占有形态是公共占有制，不过是表现为原始人群和氏族社会形态的原始公共占有制，而私人占有制是此后生产力水平提高，有了剩余产品之后的产物。（2）排他的占有也并不是永恒的范畴，在未来人类生产力真正实现了解放，社会经济获得最成熟的发展，实现了财富的极大丰裕和产品的自由供应后，对财产的排他的支配将转化为人们相互兼容的使用，人人具有同等的占有权，这就意味着占有的消失。在高度成熟的共产主义形态，为社会全体成员占有的财富即名义上的公共财产，由于不再存在占有与非占有的矛盾，因而，也可以说它不再是财产，而是人类的"自由财富"。

（五）占有的法律形式：财产权

财产占有是主体对物的排他的支配关系。这种占有体现了一种社会权利，它意味着主体即所有者拥有财产权。财产权表现在：对象从属于占有者的意志和听任主体支配，而最根本的在于对象的归属于占有者是获得社会承认的。鲁滨孙在荒岛上开垦土地，种植和收获小麦，对土地实行支配使用，但是在出现礼拜五以前，在承认土地为鲁滨孙占有而不是为礼拜五占有的社会机制产生以前，说不上有财产权。最初确立财产权的社会机制是：（1）约定俗成。这就是人们共同约定，实行和承认某种占有行为。这种占有方式为人们共同遵守，会逐渐地成为人们的习俗，成为行为惯例和常规。这样产生的财产权，是非法律的财产权，例如原始人共同遵守土地氏族共有权，氏族社会解体期人们共同遵守家长制大家庭的土地定期支配权。这种财产权出现于私有制、阶级和法律尚未产生以前，是未取得法律形式的素朴的或原生的财产权。（2）法权构建。这就是通过立法和司法等法制机制来维护某种占有行为和方式。无论财产权是形成于约定俗成，或是形成于依靠暴力强制地实行占有或再占有，在文明以来的社会，占有方式总是要通过国家的立法与司法机制来加以确认，并使它成为社会共同遵守的行为秩序。在这种情况下，原生的主体占有权也就表现为法律赋予的，受到法律（及司法机制）保护的，"法定"的最高支配权。这种取得法权形式的占有权或最高支配使用权就是财产所有权（ownership）。而这种借助法律机制而得以"硬化"的占有关系的确定，也就意味着迄今以来作为文明社会的基石的财产和财产制度的真正确立。

二、财产所有权及其形式

（一）财产权概念的核心内涵——所有权

财产权概念的核心内涵就是所有权（ownership），即主体对于物（客体）的最高支配权或绝对支配权。

财产关系不能简单地说成是人对物（对象）的使用，因为任何人在他所参与的经济生活与社会生活——不论他是以何种形式，在何种社会关系下参与生活，都离不开对生产资料和消费资料的使用，但某些社会规定的使用对象的方式并不是占有，即对物的排他的支配使用关系。另外，就财产权（property rights）的本原的含义来说，它也不是人对物的一般的排他的占有关系（例如，佃农也在租期内排他地占有土地，房屋租入者在租期内排他地占有房屋，货币借贷人在借贷期限内排他地占有货币），而是指那种主体对物拥有最高的、不需争议的支配权，人们可以称之为"绝对的"支配权。无论从历史的角度或是现实的角度来考察，对于客体的排他的、最高的，或是"绝对的支配权"，从来是财产权的本质和核心。无论是一个原始共同体对待它实际占有的土地、森林、河流及其他资源，还是私人资本家对待他的工厂中的各种资产，股份公司的股东对待他所持有的公司财产，或是社会主义国家政府对待投入国有企业中的资产份额，上述主体对这些资产都享有法律明文规定的最高的所有权。特定的人和主体，所以能将某些生产资料、消费资料任所欲为地加以支配、使用和处置，并宣称那些对象是"我的"或"我们的"，正是由于他们拥有最高的、排他的支配权，即确立了一种"财产"关系。最高支配权，最早表现于原始社会的群体占有中，服从与尊重氏族公社群体的占有和尊重氏族的权威显然是原始人意识的特征。确立起一种最高和"绝对的支配权"

更是人类历史上的私有财产制度的固有的要求。

私有财产是在劳动生产率提高，有了剩余产品的条件下产生的，在上述条件下，出现了一些氏族长将剩余产品归自身占有而排斥其他氏族成员的占有。私有财产制度不是一下子形成的，而是要经历一个很长的过渡时期，这一时期私人占有者与被剥夺了权利的非占有者之间的矛盾与冲突是极其尖锐与激烈的。一方面，在生产力水平低，剩余产品少的条件下，私有者更要不惜采用最暴虐的手段，直接将众多社会成员降为无权的奴隶，剥夺和取消后者对经济资源与财富的占有权，实行一小撮私有主的财产独占；另一方面，广大被剥夺占有权的社会成员和直接生产者，为了其生存和利益不能不采取各种手段来力求取得某些实际的占有。基于这一背景，针对着当时生活中大量存在的侵犯私有权的行为和蔑视私有财产的传统的思维与习惯势力，因而，私有主（最初是奴隶主，以后是封建主和资产阶级）就要采取法律形式来确立主体对物质对象（包括人身对象的奴隶）的绝对支配权，即任所欲为的权利。关于私有财产的最早的法律即罗马法如下规定：所有者有绝对的权利（title），他拥有支配他的所有物的绝对权利，他使用该物的权利是很少有公法条款那样的限制，因而可以称为绝对的权利。形成这样的绝对财产法权观念和财产法权原则，旨在明确占有与非占有的界限，赋予主体一方实行绝对占有的合理性，以维护现实的占有秩序和阶级划分，巩固私有社会制度。

最高的、绝对的占有，不仅是私人所有权（古代奴隶制、中古的封建制、近现代资本主义）的特征，而且是现代公有制的特征。在当代社会主义国家还存在多元所有制，在公有制范围内也还存在着全民、集体和混合所有制，在经济生活与社会生活中还存在极其复杂的占有与非占有的矛盾，因而公共所有权也必须是一种最高的、绝对的不可侵犯的支配权。可以说，即使是在社会主义社会，在社会生产力尚未高度发展，社会尚未高度富裕，从而尚未达到消灭财富的占有与非占有的矛盾以前，人们还须保持主体对物（对象）的排他的和最高的支配关系，因而，主体绝对支配权的概念和基本原则仍然具有现实的适用性。

（二）财产所有权的具体形式

以上分析的是财产所有权一般。在现实生活中所有权是多种多样的，因此，还需要按照马克思的从抽象到具体的分析方法，进一步结合人类社会发展中不同阶段的条件和状况去分析财产所有权的具体形式。

所有权的具体形式这一概念内涵有三要素：（1）财产主体的性质；（2）财产客体的性质；（3）从而这一财产，即排他占有关系的性质。按照所有权三要素及主客体结合方式，我们可以将人类历史上的财产所有权的具体形式进行如下分类：公共财产和私有财产。公共财产又可区分为原始公共财产和现代公共财产。在它们之下，又可以区分为不同的亚种，例如，原始公共财产可分为人类社会形成期的原始群财产、母系氏族财产、父系氏族财产等。私有财产表现为奴隶主财产、封建主财产和资本家财产等形式。此外，还有个体劳动者的个人财产。各种私有财产又可分为不同的亚种，例如，奴隶主财产可区分为以占有国有奴隶或宫廷家内奴隶为特征的东方奴隶制财产和以大规模占有生产性奴隶为特征的西欧发达的奴隶制财产，封建制财产可区分为领主制财产和地主制财产，资本家财产可区分为个人财产、合伙财产、联合财产等形式。当代社会主义国家出现了以国家、集体和非公有经济互相联合与混合形式的现代社会主义公有财产，而在未来发达的成熟的社会主义形态以及共产主义形态，则将出现更加成熟的社会公有财产形式。

（三）财产所有权的基本制度

尽管财产所有权的具体形式具有多样性，但是就人类社会某一特定发展阶段来说，客观存在某种通行的、占据主导地位的财产所有权形式，决定与制约着其他非主导的财产形式和派生的财产形式，是社会一定发展阶段的经济、政治和意识形态上层建筑的基础。这种占主导地位的财产所有权形式，就是社会的基本财产制度或所有权的基本模式，这种财产基本制度，也就是马克思主义的所有制概念的内容。确立财产所有权的基本制度的概念具有重大的理论意义，这一概念是对社会进行历史唯物主义理论分析的基石。

马克思主义的所有制理论的重要意义在于：（1）这一理论从人类社会某一时期现实的丰富多样的财产关系和所有权形式出发进行理论分析，区别决定的与非决定的财产形式，区分始发的与派生的财产形式，找出这一社会形态的起主导作用的基本财产形式。马克思以主导所有制即财产的基本制度作为区分社会的标志，阐述了人类社会的发展要经历五种社会形态，即原始共同体所有制，奴隶制、封建制、资本主义占有制，社会主义、共产主义公有制。（2）马克思不仅分析阐述了上述五种所有制的基本特征，而且他基于生产关系与生产力相互作用的规律，阐明了人类社会发展过程中所有制的向前演进，和由此实现的社会形态由低级形式向高级形式演进的客观规律。具体地说，马克思把社会形态的根本因素归结为所有制，把所有制归结为生产力，从而第一次揭明了人类历史上各种所有制的出现并不是偶然的，它的发展和演变并不是杂乱无章的，而是从属于客观规律的作用。这样就从根本上破除了关于所有制（财产基本制度）和私有制起源的种种历史唯心主义观点，给所有制的产生，私有制的出现、发展和变化，人类社会最终必然由私有制到公有制的历史演变，予以历史唯物主义的科学的阐明。

可见，马克思阐述的所有制和财产所有权基本制度的概念，在对社会进行制度分析中具有十分重要的意义。借助这一概念，人们才能透过财产权的多种多样的具体形式，而把握到这些财产权的深层的本质。

三、财产支配权及其具体形式

我们采用的分析方法是由抽象层次到具体层次，它的序列是：财产所有权→所有权的具体形式→所有权的基本制度。财产所有权是抽象层次的范畴，它所要回答的是社会某一发展阶段的主体对客体最高的、排他占有关系的基本性质。为了认识某一社会现实经济生活中主体有血有肉的占有关系，人们还有必要把财产所有权范畴进一步上升到具体，从财产绝对占有这一抽象关系上升和引出各种具体占有形式，也就是要由所有权引申出支配权或占有权概念。

财产支配权概念，包括对于占有主体、客体以及主体占有客体形式的更具体的规定。所有权概念着眼于说明占有的社会性质，是共同占有，还是私人占有，是什么性质的私人占有，是奴隶主占有、封建主占有，还是资本家占有等。占有支配权概念则着眼于说明主体更加具体的占有形式，从而也就能更清楚和更具体地把握住某种所有权的性质和特征，揭示这一所有权形式的各种具体权、责、益在主体之间的划分方式，由此弄清所有权的实现形式和机制。但是，如果不是抽象地谈论某种所有权制度，而是引进占有权（支配权、经营权）概念，那么，就不仅要揭示占有的社会性质，而且还要弄清和区别所有者实行占有的方式，是直接占有，即所有权与占有权（经营权）相统一，还是所有权与经营权相分离。对土地所有权进行理论和历史分析，不仅要问它是什么社会（制度）性质的土地所有权，而且还要弄清某种社会主体实现其土地最高占有权的具体方式，例如，在自耕农小土地所有权的场合，它是土地所有者集所有权与直接占有权于一身；在租佃耕作制的场合，则是地主拥有所有权和利得权即地租占有权，而土地经营权则赋予佃耕农民。显然，上述不同占有方式不能不影响土地所有权的特点。

社会经济越是发展、商品经济越加发达的现代社会，经营权（支配权）和所有权相分离在经济生活中表现得越发鲜明。人们可以看到，无论是生产财产或是消费财产，它的使用与运行中存在着所有者不进行直接支配和经营，支配者和经营者却又不是所有者的现象，而且，这种现象日益普遍化。现代市场经济促使两权分离在广度和深度上发展，产生了多种多样的财产组织和经营方式，例如股份制、租赁制、承包制、商贸活动中的各种代理制，以及俱乐部形式的消费组织和经营方式等，这一切均产生了十分丰富和各有特色的占有和支配方式，特别是这些经营方式的变化不仅改变了所有者与经营者的关系，甚至还包括所有者与直接生产者关系的某些调整，尽管它不能改变现行财产权基本制度的性质，但是它毕竟体现了财产权内容的有重要意义和影响深远的微调。可见，要全面把握当代市场经济中所有权的性质，深入地研究占有权（经营权）的新变化是十分必要的。研究占有权的方法，当然也要运用研究财产所有权的抽象法，要分析占有形式后面的人与人的关系，但是它要更密切地联系财产的载体性质，例如，它是自然物（力）或是劳动产品，是物质产品还是精神产品，是生产财产或是消费财产，是实物财产或是财产凭证，是现金或是期货，是一般商品还是特殊商品如价值凭证（债券、股票、期权等），当代市场经济中财产主体和经营者的权、责、益的具体结构均是和上述占有对象的性质密切相关联的。除此而外，对占有权的研究还包括所有者、经营者权益的量的界定，这种占有的量的方面的分析，也是把握当代财产形态的具体内涵所必须的。

小　结

为了科学地阐述财产这一十分复杂的经济范畴和社会范畴，在本书中，我们按照马克思主义政治经济学的科学抽象法，采用了三段式的理论分析层次。这就是：（1）通过对社会现实的和历史上的占有关系和财产形式进行去粗取精、去伪存真、由此及彼、由表及里的理论分析，舍象其具体的、表层形式而得出关于占有和财产的最抽象概念和共同的本质。（2）在分析作为财产范畴的本质内涵的最高的、绝对占有关系时引入占有的社会规定性，对占有关系进行历史的考察，得出关于财产所有权的基本制度的概念，以把握某一社会形态财产制度的共同本质。（3）通过支配权（经营权）的概念，进一步分析占有的各种十分丰富的、有血有肉的现实形式，进行比较，把握各种具体的占有方式的特性和个性。上述这种财产范畴或产权范畴分析的三段式，使认识财产的逻辑思维一步步由抽象到具体，使人们更加全面地把握住财产（权）的现实。

第三章

财产权结构及其变化

一、财产权结构一般

我们进一步分析财产权的具体形式。

财产权或产权，抽象地说是主体对客体的排他的占有关系和权利，后者（排他占有、支配权）在现实经济活动中有多方面的客观实现形式，如在生产过程中对物质生产条件及其他生产要素的生产支配权，收益支配权，处置、转让权等。财产权绝不是一个抽象的、空泛的概念，它总是要表现为一个由各种具体支配权组成的结构[①]。

对财产权的结构不宜进行琐细的划分，而是应该把握住其主要环节，确定支配权的基本框架，这样人们才能清楚明白地把握财产权概念的主要内涵。为此，我们可以把财产权视为一个由所有权、占有权、收益分配权（利得权）、处置权组成的四维结构。

---

① 财产权（property rights）是一个复数名词，它表明财产权是一种由各种支配权组成的结构。

（一）所有权

所有权是主体对物（客体）的排他的最高支配权，它是财产权的核心构造。对一个社会群体来说，财产权问题首先是什么人或什么主体拥有对生产资料的支配权，严格地说，不仅是一般的支配权，而且是排他的、最高的、绝对的支配权。任何一个社会的产权构建，首先就是要形成与社会经济发展阶段相适应的所有权结构，或财产基本制度。

所有权是借助约定俗成的习惯的力量，或借助法律，即国家超经济力量而成为人们必须遵守，从而具有现实有效性的财产权利。权利是一种社会关系，所有权尽管是看不见摸不着的，但是它却是一个社会存在。在日常的经济生活中，如果人们均是自觉地遵循所有权的要求而行事，人们会感觉不出所有权的存在；一旦人们违反社会现实的财产制度所规定的性质和要求时，即在人们实行违反法律和法规的占有时，就会有某一主体从对象后面走到前台来，声言他的对象主人的身份和支配权利，而社会也将以纠正违规或非法占有的措施（如占有复原或是给予经济赔偿以及其他更严酷的方式等）来维护他的最高支配权。可见，财产权世界中，所有权作为一种物（对象）背后的最高的支配权并不是虚构的，而是实实在在的财产权。财产所有者权利决定使用财产的其他非所有者的权利或负权利，决定其他各种派生财产的性质和状况，因而它是最重要的财产权，是财产权的核心和基础。

（二）占有权

作为所有者，他不仅要宣称他对对象拥有最高的排他的支配权，更重要的是要在经济活动中实现他的最高的、排他的支配权。因而，在所有权与经营权相分离以前，所有者就要对财产的客观对象（物质形态以及非物质形态）实行直接占有，使对象在使用（作为生产资料）和享用（作为消费资料）中体现主体的意志。如原始氏族在专属于它的（排斥其他氏族进入的）地域从事狩猎、捕鱼或农牧，这是对土地实行占有；奴隶主在作坊中强制奴隶按照他的意志进行劳动，这是对奴隶（生产的人身条件）和生产的物质条件实行占有；个体农民和手工业者按照他的意志支配使用他的手工工具——锄、犁、锤、风箱，这是对生产工具实行占有；资本家自身开办工厂和直接经营，这是对生产设备和资金实行占有。不能把使用和占有混为一谈，占有指的是主体对生产条件的最高占有权和对生产过程的自主支配、控制。阶级社会中被强制从事劳动的奴隶、农奴和工人，尽管他们操作和使用工具，但都不具有占有权，不是独立自主的生产者，而只是听从和执行主人的意志，实际上被降低到生产工具的地位，或者成为机器的附庸。

占有表现于主体对生产资料的关系中，也表现于主体对消费资料的关系中，例如，住自有的房屋是对房屋实行占有，开自己的汽车是对汽车实行占有等。占有既表现为对实物的占有，又表现为对非实物对象的占有，如对非物质形态的精神财富占有，特别是在商品经济中表现为对价值形式的对象——货币、证券、股票的占有。

可见，确立、拥有对生产条件的占有权才能保证和实现生产主体的地位，确立、拥有对消费财货的占有权才能保证和实现主体对生产成果的享有和消费。占有权使所有者的最高支配权具体化，进一步落实于生产活动与消费活动之中。

（三）收益支配权或利得权（right of interest）

无论在哪种社会形态，人们对物实行占有不是为占有而占有，而是为享有利益而占有。人们构建和拥有财产权总是为了维护他的利益，特别是为了维护财产的经济利益。当然，财产也涉及所有者的政治、社会利益。在封建社会，拥有土地财产才能晋升于贵族行列。在资本主义初始阶段，在实行普选制以前，财产是公民享有选举权的重要条件。这些情况表明，占有财产是从属于一定的政治的、社会的利益。但是无疑地，占有财产毕竟是主要从属于经济的目的，是为了获取经济利益，即为了获取财产收益（income of property）。

财产收益，就其最广的含义来说，是指财产在使用中带来的经济利益。财产首先是使用于生产，即作为获取和占有生产成果的手段。它表现为人们在生产中使用归他所有的物质生产资料和占有生产成果。原始氏族确立土地的氏族财产权，在于占有他们共同使用土地和森林的成果。封建主土地财产权的确立，正是为了占有地租。近代资本家财产权的确立，正是为了占有利润即剩余价值。可见，主体使某一物成为财产，其最终目的均在于占有其在生产使用中获得的成果即收益。可以说，在人类的一切社会经济形态中，财产权都要表现为收益权，而不表现为收益权的财产权就不成其为财产权。这种无收益或负收益财产，对主体来说，顶多只是形式的财产或法律上的财产权，而不是现实的经济的财产，实际上是非财产。

收益权是财产权的重要内容。财产权的机制往往表现为：主体借助生产资料占有权实现经济生产，获得生产成果，实现收益权。历史上的早期私有产权形态就十分清晰地展示了上述财产占有关系和机制。例如奴隶制私有财产形态，首先，表现为奴隶主拥有对生产资料和奴隶本身的最高支配权，奴隶制社会通过法律形式，依靠超经济强制，借助血淋淋的残酷的暴力确立起奴隶主的所有权；其次，奴隶主凭借他拥有的对物和对奴隶的绝对主权，把生产资料和奴隶劳动力组织于奴隶作坊之中，在生产中对其物质财产和人身财产实行直接占有；再次，奴隶主对作坊的生产成果（扣除用于维持奴隶生活的部分）实行占有，实现收益权，用于奴隶主及其家庭的奢侈消费，或是将一部分收益用于进一步扩大生产与经营。在这里，以绝对产权为前提，以直接占有为关键，以收益权为核心和最终目的的产权机制是表现得清清楚楚的。特别是在市场经济中，更是以货币价值形式的收益权为财产权的实现形式。

（四）处置权

所有者对财产的支配与占有，可以表现为由自己直接支配占有，也可以表现为交给他人支配占有和使用。处置权指主体对物（对象），以某种形式交给他人支配、占有和使用，从而带来财产主体的变换。

1. 支配使用权主体的变换

所有者不是都需要对财产实行直接占有，他往往要将财产交给他的代理人去管理和经营，如封建主将土地交给管事经营，由后者代他实行占有，所有者拥有对经营人实行授权和取消授权的权利，这里体现了所有者实行财产处置权，它带来了财产支配、占有者和所有者的分离。另外，主体对财产实行租赁、抵押、承包，这种种财产处置都带来了支配使用主体的变换。

2. 所有权主体的变换

主体实行其处置权，将财产进行变卖，或者将财产交给子女继承，或赠送亲友、捐赠他人等，这里是财产"转让"，它引起财产所有权主体的变换。

3. 主体对于他支配的生产财产，可以在物质实体上进行集中与分散

例如，实行企业合并或关停，出售分厂以及生产资料的报废，多

余设备的出售，过剩产品的销毁等，均是处置权概念的必要内容。

主体对他拥有的消费财产对象，可以在法律规定的范围内，按照自身的意志加以支配、使用，或者抛弃和破坏，这也是处置权的内容。

基于以上分析，我们可以看见，一个完整的财产权结构，体现了主体对客体拥有一种法定的最高的、排他的和专属的占有关系（所有权），支配使用关系（占有权），收益占有关系（收益权）和处置关系（处置权）。完整的财产权就是所有权、占有权、收益权和处置权相统一的四维结构，图示如下：

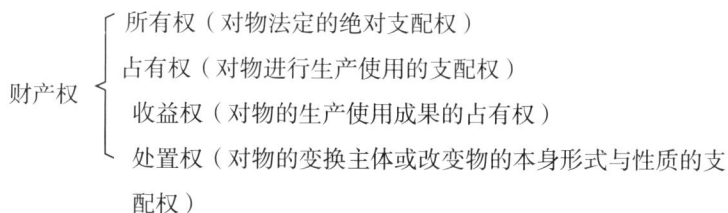

财产权 {
所有权（对物法定的绝对支配权）
占有权（对物进行生产使用的支配权）
收益权（对物的生产使用成果的占有权）
处置权（对物的变换主体或改变物的本身形式与性质的支配权）
}

二、财产权具体结构的变化

这里，主要讲财产权实现形式的变化。

在人类社会经济的发展中，作为财产权一般的四维结构不是凝固不变的，实际上会出现财产权内在要素的性质、形式的变化，各种权利此消彼长，分化与再组合，即产权内在结构的变化。

在某一社会形态下，体现特定占有性质的财产，如果从微观的角度来观察，就其具体形式来把握，它总是体现于一定的劳动方式和生产组织、经营方式之中，并且是随着劳动方式、生产组织与经营方式的变化而变化的。也就是说，体现某种社会占有性质的财产权拥有不同的微观实现形式。

就人类初生的财产即原始公有制财产来说，其特征是：（1）由于那时尚无法律，因而财产权不具有法权形式，而只是采取氏族社会内部公众认同和共同遵守的社会权利的形式。（2）就最高支配权来说，由于只是在氏族群体内部被承认，它常常会遭到其他氏族群体的"侵犯"，例如，原始人类时期，用暴力驱逐其他氏族和占领他们占有的土地的行为是经常发生的。也由于原始生产缺乏稳定性，例如，在逐水草而居的原始畜牧经济中，土地是在占有后又加以放弃的，对某一土地的占有不具有长期性，可以说持续稳定的财产权尚未最终形成。（3）最高支配权的经常受到外来的侵犯、破坏和持续稳定的实际占有关系的尚未形成，因而人们不能也不需要将土地"转让"或作为遗产转交给后代，由此也不存在实际的"处置"权。总之，以原始共同占有方式出现的人类最早的财产，其主要内容是占有权和收益权，而且这种专属的占有关系与收益享有也是不稳定的。因而可以说，作为完整的财产关系的四维产权结构尚未形成，这种情况表明了初生期的、不完整的财产权的特点。

随着生产力的发展，劳动方式的进步，原始人类由采集经济过渡到种植业，由狩猎过渡到畜牧业，产生了原始农业，人们也就由游牧过渡到定居。人类社会组织也由原始群发展为氏族，并通过氏族联盟组成了包括更多成员的氏族社会。此后，家长制大家族发展起来，并取代氏族成为基本的经济组织。在这种情况下，氏族共同体不仅确立了对基本生产资料的长期占有关系，而且逐步形成了共同体的专属的、最高支配权和家长制家庭对土地的实际支配权并存，同时，各种财产的继承等处置权也出现和形成。这种情况，意味着原始公有财产在向私有财产发展转变中，财产权内涵也得到拓宽和充实，逐步发展成为所有、占有、收益、处置诸权既相分化又相结合的较为完整的财产权结构。财产权结构适应社会劳动、生产组织形式的变化而变化，十分鲜明地体现于私有财产的发展与演化的长期过程之中。

（一）与落后的劳动方式相适应的诸权相合一的私有产权

私有财产是继原始公有财产而出现的。私有财产是由法律来加以巩固的社会少数成员的占有权。由于私有财产的形成也就是阶级、国家和法的产生，这样，主体对客体的占有权（即财产关系）披上了法律的外衣，成为一种法权，而且，正是借助具有强制力和权威性的法，主体才真正获得和确立起对于对象的最高支配权。更具体地说，一些人才能牢固地和持续地对客观对象实行：（1）生产中的占有，即行使生产条件的支配、经营权；（2）生产成果的占有，即行使收益权；（3）行使转让和处置权。这样，具有法权形式的私有财产权才真正成为所有、占有、收益、处置相合一的产权四维结构。

四权相合一的财产形式只是私有财产的形式之一，而且可以说，它是私有财产的早期形式。这种形式立足于较为落后的劳动方式和生产组织的基础之上。例如，与以使用极其简单的工具和野蛮的人身奴役为特征的奴隶作坊相适应的是奴隶主私有财产，在那里，私人所有者是集支配使用权、收益权、处置权于一身的。这种早期私有财产鲜明地体现了：（1）占有全权，即奴隶主既是所有者又是生产条件直接占有者，他直接安排、指挥奴隶工场的生产活动，同时又直接决定产品的分配与财物的处置；（2）人身条件占有权，即奴隶主对人身条件——奴隶实行任所欲为的支配，决定如何处置奴隶，例如，是用于出卖、馈赠他人，还是加以处死。这种早期私有财产权最鲜明地暴露了私有制的贪婪和无情的本性。当然，采取这样粗暴的、践踏人性的财产占有方式，在于当时的生产力水平和剩余产品率的低下。

诸权相合一，既不是人类财产的唯一的具体形式，也不是私有财产的唯一形式。随着生产力的发展，适应着新的劳动方式和生产组织形式的出现，适应于调节经济利益矛盾的需要，产生了所有权与生产条件的支配使用（经营）权的分离。在奴隶社会解体时期，出现了将土地分块交给隶农独立耕种，由后者向所有者支付"贡纳"的隶农制的生产组织形式。直接生产者有了一定的土地支配使用权和一定的收益分享权，而奴隶主则保留了法律上的所有权和收益分配决定权（对剩余产品的占有权）。在封建制经济形态下，劳动方式和生产组织形式采取了庄园经济、赁耕经济等具体形式，与上述劳动、生产组织形式相适应，财产的诸权相合一的形态发生变化，部分占有权、收益权、处置权与所有权相分离，出现了所有权、占有权、收益权、处置权多种多样的结合形态。如在封建庄园经济的场合，庄园土地的法律的经济的所有权归领主，而庄园土地的经营则是委托给作为领主代理人的管事去承担。在这里，我们看到了所有权与经营权相分离的中古形式，即两权在统治者阵营内部不同阶层的分离。在封建庄园经济下，为了刺激农奴的劳动，和将农奴"固着"于土地之上，领主分给一小块仅足以生产出供糊口的口粮的土地给农奴使用[①]，领主保持对份地的法律上完整的所有权和经济上的部分所有权——它表现在农奴还要将份地上生产的作物、牲畜以"贡礼"形式献给领主，这是所有权与经营权相分离的另一形式，即在统治者与直接生产者之间的分离。封建社会无论在西欧和中国都出现过租佃制经济形式，在中国自战国

---

① 列宁说："农民在自己的份地上经营的'自己的'经济，是地主经济存在的条件，其目的不是'保证'农民有生活资料，而是'保证'地主有劳动力。"（《俄国资本主义的发展》，《列宁全集》第3卷，人民出版社，1959年，第158页。）

迄至清代，实行土地农民赁耕的地主经济成为封建经济的主要形式，这种土地租佃制实行土地归封建主所有，但是在一定时期内交给佃农使用。这是所有权与经营权在地主与农民之间的进一步分离。这种财产形式将基本生产资料——土地的支配使用权在租期以内赋予直接生产者，而所有者则只是拥有对土地的法律上的所有权和对剩余产品，即地租的占有权。

在中国封建社会，存在着极为复杂的多种多样的土地产权形态。在中国中央集权的封建专制体制下实行土地国有，"溥天之下，莫非王土"，国君拥有法律规定的最高土地所有权。为了调节统治阶级的内部利益关系，国君将土地向下分封，从而出现了对各级贵族（公、侯、伯、子、男）按照等级和军功授予土地和对各级贵族官吏授予土地，即封邑。"封邑"是国君拥有土地的终极所有权，而贵族和官吏拥有土地实际的占有权。由于对分封土地收取"赋税"，国君还对土地保留有部分的收益权。在中国封建社会，国君为了将农民固着于土地，以便稳固地榨取封建地租（劳役地租与实物地租）而将国有土地授予无地或少地的农民长期占有和使用，这样就产生了农民小土地占有制。国君不仅保持着对土地的法律上最高、终极所有权，而且由于国家对农民征收苛重的赋税和劳役，因而国君实际上保持着对土地的经济所有权，作为直接生产者的农民只是拥有对土地的部分的使用权和收益权。

中国封建地产中部分土地体现的所有权与经营权的分离，概括说明如下：

国家与贵族地主、庶族地主的利益关系的调节——国家拥有法律上的土地所有权和部分收益权，而将土地实际占有权和部分收益权，赋予贵族地主与庶族地主。

国家与小农利益关系的调节——国家拥有法律上和经济上的土地所有权，赋予农民以部分的实际占有权与部分收益权。

地主（贵族地主与庶族地主）与佃农利益关系的调节——地主拥有经济上的所有权，赋予佃农以土地部分占有权与部分收益权。

这样，中国的封建土地产权的实际内容，表现为国家拥有法律上的最高、终极所有权和经济上的所有权，地主拥有经济上的所有权，农民拥有部分占有权和部分收益权。这种情况表明，财产主体的四维产权相合一的形态转变为产权内在要素适当分离的形态。这种产权形态体现了所有者（包括作为最高所有者的国家及名义所有者之间）、实际占有者之间的利益关系的适当调整，从而成为一种东方的、更为灵活的封建土地产权形态。

（二）资本主义商品经济与产权形式

财产权内在结构的进一步分化与重新组合，是资本主义商品经济中的重要特征。特别是适应于生产的社会化和市场经济的发展，产生了新的生产组织与经营形式，出现了所有权与占有权、收益权、处置权再分化和重新组合，具体地说，产生了一种所有权与实际占有支配权相分离的企业财产新形式，可以称为所有权与经营权两权分离模式。

企业中财产权两权分离的物质前提，是现代商品经济中生产现代化和生产组织的变化。

财产权形态总是体现于具体的劳动方式与生产组织形式之中。资本主义生产方式在它的初始发展阶段，例如，在工场手工业和工厂制度建立的初期，采取了独资企业和合伙企业的形式，在这种组织形式下，资本的所有权、占有权（支配使用权）、收益权和处置权是相合一的。在那里，投资者也就是经营者，资本家亲自出任企业经理或厂长，在这种企业形式下，所有主体通过直接经营来实现职能资本的职能，因而所有权资本与职能资本是相合一的。

随着机器大工业的进一步发展，要求实行生产集中和发挥规模经济的作用。原先使用一般的机器体系的小企业变成了拥有大规模现代物质技术的大企业，劳动方式的这一变化要求企业组织形式的变化，原先的小规模的独资企业、合伙企业就进一步发展成为大规模资本联合的公司企业。股份公司就是这样的新的生产组织形式和新的财产组织形式。在股份公司内，财产所有者不是几个，而是数十、数百，甚至成千上万个，这种所有者群体的出现不能不改变主体占有财产的方式。由于群体中的每一个个别所有者不能都在企业生产、收益分配、财物处置中表现其独立意志，行使直接的占有权，因为每个人实行直接占有等于谁都不占有，即无人占有，正是这一众多所有者实行占有的矛盾决定了间接的占有权的出现，这就是把直接占有委之于作为所有者群体的代表——董事会去行使。即使是那些由大资本掌握了控股权的公司，就其众多的小股东来说，他们在股权形式下的财产权实际上乃是一种委托他人代理的非直接占有的产权。这种财产权鲜明地体现了所有权与占有权、（一定的）收益权、（一定的）处置权的相分离。可见，生产社会化和生产的联合化要求有能联合和凝聚众多出资者的财产组织形式，乃是两权分离的财产权形式出现的物质生产条件。

现代商品经济要求的生产管理与经营专业化是两权分离的财产形式出现的另一条件。

在上面我们业已指出，所有权、占有权（支配、使用权）、收益权、处置权相统一，即所有权与经营权相统一的财产模式，乃是生产力水平低下，劳动方式落后，生产社会化不发达的产物。在这种情况下，生产劳动以及生产单位内部的劳动协作和分工十分简单，还不需要有发达的、专业的组织经营劳动，因此还没有专业的管理人员。而随着生产社会化水平的提高，企业内的生产劳动分工与协作趋于复杂，需要有管理和指挥的劳动，就产生了对专业管理者的需要。个体小生产方式，甚至是粗具规模的工场手工业，或是较小的工厂，所有者都可以胜任生产组织与管理活动。但是，采用机器大生产的工厂，为了有效地发挥机器体系的物质生产力和组织好企业内的社会结合劳动，必须有发达的管理、经营劳动（包括人力资源管理、生产技术管理、营销管理、成本与财务管理等）。这样，管理、经营劳动就在广度与深度上进一步发展，成为一大批管理、经营人员的专门职能，而经营管理者也就逐步形成一个社会阶层。

资本主义生产的进一步社会化和商品经济发展到更发达的阶段，特别是在市场作用进一步增大和市场竞争更加尖锐的条件下，企业组织管理劳动就越发显得重要。因为：（1）企业要适应现代化科学技术综合体的特点来实现生产技术要素的最佳结合；（2）企业要适应企业内部劳动社会化（大量劳动者和多类劳动者的结构），实现劳动要素的最佳结合；（3）企业要适应不断变动的市场机制，不断调整投入品（生产要素）、投入劳动（人身要素）的结构和产出品的结构；（4）企业要适应更加复杂、更不稳定、不断变化的市场行情进行经常的自我调整，实现科学管理和经营。可见，在现代市场经济条件下，企业经营管理活动的内容也越加丰富和越加复杂。特别是激烈的竞争把市场营销和适应市场而组织企业活动，即将经营提高到极为重要的地位，经营管理劳动也就成为一种决定性的、与企业的兴衰成败直接相关的重要的熟练劳动。这种范围广泛的高度熟练性的组织经营劳动，即使是有卓越才能的个人也难以承担，而必须要由拥有专业知识和技

448

能的人员，包括经理、会计师、统计师、市场分析专家来承担。为了使经营管理人员充分发挥其作用，现代企业赋予经营者（厂长、CEO）以生产与经营的充分权利，由他们执行所有者对企业生产要素条件的支配使用权或经营权。当代资本主义市场经济中的大公司，确立了经营权由专业职能人员来承担，而资本所有者则只拥有法律所有权和经济上的终极所有权。这样的两权分离格局和企业财产模式，马克思称之为职能资本和所有权资本的分离。这种两权分离的模式，从权利和利益中确立起经营管理者在生产中的权威，确保了经营管理职能的发挥，也促使经营管理阶层的发展和经营。管理能力的提升，这也是现代市场经济活力进一步增强的重要原因。可见，财产权两权分离，或者经营权从所有权中的独立化，体现了当代生产社会化、分工和劳动专业化高度发展的要求。

综上所述，财产权一般是一个包括所有权、占有权、收益权、处置权的四维结构，但是上述产权四维结构既是产权要素的组织结构又是适应社会发展各个阶段的物质和经济条件而变化的，从而具有历史的变易性。而在理论上把握财产权，不仅要着眼于财产权一般，更重要的是分析和把握财产权的特殊，要把握财产权结构和形式的变化，弄清财产权是如何适应生产力、生产组织的变化而进行调整的。财产权的内在结构和具体形式的变化，体现了产权主体（包括终极所有者，实际支配者）对资产的权、责、益关系的调整。具体地说，历史上的财产权具体形式包括下述关系的变化：（1）主体的财产所有权。它体现了一种基本占有关系即生产资料所有者与基本劳动者之间的关系。这是财产权的基本内涵。（2）各类具体的财产所有者（例如在资本主义经济中经营产业的资产者、土地所有者、货币资本所有者等）之间的关系，物质生产领域的财产所有者与服务生产、精神生产领域的财产所有者之间的关系。（3）财产所有者与不具有所有权，但履行生产职能从事财产支配使用者之间的关系，例如股东与企业经理的关系。（4）各类生产资料所有者、各类产品（物质的、精神的、科技的）占有者和他们的家庭成员，或其相关人员（如亲友）的关系。就家庭成员来说，父母和子女的关系在一定意义上可以说是其家庭财产的直接所有者与间接所有者的关系，例如所有者死后财产归子女继承。家庭内部也有复杂的财产占有关系，西欧中世纪长子继承制和当代的子女平等继承制在财产权上就有不同，西方家庭内部财产关系与中国家庭内部财产关系就有不同。

上述多样的财产具体形态，一方面体现了特定社会形态的基本占有关系，但另一方面它以其财产权的特殊的内在结构，又体现了基本占有性质不变前提下的具体占有方式的变化与利益关系的调整和变化。历史上的私有财产制度下的所有权与经营权的两权分离形态就体现了上述利益关系的调整。因为：（1）给直接生产者以某些实际占有权与收益权，就可以通过物质利益关系来激发直接生产者的劳动兴趣和积极性。隶农制不同于奴隶制，佃农制不同于农奴制，在于直接生产者通过财产支配的物质利益而产生一定的生产兴趣。（2）给从事管理劳动的人员以某些经营权。这种经营权是与一定的经济利益相联系的，如资产者给经理以高薪，或让其占有一定股份，以此更有效地刺激经理经营管理活动的积极性。

由此可见，两权分离的财产形态既是该社会形态基本占有关系的实现，它又通过对生产中所有者、经营者、直接生产者诸方面经济利益关系的适当调整，有利于刺激直接生产劳动和经营管理劳动，这也是这种财产权形态较之两权相统一的财产权形态能够表现更强的适应性的原因之所在。

三、历史上的财产形式及其分类

财产作为一种经济关系和法权关系（财产权），它是随着历史的发展而发展变化的。这里，我们将研究分析财产权的历史演化的方法。

（一）以生产关系的性质来划分的财产形式

乍一看来，财产就是一个物，一个有"主"之物，但其实质是一种占有关系，是人与人相互之间的生产关系。按照历史唯物主义的理论：（1）生产力决定生产关系，特定的社会占有关系即财产形式总是适应于一定的物质生产力而产生，并且是随着物质生产力的发展、性质的变化而相应地发生变化的。这种基本占有关系和财产权不是人类意愿的产物，不是国王、英雄、"超人"的强力和意志的创造，不是"主观构建"的，而是决定于生产力的性质。（2）生产力具有不停顿发展的性质，而生产关系（包括财产关系）则有相对稳定性。在人类经济不断向前发展的过程中，会出现生产关系落后于生产力的状况，这一矛盾积累和激化必然会引起新的生产关系和财产关系的产生和社会财产制度的变革。（3）生产关系和财产关系不是消极被动的，新的适合于生产力性质及其发展要求的生产关系和财产关系是一种积极的力量，它有力地促进生产力的发展，因而人们必须维护这种具有适应性的财产关系，保持其稳定性，以发挥生产关系和财产占有关系对生产力的积极促进作用。

适应于生产力的变化而产生的财产关系与形态的变化表现为：

1. 基本占有形式即财产制度的变化

人类社会的特定经济形态是以其基本生产关系和基本财产占有方式来划分的。但是，随着社会生产力水平发展到新的阶梯，就会发生基本财产占有形式的变化。例如，原始公社财产占有制过渡到奴隶财产占有形式，此后有封建土地占有形式的产生，在近代出现了资本主义财产占有形式，在当代又有新的社会主义财产占有形式的出现。以上的财产关系的历史演变，是用历史唯物主义关于五种基本社会制度的理论和方法来加以划分的。而对于每一个社会形态和特定财产制度，又可以按照实际情况区分为若干体现局部质变的财产占有方式的亚种。例如，把原始公社财产占有制区分为小原始群占有、氏族占有、氏族联合的部落占有等，把奴隶占有形式区分为不发达的家内奴隶占有形式、国有奴隶占有形式和发达的工场奴隶占有形式等，把封建财产占有形式区分为土地领主占有、土地国家占有、土地地主占有等形式，把资本主义财产区分为个别资本财产、联合资本财产等形式，把社会主义公有财产区分为全民财产、集体财产、混合财产等。上述多种财产占有形式的产生和演变都不是偶然的。基于马克思主义政治经济学的科学的研究和理论分析，人们就可以发现决定财产占有形式或是存续下去或是发生变化的生产力的动因。

2. 社会财产结构的变化

任何一个社会经济形态，除了存在某种作为这一社会特征的基本财产形式而外，还存在其他非基本的财产占有形式，从而存在由多样的财产形式组成的社会财产结构或体系。上述财产的多样性是由社会生产力的性质与状况决定的。

社会是一个复杂的结构。就特定的社会发展阶段的生产力来说，也表现为具有高低不等的层次性。例如，工业与农业、城市与乡村、沿海与内地、经济发达地区与经济不发达地区，这些不同生产领域和地区，其物质生产条件、生产手段、劳动方式和经济形式也不可能完全一样，有些是属于更为先进的物质生产方式，有些是属于一般的或者是落后的物质生产方式，因而总体的社会生产力就具有层次性，是一个由先进的、中位的、落后的生产力组成的层次结构。人类历史上的各个社会形态的生产力都存在着这种层次结构，即使是资本主义国家，不同生产领域以及地区之间也存在物质技术基础的差别，生产力仍然具有层次性。财产占有方式归根到底是适应于劳动生产方式与经济运行的性质的，一些财产占有形式适应于先进的劳动生产方式，一些财产占有形式则适应于落后的劳动生产方式。正是由于生产力的层次结构，决定了社会财产占有方式的多样性。例如，在资本主义社会内，除了有占支配地位的与现代化大生产相适应的，表现为资本归少数人独占的资本主义财产形式以外，还存在与较低生产力水平相适应的多样的个体财产形式。此外，还存在劳动合作财产，在当代发达国家还产生了使用先进技术的现代家庭生产和与它相适应的个人财产。在我国社会主义社会，除了有占支配地位的国有财产以外，还有集体财产、个体劳动者财产及其他非公有制财产形式。

财产占有形式的多样性的存在，也是由于社会经济组织结构具有的延续性。人类历史的发展是不断向前演变的。发展无论是渐变或是在某些关头出现"突变"，都不能改变经济组织，首先是生产力的延续性。因而即使是社会发生制度更新，即使是通过激烈的阶级斗争发生了财产制度的变革，废弃陈旧的、束缚生产力的旧财产形式，但是在某些领域，原先的财产占有方式还是会保留下来或是通过某些调整与形式的变化，由此形成占支配地位的新财产形式和补充性的旧财产形式的并存。这种新旧财产并存，往往是一个新社会形态的初始阶段财产结构固有的特征。

体现不同占有性质的财产结构决定于社会物质生产力的性质和状况，随着物质生产力的发展和生产力层次结构的变化，社会的某些财产形式也会萎缩，甚至消失，另一些财产形式会发展，而一些新的财产形式会产生，其结果是财产结构的变化。

以生产关系性质来划分财产，总要涉及私有财产与公有财产的范畴。公有财产是人类初始的财产形式，它出现于远古时代，这就是原始共有财产（氏族财产、部落财产等）。古代与中古社会的公有财产，表现为村社财产如农村公用塘堰等。现代公有制财产主要是社会主义国家财产、集体财产和其他社会公有财产形式。资本主义国家的国有、市有等财产形式是一种共有财产。私有财产的初始形式是家长制家庭财产。此后是奴隶制财产，其特征是不仅生产资料作为财产，而且生产者（劳动者）也作为财产，具体地说，是奴隶主的财产。封建制财产，其主要内容是封建土地财产，由于劳动者不再是奴隶，他的人身不再作为领主财产，顶多在农奴制的场合成为半财产。资本主义私有财产，其特点是生产资料在资本形式下成为资本家的财产，它的本质是资本家对劳动创造的剩余价值的占有。奴隶主财产、封建主财产和资本家财产这三种私有财产形式，均是体现了对剩余劳动的无偿占有权，从而体现了人对人的剥削。

劳动者个人财产存在于人类社会各个形态。在原始氏族公社中，氏族成员的弓箭等生产工具是作为归个人占有的财产。在此后有个体农民、个体手工业者的不体现剥削关系的劳动者生产性个人财产以及个人消费财产。在资本主义商品经济中，劳动力归雇佣劳动者自身支配并以商品形式出售给资本家，劳动力成为广大雇佣劳动者的基本个人财产，劳动者被剥夺了对生产资料的财产权，在基本生产资料占有关系上处于"无产者"的地位。

在资本主义社会，职员、工人和知识分子的各个阶层也拥有存款、债券、股票等形式的财产，由于这些财产基本来源是他们的劳动，这些个人财产基本上是劳动力价值的转化形态，从而与资本家私有财产有根本的不同。

上述引入占有性质而得出的财产概念揭示了财产的社会性质，分析和阐明财产的社会性质是马克思主义的产权理论研究的特色。马克思所创立的所有制理论中，首先将人类历史的经济形态归结为五种基本占有形式，并由此阐明了各种生产方式和基本占有形式下的多样的财产形态的本质及其各自的特征。马克思以其独特的理论分析方法，揭示与阐明了历史上的三大私有制财产形式蕴涵的财产主体占有剩余劳动的本质和占有剩余劳动的具体形式。他将资本家的财产的各种形式（生产资料、货币、土地财产及其他的金融资产等）归结为资本，即"带来剩余价值的价值"，揭示了资本榨取雇佣劳动的本性，从而揭示了现代资本主义财产的最深层的本质。

社会主义的财产是更高级的现代公有财产。社会主义使生产资料在国有财产形式下属于全社会公共占有，或是在集体财产或其他公有经济联合体财产形式下归部分劳动人民所有。在社会主义条件下，消费品以劳动者个人财产形式为社会成员所拥有和享用。因而社会主义把生产性财产归公共占有，而把消费性财产归联合劳动者个人占有。可见，社会主义并不消灭财产，更不是要消灭劳动者个人财产，而只是要消灭剥削者私有财产。

在社会主义初级阶段，由于社会主义经济还不成熟，因而公共占有关系还不发达和不成熟，阶级社会中的旧占有关系和旧财产形式也会存在。在我国现阶段就存在多元财产结构，其中以公有财产为主体，但还存在一定范围内的私有财产。在我国社会主义制度下，合法获得的私有财产与公有财产之间已不具有对抗性。此外，还存在多种形式的个人财产。多元的财产结构在社会主义初级阶段是不可避免的。马克思主义对财产实行制度分析的方法和基本概念，奠定了财产权理论的科学基础。资产阶级法学与经济学的财产理论着眼于分析财产的抽象定义、表层的占有关系和外在形式，其主要的着力点是分析财产的法权内容。可以说，西方财产理论一般未摆脱就财产论财产的方法，其研究并非没有积极的成果，其对产权制度的实用性的研究是值得借鉴和用来为社会主义市场经济的产权研究服务的；但是西方产权理论缺乏制度分析，特别是西方产权著作中小心翼翼地回避对私有财产的本质、局限性及历史变易性进行理论分析，这就表明了西方产权理论研究的皮相性。

（二）以其他经济特征来划分的财产形式

1. 使用价值形态的财产和价值形态的财产

财产就其对象的特征来说，有表现为使用价值形态的财产。人们所以要占有一个对象，使之成为财产，主要是为了排他地享受其使用价值。例如，人们要占有物质生产资料，是为了把它用于生产过程中，享有和发挥它的生产效用；人们要占有消费资料，是为了把它用于消费以享有和发挥它的消费效用。可见，对象具有使用价值，是人们实行占有的前提条件，这种对象就是使用价值形态的财产。如果是一个没有使用价值之物，或者是其使用价值业已耗竭之物，它就不再能满足人们的需要，人们也无须对它实行占有，从而不再是财产。这可以从人们将用坏的物品作为"破烂"加以抛弃这种"非占有"行为看出来。

使用价值形态的财产又分为物质或实物形态的财产和非物质形态的财产。后者又区分为精神形态的财产和其他形态的财产。物质形态的使用价值指一个具有满足人类的需要的性质或拥有效用性的物或对象。拥有物化的使用价值形态的实物财产是财产的重要形式，特别是在自然经济形态中，主体进行生产与实行排他占有的目的是为了获取物化的使用价值形态的财富，因而，在那里通行的财产形式是实物财产，例如，原始部落的财产表现为畜群、猎物、收获物等实物财产。即使是在商品经济中，运行于广泛的经济生活中的实物财产也是财产的主要形式，各种生产性的与消费性的劳动产品，主要是实物财产。

使用价值也表现为非物质形态或非实物形态，这多半是指作为生产条件的科学技术产品和作为满足人们精神需要的文学、艺术产品和哲学、宗教等观念形态。这些非实物形态的精神"产品"或对象也是人们占有的对象，从而是财产。特别是在私有制下，它们表现为私有财产或个人财产，例如，中古时期手工业者掌握的生产技艺和制作诀窍就是个人占有的财产，只能在家庭主要成员如父子之间传授。

在当代生产现代化条件下，科学技术革命不断发展，科技越加成为第一生产力，科技发明的成果如技术图纸、发明、技术诀窍等不仅越加成为商品，而且成为法律明确加以保护的知识产权（如专利权）。此外，文学、艺术产品也以更大的规模生产出来和成为原始生产者[①]个人占有的财产。

在商品经济条件下，财产的对象形式除了表现为使用价值形态而外，还表现为价值形态即货币，这就是交换价值财产或货币财产。它表现为原始货币如贝、帛等，真正的货币如金、银和价值符号的纸币。在商品经济中货币是一般财富，是换取任何其他物质商品和精神商品的手段，一切财产，无论是实物的和非物质形态的财产均可转化和表现为货币财产，发达的市场体系每时每刻都在将各种形式的财产

---

① 原始生产者指文学作品、艺术品的创作者。

转化为货币财产，因而货币在商品世界中占据特殊地位，是商品世界的"宙斯"。特别是货币是资本的原本形态，资本主义经济中资本榨取剩余价值的机制表现为货币资本的不断增值，而追求货币价值的最大增值就是资本主义生产的目的。可见，资本主义的发达的商品经济使货币财产，更确切地说使价值形态的财产，成为财产的一般形式。如果说原始财产、古代财产一般是实物财产，中世纪以来获得发展的商人财产是金属货币财产，那么，当代资本主义发达的商品经济中的财产一般就是价值形态的财产。就占有主体积累私有财产的动机来说，在自然经济中表现为占有自然产品形态的财富，在商品经济中表现为占有交换价值形态的财富即赚钱。特别是在资本主义商品经济掀起了资本家狂热的货币财产占有欲，在资产者心目中占有与积累越来越多的货币财产就是其生活的最高目的，是"个人价值"的最大实现，唯利是图、金钱至上也就成为资产者的行为准则。这种被扭曲的人的行为和心理、动机，马克思称之为"货币拜物教"。

发达的商品经济不仅表现为交换经济，而且表现为信用经济。银行和信用事业高度发展条件下，出现了发达的商业信用，如商业汇票的流通、贴现和银行信用（各种银行支票、汇票）的发行及其流通，特别是多种债券（国库券、企业债券）以及股票进入金融市场流通，这些有价证券即代表一定货币价值的权利凭证，就成为财产的重要形式。

2. 生产性财产与消费性财产

如果按照它的使用方式来划分，财产可区分为生产性财产和消费性财产。生产性财产是用于生产中的占有对象，其目的是用于财富的直接生产与增值，它包括实物财产（物质生产资料和对象条件）与非实物财产（债券、股票及其他财产的凭证等）。非生产性财产，是用于生产之外的占有对象，主要是消费对象（个人消费，社会的、集团的消费）。此外，还包括不进入生产，也不进行消费的储藏财富（如储备）。

3. 动产与不动产

财产按其经济运行方式可区分为动产和不动产。动产是指在使用中能够发生空间变动的对象，如一般性的生产资料和消费财物均可以搬运，即在营运中要在空间上发生位移，它们均是动产。不动产则是指不发生空间变动的对象，如土地、厂房等。

商品经济使一切经济资源交换化，把一切在物质上可以移动的财物，包括那些传统习俗、古老家规规定为不可转让之物，统统推入市场，使它成为在最广阔的统一大市场（其最高形式是世界市场）上流通和转让的商品。这就是交换财产。动产是适合交换财产要求的，对于动产来说，产权转让，即所有者的变化，财产的形态变化和财产本身空间位置变化同时发生。例如，车主出售一辆汽车，对交易当事人来说不仅有财产形态的变化（或由货币财产转换为实物财产，或由实物财产转换为货币财产），还有汽车所有者的易位，而且有空间上的转变，即将汽车由商场开往买者家中。

对于物质上不可运动的对象如土地、房屋来说，财产的转让首先是发生财产变形——对转让者来说是由实物财产转化为货币财产，对占有者来说则是由货币财产转化为实物财产。在财产转让实行商品等价交换的场合，双方拥有的财产价值都没有发生变化，都不丧失任何"财产"。其次，作为转让内容的实物对象并不发生空间变化与领域变化。对象如工厂或房屋仍然处在原来的地方，但是这里却已经发生了产权的转换即易主。可见，商品经济中的财产是处在频繁的转让之中即处在市场流通中的财产，不动产只是财产对象物质运动的特征，无论是动产或是不动产都要参加市场经济运行和在转让中发生财产主体的更易。

4. 物质财产与非物质形态财产

作为财产的对象是一个事物（thing），它主要是一个物质对象（physical object）或实物，这就是物质财产或实物财产。人类最古老的财产形态如土地、森林、河流等，它们是物质财产，或实物财产。由于人类的生产条件主要是物质生产条件，它包括自然物质条件（地上的自然资源和地下的矿藏、水能资源）和劳动创造的生产手段，如机器、工具、设备、基础设施等，因而，人们占有生产条件即构建财产的内容，首先的和主要的就是形成物质财产。人类生产的进步，生产和社会的现代化和当代科技革命的发展，一方面使人们所开发利用的自然生产条件达到前所未有的规模，宇航的兴起把太空及其星体均纳入人的自然生产条件范围；另一方面人类发达的科技劳动创造的物质技术条件也越发先进和更加庞大。因而，物质财产也就具有更大的经济重要性。

非物质财产或非实物财产是指主体占有的不具有实物形态的对象。精神产品，例如，科技知识产品、文学产品等就是这样的非物质财产。随着现代化的发展，生产性精神产品越发重要；随着消费方式的进步，消费性精神产品也越来越重要。因而，精神产品这种非物质财产就越加重要。精神产品本身也多半具有一定的实物形态，例如，诗要表现为集子这样的出版物，歌手的歌本身就是一种音响，更不用说还可以表现为录音磁带，科技发明表现为技术图纸和设计等，它们是有实物外形的非物质财产。真正的非物质财产，主要是指财产权凭证，即主体占有的不是一块土地、一栋房屋、一定数量的金银货币，而是一个权利凭证，如所有权凭证——股票、地产证、房产证以及专利权、版权、继承财产的权利凭证即遗嘱、债权凭证借据、租赁契约等。这些可以称为无形财产或是抽象财产。

产权凭证这样的非实物财产或无形财产出现的根据是经济生活中财产权的分化，或称为两权分离，在这种情况下，主体保留对象的最高支配权和收益权，而将占有、使用、一般处置权委托给代理人或其他职能主体，包括经理、债务人、承包人、租赁者等。在上述场合，主体并不丧失财产，只是改变对财产实行支配、占有的方式。即他不再支配、占有实物对象，而只是拥有一个具有法律效力的权利凭证，即财产权。我们指出，财产是体现最高占有关系的对象，而其本质在于占有关系。上述两权分离的条件下，就法权意义的产权来说，所有主体仍然保持最高支配权，例如，他可以将财产从委托人、承包人在承包期满之后收回归自己直接占有。就经济学意义的产权来说，他在不占有实物对象时仍然占有实物对象委托使用中带来的利益和剩余价值。因而即使不支配实物财产（古代的大土地所有者和近代的大资本所有者，可以说通常地是不直接支配实物财产，他甚至从未接触也从不了解归他所有的实物财产的具体状况）而只是保有和支配所有权凭证，但他们仍然是法律上的，或者经济学意义上的财产所有者。

在发达的商品经济中，一方面由于所有权与经营权的进一步分离，所有权越发表现在收益权上。另一方面由于各种信贷关系的发展，债券、股票等金融工具的大规模使用，因而主体有各种形式的权利凭证，而经营使用者占有使用实物财产和货币财产的现象越加发展和普遍。因而，无形的财产越来越重要。

基于上述对无形财产的分析，可见，不能把财产视为和定义为实物。法律论著中把财产权视为是一种物权，是所有人依法对物实行占有、使用、收益、处分的权利，但这里的"物"不是指"实物"，把

"物权"作为物质对象的占有权来理解，这是不对的。这是把内涵十分丰富的财产概念作了简单化的理解，这种解释尤其不能反映当代市场经济复杂的财产关系的特征。

5. 自然形成的财产与社会财产，劳动创造的财产

财产就其对象本体形成的方式来说，可以区分为自然形成的财产，如天然形成的森林、牧场、湖泊、滩涂、矿藏、风景点等，这种财产对象本体的形成无须人类的劳动，而是一种自然的恩惠。与天然形成的财产对象本体相对立的是社会财产，即经过人类劳动加工而形成的财产对象本体。作为人类经济生活的特征是生产，即借助于人的劳动，对客观自然物进行加工，改变自然物的物质形式或改变自然力的作用方式，创造出适合人类需要的对象。这种归人们占有的劳动生产物就是劳动创造的财产。动物依赖自然，人类则是依靠自身劳动来改造自然，因而自然形成的财产对象只不过是一种母体，人类还要用劳动对它进行加工，例如，对原始森林进行砍伐制造出木材，对不毛的土地进行开发，对地下矿藏进行发掘、开采以及对原材料进行再加工，使之变成各种适合于人类需要的生产资料和消费资料，使它们转变为具有经济效用的对象，并由此转化为劳动创造的财产。可见，财产对象本体的形成本质上是社会的，因而财产本质上是社会财产。应该说，"土地是财产对象本体之母，劳动是财产对象本体之父"。

第四章

商品经济条件下的财产权

    商品经济是一种特殊的社会经济组织形式和经济运行方式。商品经济是相对于自然经济而言的，它具有下述特点：（1）生产物具有交换价值，表现为商品；（2）市场交换起重要作用，它引导生产，影响分配和消费。商品经济是由市场来组织和调节人们的经济活动的经济。商品经济这种经济组织与运行方式，在古代社会就已经萌芽，中古时期在局部领域特别是在城市和交通枢纽取得断续性的发展，在近代资本主义社会获得大发展，在当代资本主义社会更发展到鼎盛，表现为高度发达的现代市场经济。社会主义经济也是商品经济，从经济落后、商品货币关系不发达的半殖民地半封建社会诞生的我国初级阶段的社会主义，商品经济正在方兴未艾地发展和壮大之中。商品经济这种经济组织与运行形式不能不影响到财产的具体形式，不能不影响到财产获得、占有与运行的形式。事实上，在人类历史漫长的商品经济中财产形态经历了许许多多的变化，具有商品经济所赋予的新特征。因此，阐明商品经济中财产形态的特点是产权理论的一项重要任务。

一、财产的交换价值形态日益重要

在商品经济中财产取得交换价值形式，无论是作为生产资料的生产财产或是作为消费对象的消费财产均要表现为一定的交换价值，即一个货币量。在自然经济中衡量财产占有量是使用实物标准，即人们有多少亩土地，年收入多少石谷物等。在商品经济中衡量财产占有量的尺度则是价值标准，即人们占有多少货币，例如，是家财千万，还是收入只能抵补日常开支。

在商品经济中，不论是劳动产品形式的财产，还是像土地、矿山、处女林这样的自然原生财产，不论是物质形态的实物财产，还是精神产品形态的财产，都要表现为价值形态。在财产唯一表现为自然产品形态的自然经济中，拥有一定数量的土地，或一个手工作坊，就是一个有产者。在商品经济中，财产的使用价值形态固然是重要的，因为使用价值乃是交换价值的物质载体，一个不具有任何效用，从而没有任何使用价值的物，不可能作为交换对象和具有交换价值。但是，财产的交换价值形态却更加重要，可以说，人们拥有财产就是为了占有交换价值。财产占有者除了要关心归属于他的直接用于日常生产的生产财产和用于日常生活的消费财产的使用价值而外，他更需要和更主要考虑的是所占有对象的交换价值。工厂主时时刻刻关心他的企业资产的实际价值，土地所有者关心的是他的地价或租金，投资者时时刻刻关心他买进的股票的市值。如果企业已经资不抵债，如果土地地价下跌和地租大大下降以致不再有人租用和购买，占有者已不能拥有任何货币价值，甚至只是占有一个负货币价值。例如，工厂在资不抵债的场合，就实际经济意义上来说，工厂主是什么也没有占有，也没有真正的经济财产。

在商品经济中，由于财产取得交换价值形式和交换价值的财产越发重要，非实物财产、无形财产、抽象财产等就成为财产的重要范畴。我们说，财产是体现一定占有关系的对象或事物（things）。这一定义中的对象或事物就其含义而言是广义的，即它不能作为一个人可感觉和可观察的物质实体、实物，或金和银，而是包括看不见、摸不着的抽象的价值物，即抽象财产或无形财产。例如，土地使用权凭证、债券、股票等资产凭证，其他权利凭证，如出口权凭证、货币支付凭证（商业期票、汇票等）以及其他的对物及其收入的支配权凭证等。由于它们都是交换对象，具有交换价值，是有价证券或权利凭证，因而均是被作为人们占有的"事物"或"对象"，从而是在现代市场经济中占有重要地位的无形的财产。

二、产权的流通性得到充分发展

商品经济中，财产是作为交换价值而存在的。交换财产是指占有的"事物"或"对象"是一个商品，从而财产占有权是在市场流通中进行转让和发生所有者的变换。

"事物"或"对象"在市场交换中不断易主是交换财产的特征，它和自然经济中的非交换财产形成鲜明的对比。例如，在封建自然经济中作为基本生产资料的土地，一般说来采取国家行政权力分配方式，由国君"分封"给贵族，这些封地又可以再授予他的下属，和作为遗产转归其后代，但一般是不能在市场出售的，因而是不流通的财产。

在西欧封建制自然经济中，土地财产属于特定领主和实行长子继承制，土地是不流通、"不易主"的财产，即世世代代归某一家族所有。财产的不流通意味着基本生产资料占有支配关系的凝固化，既缺乏财产权的分化，也缺乏财产权的合并与兼并（当然有通过战争和强制手段的土地兼并），从而不存在生产要素的经常再组合和经济组织形式和劳动方式的变化和优化。这是封建制生产方式在技术上墨守成规，社会、经济生活保持静止状态，千百年在原有基础、规模上一代又一代地长期延续下去的一个重要原因。

就广泛意义上说，任何商品交换既是物的运动，又是所有权的转让。商品交换采取W—G—W形式，这里包括交换对象的运动和财产占有关系的变化。鞋匠出售一双鞋，鞋由生产者转让给消费者，由后者占有，而鞋匠则占有购买者的货币。这里有物质对象所有权的让渡，卖方放弃鞋的所有权，将它转让给买方，但是卖方获得买方的货币所有权，因而，卖方并不让渡价值形态的财产所有权，不丧失抽象财产，对买方来说，他放弃了交换价值，即抽象财产，但获得了实物财产——鞋。

在等价交换机制下实现财产所有权的转让，从而使各种对象不断地进行经济流通，无疑是商品经济的一大历史功绩。发达的商品经济把一切主体占有的财产均卷入市场交换之中，使它不断转让，不断易主，实现资源最佳配置，有效发挥对象的生产效用和消费效用。例如，某些土地、机器设备对所有者甲来说，往往是处在闲置状态或低效营运，通过等价转让产权，成为乙的财产后就可以改变它的使用营运方式，得到有效的利用，并获得高经济效益。

在商品经济中，财产所有权的转让除了体现在各种现实的商品（物质产品、服务、精神产品等）的交换之中而外，还出现了财产权凭证的交换化，各种有价证券，如股票、债券、商业银行票据，各种能获取货币收入的权利凭证，包括专利权、版权等"抽象财产"，均成为市场流通的对象。产权凭证的市场交换化和产权的不绝的转让，乃是发达的商品经济的特征。

在产权市场交换的基础上，产生了财产权的经济运行：财产所有权的聚集、集中和分化。财产所有权聚集指主体占有的对象在规模上的扩大，集中指一定规模的财产的占有主体数量的减少，分化指原先属于一个主体的财产分离开来归其他主体占有。企业兼并、合并等形式是实现产权聚集和集中的重要方式，企业的分立制是实现产权分化的重要方式，这些方式均是在产权的市场交换和转让的基础上实现的。

产权市场流通化的经济功能是实现各种生产要素的流通和再组合，使要素组合优化，实现高生产效率和经济效果。例如，通过股票的转让，即股票市场流通，实现了企业的兼并、合并和生产资料的优化组合，使企业组织结构与产业结构合理化；各种技术发明专利权，及其他精神产权的有偿转让，使各种原本的精神产品转化为经济商品，实现了科技产品转化为生产力。

归结起来，商品经济使产权市场流通化，成为在市场不断地转让的对象，这种产权由此具有"开放性"，它和自然经济中不具有经济周转性的"封闭性"产权形成鲜明的对比。

三、收益权日益重要

如上所述，财产权的第一个定义是：主体对客体的最高支配权即所有权、占有权（支配权）、收益权、处置权，其基础是最高支配权①。最高支配权首先表现为对生产资料和生产条件的支配和占有。生

---

① 这里的财产权定义，是就最主要的财产关系，即生产资料的占有来说的，而将单纯的消费财产等财产形式排除在外。

产资料是进行生产的物质前提，因而财产权的第二个定义是：主体对
生产资料的最高支配权和占有权。由于社会的人不是为生产而生产，
而是为了经济利益即获得物质生活资料而进行生产，人们也不是为了
占有而实行占有，而是为了获取经济利益，为享有劳动成果而实行占
有。财产权总是为了获得产益，产益才真正实现了产权。如果人们宣
称他是土地的所有者，但却不将土地用于种植和生产出产品，他也就
不占有任何生产物，这是不带来任何经济利益的法律上的财产所有
权，由于后者缺乏经济内容，没有获得产益，它对主体来说等于没有
实行土地占有，没有任何现实的财产。因此，现实的财产权的第三个
定义是：主体对于生产条件和生产成果的支配和占有权。由于劳动成
果或经济利益可以称为收益，上述定义可以表述为：主体对于生产条
件和收益的支配和占有权。这一定义揭示了作为财产主体的人对对象
的占有关系的核心是对经济利益（interest）或收益（income）的占有，
或者说，财产权的核心内容是利得权。这种收益表现为自然产品形
态，即各种实物收入，或表现为交换价值形态，即货币收入。当然，
对收益的占有本质上是对劳动的占有。

占有收益从来是产权的核心，一切主体所以要确立起财产所有
权和占有权以及处置权的产权复合结构，无不是为了确保占有财产收
益，或产益。历史上的剥削者私有产权结构，其主要功能是保证主体
占有异化劳动的产益。个人劳动产权和共同劳动产权结构的功能，是
为了确保劳动主体占有自身劳动（或是个人劳动，或是共同劳动）的
产益。在发达的商品经济中，在产权的四维结构中收益占有权更加重
要。这是由于在发达的商品经济中，物质生产采取了企业经营形式，
这就是：企业实行自负盈亏和以获得利润为经济活动的目的。在这种
经营方式下，主体的财产权是通过有效地支配和营运资本来实现的，

显然地，财产权实现于企业的收益，而资本利得率或收益率（后者一般表现为企业的利润率）则是现代企业制度下评价财产权的使用效果的经济尺度。

在商品经济中，不仅大公司企业以谋取占有财产收益即货币收入为目的，个体企业营运其经营财产也是为了获得货币收入。被企业雇用的体力、脑力劳动者，也要通过出售和转让他的劳动能力的支配权来谋得个人收入。在精神产品支配权（专利权、版权、商标权等）日益商品化的条件下，智力劳动者也通过转让上述知识产权来谋取货币收入。

可见，正是由于经济的商品化和货币化的发展，使货币收益越来越成为财产使用的目的和动机，而收益权或利得权也就更加重要，成为财产权的主要内容。在自然经济中，人们实现其产权，是通过生产条件占有，从而实现生产和占有各种劳动产品。在商品经济中，人们实现其产权的目的则是占有收益，即如通常说的"将本求利"，收益成为产权实现的主要标志。因此，还可以给财产以如下定义：财产是在支配使用中为所有者带来收益的对象。财产—收益，就是现代产权的实现机制。如果某种占有对象为所有主体提供零收益或负收益，这意味着主体实际上不占有，从而没有财产。而非物质产品、无形产品，只要为所有主体带来收益，也是财产[①]，而且是现代发达商品经济财产的重要形式。

[①] 基于财产是能带来收益的对象，因而，商誉、商标等精神形态的资产就是企业的财产，后者应和物质资产一样，作为企业财产来加以评估和核算。

第五章

现代股份公司产权制度的特点

企业是商品经济中的微观主体。它的特征是：（1）以追求赢利极大为直接目标；（2）拥有独立的经营财产的经济实体；（3）实行自主经营、自负盈亏、自行发展、自我约束。企业是一种具有充沛的活力的微观组织形式。现代发达的商品经济之所以能促使和实现社会生产力的一次史无前例的大发展，是与企业的创立密切攸关的。企业既是一种生产组织形式，又是一种财产组织形式，后者表现为企业产权。在本章我们将着重对现代公司企业的产权形式进行一些分析。

一、生产社会化与公司企业的兴起

在资本主义商品经济中，从事商品生产的基本单位是企业，资本家私有财产权是通过企业的财产关系来体现。在资本主义经济发展的早期阶段，包括工场手工业时期和机器大工业生产的初期，通行的是规模较小的独资经营企业，这种企业由私人资本家自己出资，自己经营，因而企业产权是法律所有权和经济所有权相统一，经济所有权中实行支配权、收益权、处置权相统一。随着机器生产的进一步取代工场手工业生产，由于生产中使用更多的机器设备等固定资本，也由于生产规模的扩大需要更多的流动资本，从而产生了合伙经营的企业，企业资本是多个私人资本的联合，企业财产是多个私有资本家的共同财产，合伙资本家共同拥有所有权、占有权、收益权和处置权，合伙人均从事一定的管理，对企业经营承担无限责任。

随着资本主义市场经济的确立和发展，特别是随着科学技术的发展和创新，出现了使用庞大的技术手段的机器大工业，由此也就产生了实行资本联合的采取公司形式的大企业。公司（company）企业形式是大规模资本经营的产物，早在12世纪，意大利、地中海商业城市的一些贵族为了适应大规模商业经营对营运资本的需要，开始在家族内实行资本联合，组成了公司形式的企业，这就是公司企业的萌芽。

在19世纪中叶，就经济上来说，西欧和北美的资本主义市场经济有了长足的发展，就物质技术上来说，机器大工业获得大发展，出现了大规模的铁路建造，使用汽船的海运业迅猛地发展。这些大生产需要远远超过合伙企业所能集中的资本，这样就有了实行大规模资本联合的公司企业的兴起。20世纪以来，在新的科学技术革命不断出现的基础上，资本主义生产现代化迈上新的台阶，出现了使用更加庞大的现代物质技术体系进行大规模生产的现代大企业。这种大企业是以实行最广泛的资本联合为基础，公司也就更加成为微观经济组织的支配形式，其典型形式是股份有限公司，例如拥有数十万、上百万股东的通用汽车公司、贝尔电话公司等。公司种类繁多，包括有限责任公司、无限责任公司、股份有限公司、两合公司、股份两合公司（一部分股东承担无限责任，另一部分股东承担有限责任）等。企业的公司形式不是固定不变的，例如，随着垄断竞争的加剧，出于联合资金的需要，股票为少数人持有的关闭式公司（1956年以前的福特汽车）也转变为股票为大众持有的股份有限责任公司。

二、公司是一种新的企业财产组织形式

公司是多数出资者共同组成的从事商品生产与经营，以营利最大化为目的的团体或社团。作为多数出资者实行资本联合的企业组织，它有其不同于独资企业，也不同于合伙企业的特殊财产组织形式。

（一）财产主体的众多性

股份公司是实行资本联合的企业形式，通过股份制这一财产组合方式与体制，公司把归各个不同所有者支配，在数量上受到限制的、分散使用的资本或财物转化为归公司统一支配的资本，从而实现现代社会化大生产所需要的资本联合。有限责任的股份公司借助发行面额小、数量大的股票，可以筹集到数量极为庞大的资本和形成规模巨大的企业财产。

财产组合是商品经济中的范畴。它意味着独立的财产所有者为了更有效地从事商品生产与经营，而将他们自己独立支配的财产在一定形式下联合起来，例如合伙企业就是一种初期的、范围狭窄的财产组合方式。财产组合顺利地实现和运行，必须找到一种能够处理好各个财产主体之间利益关系的机制。

股份制（这里指有限责任公司）的财产组合机制是：（1）财产单元原则。把公司资本金划分为一个个小单元即股份，向社会公开出售，通过吸纳社会资金，形成拥有众多主体的财产联合。（2）股权平等原则。对每单位股本实行股权平等原则，拥有同等的按股本分取股

472

息和红利权，在股东大会上同等的表决权。（3）有限责任原则。股东承担的责任不超过他所持的股本价值。（4）股权自由转让原则。有限责任公司实行股权自由转让，股东需要现金时，或想将财产转移和投入其他企业时，可以将股票在市场出售和转让。上述（1）表明，公司本身就是旨在打破独资企业、合伙企业和个人财产或小财产联合的狭隘性，构建和实现众多主体的财产联合。而通过（2）（3）（4），即股份制的利益共享和风险共担以及有限责任和自由转让的机制，它能够十分有效地吸引各种各样的资本所有者（从资产者到普通职工），使他们在持股形式下，将资本投入公司，形成公司资本金，从而组成众多主体的财产联合。

（二）财产的整体性和不可分割性

现代公司制度的本质在于实行资本联合，把一个个互相独立的资本结合为庞大的资本联合。这个联合资本构成公司的财产或产权（company property）。公司财产并不是一个个出资者个人财产的简单的相加与总和，不是由众多的投资者以个人名义独立支配的财产，而是以公司名义占有和支配、具有不可分割性的整体财产。公司财产的整体性表现在股权上，股东产权只是：（1）通过股东大会（董事会）的运作机制有限度参与公司管理与控制；（2）通过领取股息与红利分享利润；（3）公司增资时按原持股比例购新股，而享有一定的公司权益；（4）公司解散时参加分配剩余财产权。股东没有退股权，即不能收回他交付给公司支配的财产。

可见，尽管公司的财产是由一个个股东的财产形成的，但是在这里，由一个个股东独立支配的财产已经转化为股东共有的整体财产，而个人已经不可能拥有对整体财产的直接的独立的支配权，具体地说，股东不能索回他的股本，这种性质的股本被称为"不可分股本"（undivided share）。公司财产的整体性是保证公司企业长期正常营运所必要的，也是维护股东群体的利益所必要的。如果股东个人可以任意向公司索回股金，由此来表示他的独立财产权，那么，就会出现个人对整体财产的任意分割，破坏公司资本金的稳定性，直接影响公司的营运，就会损害其他股东的利益，这样就不可能有稳定的资本联合和以公司制度为基础的现代市场经济的运作。

（三）长期延续性财产

股份公司的财产表现为一个不断增值的价值，它的生命往往延续上百年或更长时间。公司财产的整体性决定了公司财产的长期延续性。由于公司股东不能退股，股东的人身的更换（体现在股票转让中）和死亡，都不会影响公司的财产，从而不会影响公司的营运和存在。而个人企业、合伙企业，其财产则不能长期延续，当事人或合伙人死亡、破产、精神能力丧失、退伙，都会影响企业的经营甚至存在。基于公司财产这一特征，一些公司也就在章程中规定公司永续存在①，可以签订长期（达百年以上）的契约，发行永不还本或期限极长的公司债券。总之，财产的长期延续性乃是股份公司财产的特征，也是股份公司的优点之所在。这样的财产形式，适应于那些社会化的大企业筹集规模巨大的资本和长期加以营运的需要。

（四）所有权与经营权相分离

现代公司制度的最主要的特征和最大的优点，在于它通过股份制

---

① 西方产权理论认为，法人生命具有"永续性"。

的一整套运作机制，实现了企业所有权与经营权相分离。

公司的资本采取股本形式。股本是公司发行和出售股票的价格的总和，它成为公司的资本金。股本采取两种形态，分别为投资者和经营者支配。（1）它作为公司资本金，在实物资本形式（机器、设备等）和流动货币资本形式下由公司支配。（2）作为价值凭证，它归投资者即股东支配。股票持有者可以凭股票获取股本的投资收益（股息和红利）。股票持有者也可以在证券市场上出售股票转让股权，谋取股票市场机制的差额利益。

有两种股票持有者：一种是为了在股市价格波动中谋取价差，他们是投机者，但是一旦转让了股权，他们就不再是股东；另一种股票持有者是为了享有股息和红利，即为了收益权（利润分享权）而向企业让渡其财产支配权。

如果对股权作进一步的分析，那么，我们将会看见，公司章程载明和法律规定的股权的内容是：企业的控制权，它体现在股东拥有在股东大会上选择董事和决定经营大政方针而行使的表决权中。但是这一控制权对绝大多数小股东来说是无多大现实意义的，他们并不能真正实现其对企业的控制，何况，不少小股东甚至也不参加股东大会，因而普通股东产权主要的实现形式乃是享有股息即利得权。对于优先股来说，股权更往往是唯一表现为享有利润分配和财产分配优先权，他们多半为此放弃了控制权。因而，我们可以说股权一般表现为利得权或收益权，股本形式的投资者正是在保持收益权的前提下，将货币财产的支配使用权转让给企业，从而实现了所有权与支配使用权的分离。具体地说，同一公司资本金，一方面体现了归一个个股东的所有权，即"所有权资本"，另外它又体现了归公司法人拥有的"使用权资本"。如我们在本书中业已指出，在发达的商品经济中，财产权越加突出地表现在收益权上，所有者对于财产的全权占有，即对产权的维护，更加着眼于利得权上，即在股本—股息这种投资形式上。就股东来说，只要投资对象选择得当，资本利得可以是稳定的，并且将随着企业经济效益的提高而提高，特别是作为让渡了支配使用权的主体，他无需进行任何经营活动却享有企业收益。这种财产权形式，对于广大的财产主体来说是有充分吸引力的。人们宁可放弃那些两权相统一的财产权形式（独资、合伙企业的产权形式）而选取股权这种有限制的产权形式。正因为如此，在现代市场经济中为了获取收益权而放弃支配使用权，就成为越来越多投资者自觉的行为。

现代公司制度在股份制机制的基础上创造了一个新的产权形式，股权应该说是一种具有历史意义的创造。借助股份制和股权机制，一方面保障了广大出资者的利益和终极所有者地位；另一方面又在法人财产形式下赋予公司董事会领导下的经理以直接经营权。在股本这一财产形式及股权这一产权形式下，完成了企业财产的调整，实现了适应于社会化大生产和现代市场经济的较彻底的两权分离，从而奠定了现代公司制度的基础。股份公司的迅猛发展和成为现代市场经济的占支配地位的形式，正是立足于这一新产权形态之上的。

（五）财产的法人形式

公司的重要特征是它具有人格，是法人。法人是与自然人（natural persons）相对而言的。自然人是有生命的真实人（real persons），而法人（artificial persons）则被称为人造的，非真正的人。在现代商品经济中，自然人处于一定社会生产关系之中，他拥有自己的名称、独立意志和自主行为能力，并且拥有社会法律规定的权利和承担民事责任。公司企业作为一种经济组织和团体，它本来是一种无生命的社会存在。但是，作为商品经济中一种经济组织和经济细胞，它要独立地进行各种生产与营销活动，从而要与其他企业、单位、主体发生复杂的权利与义务关系。为了使公司从事独立经营，自行发展和长期延续，不受参加公司的成员个人的生死等情况的影响，因而法律赋予它以法人地位，使它有受法律保护的种种必要权利和责任。作为法人和有了法人代表，公司就表现为一个有人格的社会经济实体。具有法人身份的，除了上述人们自行组合的公司企业，还包括国家或市政当局组织与管理的政府企业以及如教产、皇家地产的持有者。

公司的法人化，使公司财产权取得法人财产的形式。所谓法人财产，是指归公司名义上"所有"，实质上是占有的资产，包括股本（capital stock），即股东为购买股权而投入的资本金+公积金+未分配盈余①。

法人财产，在于法律赋予公司以财产主体的性质，借助公司法及其他经济法的构架，使公司成为上述整体财产的独立的支配者，它享有对上述资产的占有、使用等权利。为了维护其产权，它可以依法对他人提出诉讼，也可以被起诉。基于这种公司的运作方式和产权关系，西方法权理论主要根据法人实体说（realist theory），强调公司是有人格的独立经济实体，它拥有自身的区别于个人意志的共同意志，是拥有对公司财产的支配全权的独立的财产权主体。尽管实体说法权理论不能从更深层次上，即从生产关系和基本财产关系上去分析和把握独立的法人财产的实质，但是它抓住了公司在经营中享有独立的产

---

① 法人财产不应与公司资本相混同，后者指一切营运资本，不仅包括股本形式的本金，而且包括公司的积累以及借入长期使用的资金，即公司债。公司债有偿还的义务，不能是公司的"财产"。

权（资产支配权）这一事实和这一重要法权关系①。

法人财产制度使公司具有经济实体身份，法律赋予和保证公司行使财产的支配使用权、处置权——从属于一定限制的财产转让权（power of alienation）以及部分利得权或收益权，例如利润留作公司积累权。上述产权就从根本上保证了由多数所有者组成的公司企业不受各个所有权主体的牵制，而从事独立的和高效率的自主经营，并且自负盈亏、自行发展、自我约束。可见，法人财产这一企业产权形式，适应于作为资本联合的公司企业在市场经济中营运的需要。尽管公司活动、具体营运是通过董事会和经理的经营决策来实现的，但是董事长、经理的意志和行为本质上是体现公司法人的意志，不同企业的经理在商品交换中的讨价还价，生产和销售合同的签订以及财产转让等行为，已不再是体现个人的意志。在各种经济交往中不论当事人互相争吵，还是互相"关照"，但是他们都不是代表自己而是代表公司，是根据公司团体的意志办事。总之，公司法人财产制度促使以自然人为主体的商品经济时期发展演变为以公司法人为主体的市场经济时期，特别是借助公司财产的积累机制，促使大公司企业兴起。这种大企业的发展，其作用是双重的：一方面是大资本对经济生活的垄断，另一方面是生产社会化的进一步发展。人们清楚地看见，大公司企业依靠自身的经济实力和经营者才能，在市场经济的大舞台上扮演了更

---

① 罗马法将由一群人形成的经济细胞视为独立的个体，享有法定的权利，这个为法律承认的行为主体和实体就是法人，它不同于其构成分子的自然人。

对于法人的性质的阐述，大体上有两种学说。名义说（nomialist theory）认为法人只不过是人类脑子的构想，实际上并无法人实体的存在，法人只是自然人的集合的组织，法人没有它独立的意志，后者只不过是自然人的意志，法人财产只不过是自然人的财产。实体说（realist theory）则认为法人是一个区别于其构成分子的独立实体，它有其独立的区别于其组成分子的个人的意志，有其独立财产。实体说为柏拉图首创，当代多数法学家宗此说。

加重要和令人瞩目的角色，并在促进生产力发展中起着主力军作用。

（六）法人所有权与终极所有权的分化

如上所述，公司企业产权制度是适应社会化大生产和发达商品经济需要的一次产权创新。这一产权创新的实质是：在法人财产形式下，实现了所有权与经营权的最充分的分离，所有者主要享有利得权，即财产的收益，而财产的支配、使用，甚至一定的收益权、处置权均归属于作为经营者的公司。

公司创造了一个非自然人的财产形式，即法人财产形式。在公司制度下，出现了传统财产所有权结构的调整和变形。股权形式的所有权内涵较之传统所有权内涵有某种稀薄化，所有者与生产经营出现了疏远化。所有权内容的这一调整旨在强化经营权，委托经营者（trustee）获得了某些原来所有者才能享有的权利。但是这一产权关系的调整并不是所有权的削弱，由于发达商品经济中财产形式交换价值化，表现为资本和持有财产动机的利得化，即表现为获取财产收益（股息、地租），因而所有权的主要内容就越发地表现为利得权，人们自然地要以他们获取收益的状况来作为衡量他们的财产所有权实现程度的尺度。在股权形式下，股东拥有稳定的和灵活的利得权，而且借助股票的转让和购买，股东可以在各种投资比较利益不断变化的条件下进行选择和争取最有利的投资效益。可见，以利得权和收益权为主要内容的所有权形式适应了市场经济中资本的运作的需要。因而，这种作为资本委托经营制的产物的公司法人财产权形态，是实现所有权而且是最充分地实现所有权的新形式，这也是现代的微观主体主要采取股份制形式和各种财产主体踊跃投资于购买股票和将他们的财产转化为股权的原因。

必须指出，法人财产制度创造了一个财产实体——公司法人，这种法人财产"实体"是一个客观存在，但是应该说这种"实体"性的客观存在只是就财产运作方式而言，而不是就基本占有关系而言的。马克思主义政治经济学的财产概念，是指通过人与物的关系表现出来的社会生产关系，是一种人与人的关系。财产的原本主体总是自然人，以他对客体的占有方式的不同，他或者是原始氏族公社成员，或者是奴隶主、封建主、资本家，或者是农民、手工业者、职工等。财产也可以采取非自然人的社会组织为直接主体的形式，这里财产主体是一个社会团体、组织，但是某种社会团体、组织所有制，归根到底仍然体现了一定的阶级、阶层的所有制，它或是参与这些组织的人共同占有，或是由属于一定阶级、阶层的私人占有。可见，所有权的原本主体是社会的人，即使它采取以某种社会组织为主体法律形式与外观，但本质上仍然是某种社会的人的所有权。

公司法人财产，是市场经济中的非自然人为财产直接主体的形式。在商品生产、营销等经济活动中，公司法人表现为财产的"主人"，拥有受到民法保障和在公司法以及公司章程规范化下独立行为的权利。但是，如果就其本质的生产关系来说，投入资本于企业的股东仍然是最终的财产主体。他通过股权的运作机制实现对公司资产的私人占有，特别是实现大资本对资产的垄断和占有，只不过私人资本家已不再直接占有与支配工厂的营运资本，而只是通过直接占有股权而占有公司的利得。即使是对企业实行控股的大资本，也是通过股权机制（通过董事选举权，经营、分配等大政方针的审议批准权等）来进行控制，采用委托经营形式来实现私人所有权。

必须指出，资本的所有权和使用权相分离是与信用制度和生息资本的出现同时出现的。马克思对现代信用制度中的生息资本所体现的资本所有权与使用权进行了十分深刻的理论分析。他指出，在信用制度下，那些提供资本（主要是通过银行制度）的人，只是表现为所有权资本一方，但却不亲自执行资本职能，他们是资本的"法律上的所有者"①，而那些从事经营的企业经理却表现为"职能资本"，他们执行组织剩余价值生产的职能，但是却不是资本的所有者。马克思根据这种资本形态，从概念上区分了资本的"使用权"与"所有权"以及资本"所有者"与"使用者"，并且分析了资本所有权——利息，资本使用权——企业主收入这一生息资本条件下的产权的实现形式。马克思指出：股份公司的成立，使"实际执行职能的资本家转化为单纯的经理，即别人的资本的管理人，而资本所有者则转化为单纯的所有者，即单纯的货币资本家"②。他指出，这个所有者及其所有权，"现在就同现实再生产过程中的职能完全分离，正像这种职能在经理身上同资本所有权完全分离一样"③。这里，马克思实际上已经分析了当代两权分离的资本财产的特征，即一方是财产真正的法律上的所有权，或终极所有权，而另一方是财产的使用权，或职能资本家的"占有"④。如果对当代股份公司的法人财产形态作进一步的分析，我们可以看出，这种通过法人财产权来实现的主体所有权就表现为一种终极所有权。这种终极所有权的产生体现了两权分离的进一步发展，即直接占有权归属于作为受托人的公司，而终极所有权（即原本意义的所有权）归股东。这种委托经营形式下的两权分离和终极所有权形式，是适应当代社会化大生产和发达商品经济的需要而产生的所有权的新

① 《马克思恩格斯全集》第25卷，人民出版社，1979年，第381页。
② 《马克思恩格斯全集》第25卷，人民出版社，1979年，第493页。
③ 《马克思恩格斯全集》第25卷，人民出版社，1979年，第494页。
④ 《马克思恩格斯全集》第25卷，人民出版社，1979年，第384页。

形式。

总之，有必要从终极所有权的概念来认识公司财产的性质。这就是：既要看到公司财产是归公司法人占有和独立支配的资产，又要看到它本质上是由投资者即股东拥有所有权的资产，更具体地说是由股东拥有终极所有权但又委托（trust）给公司企业去直接管理和经营的资产，或者说是一种由被委托人（trustee）支配和占有的经营财产。我们既要看到由法人独立支配的经营财产的形式、特征和运作方式，由此才能认识现代股份公司创造的新财产组织与结构的重要意义与作用；另一方面，又要看到法人经营财产毕竟是一种法权构建出的"主体"财产，是一种"准财产"，而不是如法人"实体"说所主张的一种真正的财产，更不是取代和消灭了私有财产的"大众财产"，法人财产的形式并不改变社会的所有制的性质。尽管一些西方学者宣扬股份制和公司财产的产生使"私有财产"概念消灭了，但在1892年美国俄亥俄州法院关于美孚石油公司案件的判决书中，却明确地"将公司与其股东比喻为屋主与其所有之房屋"，而资本主义国家有关公司财产的法律的实际操作都在于细心维护持股的私有主的利益。可见，由千百万个分散股权构成的现代资本主义的大公司法人财产，并不改变资本主义私有财产的本质。

（七）产权的可转让性

公司这一财产组织的重要特征，是产权的高度的可转让性。这种产权的高度可转让性，表现在股权的自由转让和市场流通中。除无限公司或无限责任公司的股东其股权不能自由出让外，有限责任公司可以自由转让股权。股票的自由转让，乃是股票对投资者拥有吸引力的重要条件。只有形成了股票的自由转让的组织（包括银行和交易所的发行和销售股票的功能）与机制，才能有十分发达的股份公司制度。由于股东出售其股票只是涉及虚拟资本的内在的运动而不影响公司的实物资产，它只是股权主体由张三到李四的变动，并不影响公司的实际资本，在正常股市运作下，股权的转让并不带来公司实际资产的变动，公司资产在20%股东出售股票时，并不比只有10%的股东出售其股票时更少一些。因此，股票的自由转让，乃是股份制这一财产组织形式的原则和必要的运作机制。

股票自由转让，一方面，使那些为获取投机利益的投资者能够经常不断地在股市出售和购进各种股票，对于他们来说，所关心的并不是持有某一特定公司的股权，而是通过不断的股市交易获取差额利益，在他们那里，股权真正成为一种抽象的财产权，在股份经济中出现的所有权与生产（经营）的疏远化，也是以此为基础的。另一方面，股权自由转让，使那些为了从某一公司中获得收益的投资者得以通过购股而扩大其股权，形成控股，成为公司的控制者，并通过控制公司的营运而享有和获取利益。现代资本主义的垄断就是由此形成和加强其对经济生活的支配的。

产权的市场转让和可变易性，是公司的重组、分立、兼并、合并的重要条件。借助股权的转让，通过参股、控股，实行兼并，就可以对该公司的经营方向、组织结构等进行调整。现代资本主义经济中大量的企业兼并和经常的改组以及产品、产业结构的调整，均是以产权的自由转让为其经济前提的。而这种公司的重组机制，又完成实现竞争、优胜劣汰以及有效配置资源的功能。

可见，产权的高度可转让性乃是股份公司的重要特征。它意味着财产权的交易化获得高度发展和不流通的、转让阻滞的产权机制的彻底被打破。这种当代资本主义股份制经济中的发达产权市场转让机制，一方面体现了大资本对社会资本的控制与利用；另一方面也体现了生产社会化和发达的商品化、市场化的大趋势。

三、股份公司中所有权和经营权的关系

股份公司是现代市场经济中企业的典型形式。股份公司这一财产组织形式的鲜明特征，在于所有权与经营权的充分的分离。固然，市场经济的企业形式是多样的，也存在公司所有权与经营权相合一的。如无限责任公司。这种公司的特征是由所有者提供公司资本金，由所有者自身经营，或者是他挑选经营者，对其授权和进行监督。两权合一公司的特征是：经营风险全部由所有者承担，因而所有者自然会竭力地搞好经营或精心挑选经营者，并且对经营状况进行有效的监督。这种公司可以摆脱许多两权分离的公司存在的经营权与所有权之间的矛盾和进行较为顺利的营运。但是一些西方经济学家提出的关于两权合一是"理想"的公司企业特征的观点是站不住脚的，因为资本的两权分离毕竟是商品经济中生产社会化在企业产权形态上的必然要求。生产越是社会化，企业所需要的物质技术条件越加复杂，有效率的企业经营需要拥有规模效益，从而需要大量资金，这种资金的取得一靠贷款，二靠股份筹集。这种能筹集和使用大规模的、众多人的资本（马克思称之为"社会资本"）的股份制公司必然是两权分离的。因为它的规模庞大的资本归千万个分散于各地的股东所有，但众多的所有者不可能对企业实行直接支配和经营，因而只得将经营委托给经理，后者不是所有者，但却有充分的独立自主的经营权。由于在现代商品经济中，股份公司成为公司企业的普遍的和典型形式，由于各种私人所有的、社团法人所有的闲置资金都在股份制形式下被用于企业

营运，股份公司吸收了社会资本的绝大部分，因而当代商品经济的特征是：绝大多数的资本所有者在拥有股权的形式下，不参与企业经营，不出席股东大会，只是满足于获得股息和股市投机的收益。这种情况表明，的确出现了所有者和企业生产与经营的疏远化。因而，股份公司这一财产组织形式，把历史上早已出现的经营权与所有权的分离推到了一个程度更高、更彻底的新阶段。

一般而论，所有权、占有权（支配、经营权）、收益权（利得权）、处置权是相统一的，特别是所有与占有是难以完全分开的，所有者正是借助对生产资料要素的占有、支配和营运而获得和享有收益。这种占有权保证了生产要素获得良好的使用与营运实现的高效益转化为所有者的收益。如果所有者不实行占有，则需要借助健全的企业经营机制来保障所有者的利得权，但是在缺乏健全的企业经营机制的场合，经营权的强化也会出现资产经营效益并不能充分归所有者享有，而不恰当地被经营者拿走的情况。

上述情况表明，所有权的实现的状况是同占有、支配与经营的方式密切相关的。当然，这并不意味着所有者只能采取直接占有的方式，即实行所有权与经营权的合一，而是说所有者必须要关心生产与经营，要对后者进行控制和监督，要对经营者的行为进行指导或约束，也就是说，要在实行两权分离时，建立起一个有效的实现所有权对经营权的控制的机制，这一机制既要最大限度地调动经营者的积极性，又要尽可能地防止出现经营失控和利益流失，从而损害所有权的状况。

在公司企业中，所有权对经营权的控制通过下述机制来实现：

（一）所有者有限定的支配权的实现机制

经营权可以有两种含义：一是对企业日常生产与经营活动的决策权，二是对企业的生产、营销、分配等的大政方针的决策权。两权分离的企业，所有者不能放弃第二种含义的经营权，如果放弃了这一含义的经营权，使后者和第一种含义的经营权一样完全归非所有者的经营者掌握，就可能出现和所有者利益相违反的决策失误，导致利益流失和经营亏损，影响到企业财产价值的增值。因而股份公司条件下，所有者只是放弃第一种含义的经营权，而保留第二种含义的经营权，也可称为实现所有者利益的有限定的支配权。

股份公司创造的适合于两权分离体制的所有者有限定的支配权机制，表现在股权机制上。股权机制是通过股东大会来行使的，全体股东大会是所有者的机构，是形成公司意志的最高权力机构。按照公司法，股东作为所有者拥有的支配权是：（1）管理或"控制权"。它包括：选举董事和监察人；查阅账册和请求检查公司业务和财产状况；决定公司所有的或主要的营业让与或财产让与；决定公司营业的出租、委托和经营契约的缔结与变更；决定接受他人营业和财产；决定公司章程的变更，等等。（2）对公司财产要求权。它包括：对股息和红利分配请求权；公司清算、解散、出售、交换财产时，请求按比例分配财产权；发行新股时的认股权，等等。

（二）责任所有者的控制权

股东作为股票持有者，从公司盈利获取股票利得，自然他要关心公司的经营，但由于所有者与生产相疏远，许多小股东不可能经常参与，甚至根本不参与公司的股东大会和行使一般的控制，因而董事会制度就成为行使控制的一种有效形式。股东大会选举产生的董事会是所有者的代表，由于董事散居各处，难以经常集会，一般由执行委员会（executive committee）和"执董"处理日常业务。董事长是公司法人的代表，他和执行董事实际上是所有者的责任代表（尽管公司在控股的大财团掌握条件下，董事长往往是体现大部分所有者的利益），掌握着公司的实际管理控制权，决定公司经营的大政方针，决定总经理的任命和免职。为了使董事会能真正成为责任所有者，西方国家董事会成员由所有者以及懂业务的专家充任，以便对企业活动进行有效的管理与控制，使广大股东放心。

（三）股东的监督权

股份公司均要建立其监察机构，它是由股东大会从股东中选举的若干监督人（auditor）组成的监事会。监事会的职能是：（1）审核会计账册；（2）监督公司各项业务活动的执行状况。监事会以其监督职能保证公司按照国家法律和公司章程进行良好的营运。显然，有效的经常的监督是所有权与经营权相分离的条件下，保证公司的自主经营从属于所有者利益的重要条件。

（四）对经营者的约束

股份制的特点在于责任所有者掌握企业经营大权，对企业活动的大政方针实行决策，但具体实际经营业务，如企业的日常生产业务、技术管理、营销活动则由经理负责。把实际的经营权赋予擅长生产与经营的经理，使他独立自主地经营，乃是现代商品经济中的企业的特征。但是，两权分离下经营权与所有权的矛盾是经常存在的。例如：（1）经营决策失误；（2）某些经营活动损害财产所有者利益，如某些经营人员的过高的工薪开支；（3）长期投资决策失误；（4）其他渎职行为，等等。

上述情况，即使是依靠所有者有限制的直接控制机制和监督机制也是难以完全加以消除的，特别是董事会与监事会的控制、监督机制在性质上是一种行政性控制机制，其效力往往是有限的。因而，还需要有规范经营者行为的经济机制。股份制企业构建有这样的从利益上使独立经营活动从属于所有者利益的机制。首先是实行有效的经营者激励，例如，通过给经营者以高的工资报酬，给经理以在职期间享有一定数量的股本红利收益，实行对经营者职务的灵活提升制度等，由此使经理从个人利益上关心企业的效益和营运状况。这种激励机制乃是促使经营者既自觉关心企业的盈利，即所有者的短期利益，又自觉关心资产的维护和增值，这是所有者的长期利益的重要条件。除此之外，股份制企业还通过及时解除失职经理的职务对其经营不善进行惩治。这种惩罚机制和激励机制一起对经营者形成自我约束，是使经营者层自觉地进行有效的经营活动，把独立自主的经营纳入所有者利益的范围之内的重要因素。

历史上的所有权与经营权的分离是以所有者对经营者个人行使政治的社会的控制为前提，例如，封建社会中国王、贵族与家臣的政治上的统治与从属关系，地主与佃农之间的政治统治与人身依附关系，乃是封建社会所有者将土地财产和其他要素财产的经营权转交给非所有者经营的必要条件。在现代商品经济中，在人与人之间的前资本主义的社会政治的、人身的统治与从属关系被破除情况下，独立的经营者与所有者之间的关系则是建立于经济利益的激励与约束机制之上。正是依靠有效的经济利益的激励和处罚相配套，才有效地调节了经营者的行为，并使这种自主行为能够有效地从属于所有者的利益。

综上所述，当代股份制经济正是借助：（1）所有者有限度支配权；（2）责任所有者的控制权；（3）股东的监督权；（4）对经营者的激励与约束机制。这一整套的调控、监督、激励、约束机制旨在实现分离的和独立化的经营权与所有权统一，做到自主经营而又不失去所有者的约束，保证所有权与经营权相一致。因此，尽管两权高度分离，但是从根本上说，经营权仍然体现了所有者的利益与意志，所有权仍然驾驭着经营权，这是当代两权分离所以能获得充分发展的重要条件。当然股份公司的两权分离产权结构中，经营权与所有权既相统一，又相矛盾，经营权"越位"和"所有权失控"还经常发生，因此，改革和完善公司治理结构仍然是当代股份制经济实践中的重大课题。

四、股份制的产权形式的功能

股份公司形态的企业组织形式，实现了财产权形式的深刻的变化，它使财产权形式进一步适应于现代市场经济的要求。这种新的财产形式的特征，可以简要归结如下：

第一，财产权的具体形式总是随着生产组织形式变化的。在19世纪中叶兴起和当代成为最普遍的企业形式的股份公司，实现了财产组织形式的具有重大意义的新变化，它把原来为一个个所有者直接加以支配的、分散的个人财产转化为公司法人财产形态的整体财产，即公司法人财产。

第二，公司法人财产，就法权形式来看，它是公司的财产，它由公司来支配、处置，按公司的意志（董事会的决议）来运作；但就政治经济学的财产概念来分析，它仍然是作为自然人的股东的财产，在资本主义形态下，它是资产者（在更大程度上它是大资产者）的财产，不过是所有者放弃了对企业活动的直接支配权，而主要以利得权

（收益权）为目的的财产，这是一种主体掌握终极所有权的财产。因而非自然人的法人财产形态并没有消灭私人所有权，它只是改变了私人所有权的实现形式与组织形式。

第三，法人财产并不是创造了一种公司企业所有制，它的实质是对企业资产的股东所有权和企业经营权的分离，股份制公司企业借助一整套机制——股本发行与销售机制，股权的实现机制，经营权的实现机制等，从而完成了所有者直接支配的财产向委托财产的转化，实现了所有权与经营权的分化。股份公司在股权形式下，实现了传统所有权结构的重大调整，所有权不再是传统的占有、所有、收益、处置相统一，而表现为有限度的支配权和充分的收益权，领取股息与红利和获得股票在市场出售的盈余成为股权的主要内容。所有权主要实现于享有收益上，是适应现代市场经济运行的需要的。对于作为现代资本主义所有权主体的大资本家来说，他们不仅可以通过控股而掌握企业经营重大决策权，由此有效维护其产权，而且可以获得支配使用公司整体财产中的他人财产的权利和占有他人财产的收益。而对参与公司资本的广大小股东来说，尽管他们不实行资产的占有，但是仍然可以获得资本收益以及有获得股市投机利益的机会。上述财产利益机制使经营权从所有权中的分化，对各类所有者来说不仅是可以接受的，而且是他们自愿的选择。

第四，股份制的产权形态，以其使一切投资者受益的股权实现机制促使资本自主联合，特别是股份有限公司的利益机制能有效地吸引各种各样大大小小的资本，使公司能借助股票发行而从社会筹集资金。正是股份制引发了市场经济中的资本联合化，原来分散运作的个人小资本〔它包括：（1）各类资本家新投入的资本；（2）各类资本家的现有经营中的闲置资本；（3）各类法人团体的资本；（4）社会各阶层的闲置资金〕变成了联合起来的资本。股份制推动了资本化的进程，形成了"社会资本"。这种社会资本，由于它的巨大规模，从而成为现代社会化大生产的经济基础。大公司登上经济舞台，并从事铁路、航空和当代的各种耗资巨大的大生产，从而大大推进了生产的社会化，"生产规模惊人地扩大了，个别资本不可能建立的企业出现了。同时，这种以前由政府经营的企业，成了公司的企业"①。当然。资本主义市场经济中资本联合化及作为其果实的社会资本的形式，体现了大资本对中小资本及其他资金的支配，体现了资本对剩余劳动的占有，但是它毕竟是财产形式（产权形式）适应生产力发展的一种积极的调整，当代资本主义企业表现出来的活力，可以说就是植根于这种企业产权制度之上的。

归结起来，股份制企业产权制度的实质在于财产权的两权分离，它使所有者放弃直接支配权②却不削弱收益权，使经营者享有出资人财产的支配权但却不得侵蚀所有权。股份制企业产权制度是现代发达商品经济的一项具有重要意义和深远影响的体制创新，它是经济主体为适应社会化大生产和市场经济运行而实现的一次财产权、责、益关系的调整。马克思曾这样论述："这是作为私人财产的资本在资本主义生产方式本身范围内的扬弃。"③"资本主义极度发展的这个结果，是资本再转化为生产者的财产所必需的过渡点，不过这种财产不再是各个互相分离的生产者的私有财产，而是联合起来的生产者的财产，即直接的社会财产。"④马克思对股份公司的产权制度的积极作用的评价，值得我们深入地加以研究和领会。

---

① 《马克思恩格斯全集》第25卷，人民出版社，1979年，第493页。
② 当然，严格说来是日常生产与经营的支配权。
③ 《马克思恩格斯全集》第25卷，人民出版社，1979年，第493页。
④ 《马克思恩格斯全集》第25卷，人民出版社，1979年，第494页。

第六章

社会主义国有企业产权制度

一、社会主义企业的特征和资金营运

当代社会主义经历的曲折的实践和艰难的理论探索表明：社会主义经济是商品经济，是根植于公有制和以现代化大生产为物质基础的发达的商品经济，社会主义商品经济这一质的规定性要求实行市场经济体制，要求生产活动的组织和交换方式、政府的经济管理均遵循市场经济的规律。商品经济中企业是社会生产的基本单位。基于商品经济特别是现代市场经济的本性，企业是一个独立的、以追求盈利极大化为直接目标的微观经济主体，它拥有自身的经营财产——归企业独立支配的资本金，它以自有资本实行自主经营和自负盈亏。企业作为自负盈亏的独立实体和市场主体的性质，决定了企业的经营本质上是资本的营运，即要保证企业资产的使用从属于最少的投入获得最大产出的经济原则，并实现资本原值的不断增值。显然地，只有在企业效益提高，即资金盈利率增长的基础上，社会主义经济活动的整体效益才能得到提高，而后者，社会主义经济活动的整体效益，乃是实现国

民财富迅速增长，国家财政收入与居民收入增加，国民经济快速增长的根本前提。对于像我国这样原先底子薄、人口多、人口增殖率较高的国家，在搞活企业的基础上大力提高企业经济效益和整体效益更是有着特别的重要性。

为了使基本生产单位能按以最少投入取得最大产出原则进行资本营运，就需要实行和切实完善市场经济体制。就微观单位来说，需要使其成为自主经营、自负盈亏、自行发展、自我约束的市场主体，也就是说，必须构建立足于公有制的现代企业制度，而拥有独立的经营权和拥有能借以保证自主经营、自负盈亏、自行发展、自我约束的法人财产权，则是社会主义企业制度的重大特征。

二、传统国有国营企业体制的弊端

我国传统的经济体制是一种高度集权型的计划经济模式。这一模式以自上而下的指令性计划，财政上统收统支，产品统一调拨、统购包销为特征。这一体制下的国营企业实行国有国营，政府通过行政体系的"条条"和"块块"，借助强制性的指令性计划机制直接统辖和管理企业的生产及其他活动。这种国民经济管理体制和国营企业模式存在着重大弊端：政府对国营企业实行包揽一切，从而统得过多，卡得过死，把人、财、物、产、供、销等权都集中于上级行政管理机构，使企业变成了既没有经济利益，又缺乏经营自主权，失去了独立性的行政机构的附属物。传统体制不仅挫伤了企业的生产与经营的积极性、主动性和首创精神，而且它把经济活动管死，使企业变懒，成为既失去内在动力，又缺乏外在经济压力，单纯依靠政府意志和上级的行政命令来拨动的"算盘珠子"。在这种情况下，产销脱节、产品积压、技术进步缓慢、劳动生产率低、成本高、盈利小，甚至普遍亏损等现象的出现就成为不可避免，造成了社会劳动的极大浪费，大大地阻碍了我国社会主义建设事业的多快好省地发展。

国有国营这一传统企业模式，是立足于社会主义是产品性计划经济，或产品社会主义的理论之上的。基于这种理论，人们认为，一旦建立起社会主义全民所有制，国家就成为所有企业共同的主人，企业自身的利益就不再存在，企业与企业、与职工、与国家之间的商品关系就不再必要，就可以实行一种由政府直接来统辖、指挥企业的生产、交换、分配活动的"全社会大工厂"。产品社会主义理论是社会主义幼年时期的不成熟的理论，它形成于苏联20世纪30年代的工业化时期，体现了初生的社会主义国家在严酷的国际环境中谋求快速建设大工业和壮大国力的要求。但是，这一经济理论否认社会主义经济的商品性和市场性，不承认和贬低价值规律与市场经济机制在社会主义经济中的作用，从而不能为社会主义经济体制革新指明方向。产品社会主义理论，不仅长期是苏联和许多东欧社会主义国家的支配理论，也是新中国长时期内流行的学说。由于这种传统社会主义产品性计划经济理论的影响，人们固守着全民所有制企业只能实行国家所有和由国家直接经营管理的陈旧观念和模糊认识，并且把经营自主和企业独立视为是与社会主义全民所有制的本性不相容。正因为如此，尽管我国自20世纪50年代中期以来进行两次经济管理体制的改革，但却总是在中央管理或地方管理的权限划分上兜圈子，而不曾涉及国营企业的组织经营方式和产权模式的改革，不仅如此，在出现"左"的政策和极左思想泛滥的时候，甚至出现把搞活企业的改革设想，如孙冶方关于提高企业盈利的作用，给企业以部分提留的正确观点，和东欧国家关于社会主义企业自治的理论与实践，统统作为修正主义横加批判。

当代社会主义的实践业已表明，搞产品性计划经济是行不通的，面对社会主义实践的反思表明，应该在理论上确立社会主义经济是商品经济的论题，必须实行社会主义市场经济体制。这一关于社会主义经济的新思维，是在党的十一届三中全会以来，结合中国的改革开放和建设的新的实践而陆续地被提出和在党的十四大加以科学阐述的。这一新思维可以称为社会主义商品经济论和市场经济体制论。按照商品经济的要求，现阶段社会主义的主导所有制——社会主义全民所有制，只能是一种带有企业局部占有性的和体现部分局部利益的不完全的全民所有制，企业与企业之间的劳动交换也就必然带有商品交换的性质，而国有企业尽管是全民所有制体系中的一个具有利益同质的基层单位，但它却是一个独立自主地从事于商品生产与经营的经济实体，是直接地适应市场状况，自主经营，自负盈亏，自行发展，自我约束的真正的商品生产者，是社会主义国民经济中具有充沛活力的、能进行自我增殖的细胞。基于社会主义全民所有制的上述特征，就微观的经济组织（企业）来说，就必须实行国家所有、企业经营的基本模式。

三、传统国有企业产权制度及其弊端

产权制度，即财产组织形式和产权实现机制，它是现代企业制度的基本环节。传统经济体制下国营企业产权的特征是：

（一）产权的单一性

企业产权的单一性首先表现为单一的国有财产制。由于实行过早消灭非社会主义所有制的对私营工商业的改造，此后又在追求"一大二公"下不断地实行所有制的"升级",例如把集体所有制改变为实为国营的大集体,因而,在我国工业企业形成了单一的国有产权制度,国家成为唯一的所有主体。显然,这种排斥非国有主体和消灭一切非社会主义所有主体的单一国有制的产权制度,是和初级阶段的社会主义公有制性质不相符合的。

(二)产权的集中性

由于在企业组织上实行国有国营,因而企业产权表现为国家集所有权、经营权于一身,成为唯一的全权的产权主体和利益主体,企业则是政府的附属物,它处于无权地位,不表现为产权主体。企业不具有法人身份和独立的资产经营权,在国家无所不管、计划无所不包的旧体制下,企业不过是由国家统一计划指挥的一个下属车间,特别是"全收全支"的财政体制,把收益权集中于国家。企业既无"产权",又无"产益",自然也无法承担"产责",它不可能也无须实行自主经营,发挥生产的主动性与积极性。这种把最高所有权、占有权、收益权、处置权集于政府一身的"大一统"的国有产权制度,造成"政企不分",不仅所有者对企业活动横加干预和"包揽",代替和取消了经营者功能,而且政府的国家经济管理职能与所有者职能互相混淆。这种政企不分的企业体制是和商品经济和现代化大生产所要求的两权相分离和经营权归企业的要求背道而驰的。

(三)产权的模糊性

传统的国家大一统产权制度下,为了贯彻国家的所有权与经营权,建立了由"条条"和"块块"组成的庞大的行政系统,对企业的人、财、物、产、供、销进行集中管理,这种体制造成条条、条块之间的权利分割，各种行政机构都在行使所有者的权利和职能（或管计划生产，或管财产收益，或管工资分配，或管价格），其结果是责任所有者不明确，"谁都管，谁都不管"。对一个个企业来说。它的资产状况、营运效益、固定资产的更新、资产价值增值等，缺乏统一的监督和所有者应有的高度关切。多头行政管理，各自为政，还造成政府行为互相打架，难以使企业生产、营销、分配等活动互相配套，而且还造成企业日常运行中的层出不穷的矛盾。总之，产权的模糊性是传统企业产权制度的特征。由于产权主体不清晰，缺乏人格化的责任当事人，名为国家所有，实际表现出"无所有者"，即"所有权虚置"，对资产营运无人负责和关切，政府以全民资金兴办企业，"建一批，丢一批"；不少新建企业不仅固定资产尚未形成，原材料、电力供应尚未获解决，而且流动资金尚无着落；不少企业开不了工，机器设备长期闲置，而且由于管理不善、不严和劳动者积极性未能充分调动，主人翁精神未能发挥，企业浪费严重，各种形式下的国有资产流失成为屡见不鲜的事。

总之，传统的国营企业的产权制度既未能建立起一个适应社会主义初级阶段的多元产权结构，又未能使产权主体明晰化，把产权机制真正引入企业活动之中，特别是未能处理好所有权与经营权的关系。在这种单一的国有产权制度下，强化了国家所有权，但却削弱和取消了企业经营权。庞大行政管理体制及政府运行中固有的矛盾，一方面带来了责任所有者的不清和所有权的"模糊"，使企业的资产使用与营运中表现出缺乏所有者的监督、关心以及对经营条件与环境的来自主体的维护；另一方面，它又带来经营活动的萎靡不振和缺乏积极性。其结果是企业活动缺乏效率，资产运用经济效果差。

四、国有企业必须实行两权分离

为了适应生产社会化和经营专门化的要求，为了适应社会主义市场经济的要求，企业应该实行独立运作，而不再由国家直接管理，应该由国有、国营，转变为国有、企营，而产权制度上则应该把经营权从统一所有权中分化与独立出来交给企业，国家则保持其资产的所有权。企业资产的国家所有权主要表现为国家掌握终极所有权和经济上的收益权，而占有即支配使用权、部分收益权和部分处置权则归企业，简言之，国家有所有权，企业有经营权。

赋予企业以经营权，是使国有企业成为市场经济的微观主体所必要的。企业的经营权包括下述内容：

第一，生产计划权。企业有权根据市场需求状况自行安排生产社会需要的产品和调整生产与经营的计划。

第二，产品销售和物资采购权。企业有权销售本企业的产品和自行选择供货单位，并有购进自己所需物资的权利。

第三，劳动用工权和工资分配权。企业有权录用和辞退职工，有权自行决定职工的工资收入和奖励方式。

第四，产品定价权。企业有权自行定价（包括提供劳务定价权）。

第五，资本金和留用资金支配、使用权。企业资本金由企业独立支配。企业税后利润用于建立有关基金（生产发展基金、奖励基金、福利基金、后备基金）和自主地加以使用。

第六，机构设置和干部任免权。企业有权自行设置机构和自行任命干部。

第七，固定资产的出租转让权。企业有权将闲置不用的固定资产进行转让，如出租或出售，其收入用于固定资产的更新。

第八，金融资产的处置权。企业有权将暂时闲置的流动资金借贷给他人使用和拥有自主经营债券、股票等金融资产的权限。

第九，企业拥有与其他企业进行联营、组织合资企业的权限。

第十，企业拥有出口权和在国外兴办企业权。

20世纪80年代的国有企业改革朝着赋予企业自主权，建立国家有所有权、企业有经营权的双重产权制度的方向发展。1988年颁布的《中华人民共和国全民所有制工业企业法》明确规定了全民所有制工业企业，"企业的财产属于全民所有，国家按照所有权和经营权分离的原则授予企业经营管理权""企业对国家授予其经营管理的财产享有占有、使用和依法处分的权利"。

改革的理论和实践表明，社会主义国家的企业不只是"下放"一些自主权就可以搞活，而是必须赋予它以充分的自主经营权，而且这一改革严格地说，不是"下放权利"，而是"还权于企业"。需要指出：下放自主权不能只理解为给企业松绑，更深的意义是要建立起现代企业产权制度，从根本转换企业机制，使企业真正得以自主经营、自负盈亏、自行发展、自我约束。如果不从建立企业产权制度这一着眼点来认识企业扩权，人们就不能设计一个"扩权"的正确目标，而且，往往会囿于传统的产品计划经济体制的政府集权的观念，看不清和低估赋予企业经营权的重大意义，或者是把企业经营权看成是十分狭窄的，这种观念导致下放权限迈不开脚步，甚至出现一会儿放权，而一有机会又向企业收权。

社会主义国有企业，所有权属于全民，即实行以政府作为全民代表的国有制，但经营权必须归属于企业，这种实行所有权与经营权相分离，应该是社会主义国有企业制度固有的特征。因为，当代社会主义经济建设几十年实践与理论探索业已表明：社会主义经济是商品经济，需要实行市场经济体制，这就决定了企业组织、经营形式和产权制度必须是与商品经济的性质相适应的，从属于市场机制的要求。具体地说，社会主义国有企业是市场体制的微观主体，在市场机制中独立运作，企业的活力主要地表现在企业适应市场的自主经营之中。市场所固有的价值规律的利益驱动和竞争压力，决定了国有企业必须能够在生产与经营中具有高度的机动性、灵活性，以发挥应对不断变动的市场需求的适应性。具体地说：（1）企业要不断地开发新产品，改进营销方法；（2）精打细算，厉行节约，不断提高劳动生产率，最大限度地提高经济效果；（3）要不停顿地进行挖潜、革新、改造，进行技术革命和技术革新；（4）要不断地改革、调整企业组织，进行内在组织和生产规模的调整，如企业的合并（车间、工厂并入与并出）、承包、租赁；（5）要进行高效益的资产营运，包括金融资产，如债券和股票，用好用活流动资金和各种精神资产，如商标权、专利权等；（6）一些大型企业还要进行境外投资，将工厂设置在原材料、劳动力成本低的地方，这也就是当代的"候鸟企业"的运作特征。可见，社会主义企业必须实行市场经济中的企业的营运方式：实行自主决策、独立经营、自行发展、自负盈亏。而对企业微观活动的国家集中决策与行政直接干预是与商品性企业的本性格格不容的。而对企业实行所有权归国家、经营权归企业的两权分离体制就成为改革和重构市场经济的微观组织的必由之路。

五、法人财产制度——两权分离下企业产权制度的特征

既然赋予国有企业对经营资产的充分的支配权是发展市场经济的需要，那么，确立企业产权，建立企业法人财产制度，就是保证和强

化企业的支配权的必要途径。

国有资产法人化是国有企业市场化改革的重要措施。这就是：（1）赋予企业以法人地位，使它以经济主体的身份参与市场经济的各种活动，并为它的独立活动承担民事责任；（2）赋予企业对委托给它经营的资产的支配使用权、部分收益权和部分处分权。

企业产权是现代公司制度的特征。建立现代公司制度意味着企业法人财产体制的形成，出现了财产所有权关系的新变化：财产经营主体和终极所有主体的分化。企业财产表现为独立的法人财产，后者在股东代表大会、董事会、监事会和总经理（简称"三会一总"）的组织机构下独立地运作，而企业的所有者，即股东不再对企业活动和财产的营运实行直接支配和干预。现代公司企业是一个拥有自身财产的法人，它意味着经营权和所有权的十分彻底的分离，意味着经营者（企业）的作用大大增强。这种财产权的分化与重组是现代公司表现出十分充沛的活力的重要原因。当然公司法人财产体制并未改变占有关系的性质，就所有制关系来说，公司财产的法定最高主体仍然是作为出资者的股东，他们拥有与体现了终极所有权，"企业法人产权"则是第二级的或派生的产权，它不过是取得法人财产形式的独立运作的经营权。

社会主义国有企业实行法人财产制度，意味着对企业资产国家不再直接占有，而由企业实行占有，由企业依法支配、使用、处置。不仅企业的固定资产、流动资金及其他资产的支配使用直接从属于企业的意志，国家不再干预，更不能实行平调，而且企业的收益采取一定形式（如股息）上缴所有者后，国家不再实行征取，例如，不能通过摊派向企业索取，占有企业的收益（应该将它视为是对法人产权的侵权行为）。法人财产制度的构建，构筑起企业经营独立的财产基础，这样，企业就可以将完成上缴资产收益后的纯收入用于积累，形成归企业支配的新的企业资本，而不是把这些积累及其形成的收入作为归国家支配的财政收入从企业拿走。可见，法人财产制度意味着把一块全民所有的资金划归企业，成为独立营运、自行积累的企业资本，使它和直接国有资金（如财政资金）区别开来，这种财产制度，保证了企业财产的迅速增值、积累和积聚，它使公司企业拥有实现技术进步和壮大生产规模、实现自行发展的财力。此外，法人财产也是企业实行自负盈亏的经济条件，有了这一块归企业独立支配的财产，企业也就可以建立起"风险"基金和真正拥有自担风险的能力。企业依靠这一块自行支配的财产来实行破产偿债，从而是真正的"破自己的产"。可见，法人财产制度的形成使企业实体化和真正实现运作独立化，企业由此才真正成为市场经济中独立运作的微观主体。但是，企业产权的形成并不是"国有资产"的取消，国家仍然拥有：（1）法定的，即宪法规定的最高所有权。（2）经济上的所有权。它主要表现为获得资产收益的利得权，也表现为所有者在公司"三会一总"体制下对企业的经营活动的控制与监督权。总之，法人财产制度使产权的直接主体是企业，但是最高或绝对产权主体仍然是国家即全民。这里出现的是财产直接占有者与经营主体和终极所有权主体的分化，它是相对财产，或派生财产从终极财产中分化出来和独立化，而不是所有权由国家所有转变为企业集体所有。

可见，法人财产的构建在于把国家所有权（终极财产）与企业占有权（相对财产）二者既分开又有机结合，由此形成一种所有权与经营权较彻底分离的双重产权结构，成为独立自主、自负盈亏的企业运作的一种良好的财产组织形式。这种产权制度的建立，意味着由扩大自主权开始的企业改革真正深入到关键层次，意味着市场微观主体构建的完成。

六、双层构架产权制度的功能

表现为法人财产制度的国家所有权、企业经营权相结合的产权制度，对于搞活与搞好国有企业的意义，还有必要进一步加以论述。

大体说来，法人财产制度体现了下列经济功能：

（一）保障独立经营的功能

法人财产体制把资产的占有即支配使用权归属于企业，使原来政府直接支配的财产变成由经营者支配的"经营财产"。这种法人财产采取法律形式来加以确认和维护，而不允许对企业财产的侵犯行为，特别是由于所有者（全民）的财产权主要在利得权形式上得到实现，也由于产权的完善，权益的调整使企业资产得到良好经营，使经济效益得到提高，国家获得的资产收益在绝对量上不仅不会缩小，而且还会增加，这种财产权益机制使财产所有者也无须去对企业进行直接干预。可见，法人财产制度真正地为企业独立经营奠定了制度上和机制上的基础。

实行法人财产制度，由于将企业的固定资产、流动资金及其他物质与精神财产都交付给企业支配，这样企业不仅能在日常生产活动中实行自主经营，而且能实行"资产经营"，例如，根据市场状况和营利极大化的需要，将部分资产实行承包、租赁，出售部分闲置资产、甚至个别车间，开发、积累和出让精神产权，出售部分国有股，调整股权结构，由此进行日常的和经常的产品结构和企业结构的调整和优化，实现资金的高效使用和最大增值。

（二）保证自行发展的功能

作为企业财产的资产，不仅是企业独立地进行日常生产与营销活动的条件，而且是企业自行发展，进行扩大再生产的物质基础。在传统的国家统负盈亏体制下，国营企业的资产是国家财产，并实行利润统统上缴财政。由于企业没有自行支配的财力，因而扩大再生产和技术改造的投资由国家拨，流动资金不足部分向银行贷。这种大一统国有财产体制下，企业在资金供应上依附于国家，企业不仅缺乏自行发展的积极性，而且缺乏自主地进行扩大再生产的条件。传统体制下我国许多国营企业建立起来后，设备更新与技术进步缓慢，产品几十年一贯制，生产规模也很少扩大，企业组织结构也继续沿袭下来，很少有变化，更严重的是不少企业资产价值耗损未获补偿，资产不断减缩，呈现出"萎缩再生产"的特征。以上情况，其深层原因正在于这种国家"收企业"，企业"吃国家"的大一统国有财产体制。

市场经济中的企业不仅要依靠自身独立支配的资本金自主地经营，而且要依靠自己投入新资本自行发展，特别是激烈的市场竞争使企业自行发展，及时进行产品结构的调整，推进技术进步，上档次，上批量，在发展中增强竞争能力成为迫切的需要。可见，将资产作为"企业财产"，由企业直接支配就是一项十分必要和有重要意义的制度建设，是构建市场经济的微观主体的必要条件。

（三）保证自负盈亏的功能

自负盈亏是市场经济中企业根本特征。负盈给企业以物质利益的驱动，负亏则从经济损失使企业行为自我约束，自负盈亏的经营机制乃是企业拥有合理行为和表现出健康活力的基本前提。人们可以清楚地看到，由国家统负盈亏（即在出现亏损时由财政弥补和信贷扶持）

的体制与机制，不是造成企业缺乏活力，照章办事，甚至萎靡不振，就是使企业在政治动员下大干快上，盲目发展，带来严重后遗症。传统体制下，国有企业缺乏不断提高效率的内在动力，难以维持经常的合理的生产、经营行为，不时出现投资饥饿和消费亢进，其深层原因均可归之于企业的统负盈亏的体制。

实行市场经济，各种经营权交给企业，通过收入与利益挂钩，企业也拥有一定的利得权，理所当然地，企业应为经营不善和亏损承担责任，而不能将决策失误和经营无方造成的损失再推到国家身上，例如由财政来补贴亏损和对亏损实行定期核销，这些由国有资产来承担企业经营风险的传统做法是与市场经济的机理相悖的。可见，实行企业法人财产体制，将一部分国有资产作为企业资本金和公司财产，并划归企业支配，这样企业不仅以此自主经营，并且以此承担经营风险和作为破产的补偿基金。总之，实行法人财产体制，将宣告经营良好的企业背着经营差、效益低的企业走，和亏损企业任意侵蚀国有资本的资金大锅饭体制的结束。同时，这也是真正解决了传统国有国营体制下企业怎样才能实现自负盈亏和破产制度的难题。

（四）激励有效营运的功能

商品经济中的企业资产表现为资本，企业的经营目的表现为资本的最大增值即获取最大盈利，因而企业的经营活动也就表现为资本的不断地和最大地增值，后者则是通过资产的有效经营来实现的。

资产的有效经营，在资产者是由所有者个人直接支配的场合（个人企业或是合伙企业），是借助私有产权制度下主体财产的权、责、益的明朗而实现的。十分明显，私人经营者由于对企业资产拥有支配全权、亏损全责和利益独占，这种权、责、益高度统一的产权机制保证企业主对资产实行合理的使用与最有效的经营。在资产不是由所有者支配，而是由经营者支配的场合，特别是在以现代社会化大生产为基础的经理委托经营体制下，原先的权、责、益统一于所有者的统一产权制度让渡于两权分离的产权制度。这就是：所有者放弃对企业资产的直接支配权，而主要掌握利得权以及某种形式的控制权，经营者则拥有资产的支配使用权。现代市场经济中生产社会化的高度发展和资本联合的发展，在确保所有者产权条件下，充分调动经营者的积极性越发重要，这就必须构建和形成一个独立的经营权机制，使经营者对委托财产的使用拥有充分的权、责、益，这是实现对委托资产的合理使用与有效营运的先决条件。这种独立经营机制表现在现代股份制的法人财产体制中，其主要内容是：

第一，赋予企业以独立法人地位；

第二，将企业资产作为永续（迄至公司法人消失前）法人财产，归企业支配，所有者不能向企业索回财产，所有者个人状况（如死亡）也不影响法人财产的运作；

第三，赋予经营者以充分的资产支配权；

第四，企业营运不仅以营利为目标，而且追求企业财产的不断增值；

第五，建立企业经营者从经营效益中享有物质利益的分配关系。

上述经营机制，形成了现代公司企业双层产权制度。其实质是在有效保证所有者的利益前提下，强化了经营权，使经理层有了明确而充分的权、责、益，使企业拥有进行独立经营的条件，而且建立了激励企业有效营运的机制。通过实行效益与收入挂钩以及其他分配机制，不仅使经营者从企业良好的营运中享有利益，而且也使广大职工能分沾利益，由此从物质上刺激和调动经营者和直接生产者的积极性。

在社会主义制度下实行法人财产制度，首先，通过把国有资产作为企业法人独立支配的经营财产，不再实行利润统统上缴财政，而使资产收益的一部分以自有资金形式留在企业，从而建立起企业的自我积累、自行发展机制。企业资产营运效益大，自留资金多，就能多积累，壮大扩大再生产的物质基础。其次，实行效益与个人收入挂钩，从而使企业利益直接包含经营者和职工利益，企业发展得越好，积累越多，资产价值增值越大，实力更强，经营就更好，收益更多，职工的收入增长就更快，福利就更好。可见，国有企业一旦建立起法人财产体制，就将强化对企业经营者和对职工的激励机制，促使企业搞好经营管理和技术进步，提高效率，增加效益，不断地自我完善。

（五）强化自我约束的功能

法人财产体制，存在着企业经营活动的两种约束。

1. 所有权约束

有限责任的股份公司企业，所有权主要实现在利得权，即收益权上，因而所有者要从利益上关心公司的营运。为此，公司制度通过某种管理形式，具体地说通过股东大会、董事会、监事会制度来实现产权主体（所有者）对企业经营行为进行控制与监督，以减少、限制和消除经营权的滥用和其他的经营行为失误及其造成的企业资产的不合理使用。股份有限公司的"三会一总"（股东大会、董事会、监事会、总经理）体制和运作方式，使企业的经营状况和经理行为经常地处在所有者代表（董事会和监事会）的监督之中，董事会要参与经营的重大方针、措施的决定。因而，这种企业管理体制与股权运作体制使所有权得以渗透于企业经营活动之中，成为"实在"的而不是"虚置的"所有权。

2. 经营权约束

法人财产体制下还存在着经营权的自我约束：（1）利益约束。由于资产已经归企业直接地和长期地支配，这种经营权伴随着"产益"，企业还享有一部分收益权，从收益中提留自有资金。自有资金的使用于积累和消费的机制，使企业和职工得以分享利益。这种法人产权和产益机制既对企业形成利益驱动，又形成利害约束，促使企业自觉地关心和争取资产最有效的使用和营运，减少和消除由于错误决策而造成的损失和财产浪费。（2）经营责任约束。法人财产是独立承担经营风险的财产，实行法人财产制度后，独立经营的企业对企业亏损自行负责，而不能再由国家财政资金来加以弥补，企业破产要用营运财产实行偿债，由持有股份的国有单位和其他机构以及个人来承担责任，此后，破产企业要注销其法人身份，如果有重大决策经营失误还要由经营者承担个人责任。这些严格的经济责任使参与董事会的所有者，特别是使经营者高度关注企业的营运，进行慎重的和科学的决策，自觉地克服和避免短期行为。

总之，国有企业实行法人财产制度，通过国家所有权实现机制以及企业经营权实现机制这双重产权层次，既加强资产营运的自我激励，又加强资产营运的自我约束，从而既增强了企业活力，又使企业形成适合市场机制的合理行为。

综上所述，国有企业实行法人财产制度将促使企业真正实行自主经营、自行发展、自负盈亏、自我约束，构建起完善的法人产权制度，就成为企业真正实现彻底的经营机制转换的前提条件。

（六）培育公有财产意识的功能

培育和不断增强职工的"公有财产"意识，使他们在生产中细心爱护公有资源和全民财产，无疑是实践中的社会主义需要加以解决的一个难题。在传统的国有国营体制下，企业资产由国家直接支配，收益归国家独占，亏损责任最终由国家承担，这种企业资产体现为一体化和不可分的国有资产。在上述国有制企业形式和产权制度下，组织于企业中的劳动者不仅因为缺乏自主权，而不可能表现出自主劳动的积极性与首创精神，而且因为缺乏有效的物质利益机制，而难以表现出高昂的社会主义劳动的积极性。传统的国有国营体制下，企业缺乏不断提高资产使用效益（提高盈利率）的内在动因，也缺乏资产保值与增值的内在动因。加以国有产权责任主体不明朗，所有者产权约束对企业"淡漠化"，从而，企业经营中表现出资产低效使用，不仅机器设备使用不合理，物质耗费大，损失多，而且，大量物质资产、生产资金、无形资产被浪费。如生产资料（工具、设备）被闲置着，经常地物资超储，如联邦德国专家格里申所说的那样：工厂内，钢材、生产工具、原材料长年四处堆放，日晒雨淋无人过问。传统的国营企业产权制度下，并不能使经营者对资产有效使用和高度关注，在观念上真正把企业资产当作是"我们的"，从而自觉地关心和爱惜国有财产。

实践证明，"公有财产"意识和对公有财产的关心，并不可能随着任何一种公有制形式的产生而自发地产生，也不可能只借助对群众的政治思想教育就能形成和生根，而是需要有一种良好的公有制实现形式和经济机制，关键在于要建立起所有者、经营者、直接生产者在使用生产资料中享有权利、利益和责任的产权制度。

法人财产制度是社会主义公有制条件下增强职工的"我们自己的"财产观念，从而增强和发挥对公有财产的关心的主人翁精神的现实条件。双重的产权制度，保证了国家的财产终极所有权，又赋予企

业以法人财产主体地位和使企业（经营者和职工）在支配、使用法人
财产中拥有权、责、益，特别是强化了法人财产支配使用中的利益机
制。在法人财产机制下，独立营运的企业借助资产的良好营运，包
括：（1）日常生产活动中对资产的合理使用，以最低消耗实现最大
效果；（2）对企业全部资产的有效利用和营运，如将闲置的固定资
产租赁、出让，将自有资金用于对外投资，或委托进行金融资产如债
券、股票的经营，通过上述资产营运实现最大资产效益；（3）在维护
与增值资产（即企业资本金）的基础上，争取企业良好发展和长期的
高效益。上述资产有效使用和营运的效益，不仅是归国家占有，而且
部分由企业直接支配，企业、经营者与职工直接从中受益。正是这种
资产体制和利益机制，使企业经营者和职工真正在思想深处把国有资
产（国有财产）当作是"我们的"，并由此自觉地关心企业资产的有
效作用。首先，就企业经营者来说，法人财产制度下的经营自主、经
营责任与利益，不仅要求他高度关心日常生产与经营的成果的状况，
即盈利率，以维护企业的短期利益，而且要同时关心企业资产的状
况、耗损、更新与增值的状况，争取最大增值以维护企业长期利益。
因而，法人财产制度真正地唤醒企业家的资产效益（盈利）观念，使
他们自觉关注和千方百计争取如何以最少的资产耗费实现最大产出，
如何最大限度节约物耗，减少不合理的生产资金占用，避免物资超储
备，如何使企业保证企业资本的最大增值。其次，就广大职工来说，
通过企业民主管理与监督机制，通过法人财产体制下企业损益与职工
自身利害密切攸关的机制，通过"厂荣则已荣，厂兴则已兴，厂败则
已败"的利益共同体关系，他们能够逐步树立和不断增强爱惜与维护
"我们的资产"的观念。

　　归结起来，如果说传统的国有产权体制由于其产权主体的单一

性，责任主体模糊不清，特别是企业产权缺乏，产益淡薄，从而削弱了社会主义劳动者对公有财产的关心，那么，法人财产体制的确立，企业自主支配资产在内容上的充实，资产效益与职工收入的更密切挂钩，企业资产在法人财产形式下的得到维护和"硬化"，这种生产关系和分配关系就增强了职工把企业资产视为"我们的财产"的观念。而构建法人财产制度，也就为现阶段在社会主义国有经济的职工脑海中有效地培育公共财产观念夯实了经济基础。

七、完善社会主义公有制的必要途径

引进企业产权和在国有企业中构建起实行国家所有、企业经营的产权构架①，不仅是市场经济运行所必要的企业组织形式的变革，而且它是一次公有制内部的国家、企业、个人间权、责、益关系的调整，这种调整的实质是通过企业经营产权的构建，而把传统的联合劳动者间接占有的公有制变成直接占有的公有制。

占有，就其广泛含义来说，是主体对客观对象的支配和对使用对象的成果、效益的支配，这种对生产手段和成果的支配是所有权的重要内容。占有就其形态来说，有完全的，即既占有对象本身又占有对象使用成果，如在两权统一的所有权形态的场合；有不完全的，即主要占有对象使用成果，即利得权或收益权，而不占有支配对象本身，如在股份公司的财产权的场合。在以上场合，所有权总是通过占有（不管是完全的，或是不完全的）来实现。历史上的对抗性和私有

---

① 这是假定国有企业是单纯国家所有权结构。实际上市场经济中财产联合化，将导致国家+集体，国家+集体+外资，国家+集体+外资+个人等一系列多元产权结构。

制形态，就是私人所有者的占有或是私人经营者的占有，就劳动者来说，它们都排除了对公司资产的占有权。资产支配权和利得权的缺乏，使他们从根本上缺乏劳动积极性。正是因此，在公有制基础上确立起联合劳动者对资产的直接占有就是社会主义的必然要求。把直接占有作为劳动者公共所有制的特征，是马克思主义经典作家一再阐述的。马克思指出：原始公有制"这种所有制的原始形式本身就是直接的公有制"①。马克思认为，这是一种劳动"同它的客观条件的原始共生状态"②。他指出，社会主义将实现一种"联合起来的生产者的财产，即直接的社会财产"③。当然，如何构建这种直接占有的公有制是需要在实践中进行探索的。

当代社会主义实践在所有制上经历了一段弯路，即经历了长期的、传统国有制形式的间接的公有制，只是通过国营企业改革中占有直接化，才开始走向了直接公有制的形式。传统国有制实行国有国营，国家不仅拥有企业资产的所有权，而且实行直接支配，即由上级政府机构直接调配企业的人、财、物，直接决定企业的产、供、销。这是一种集所有权、占有权于国家一身的公有制模式。这种公有制模式的产生，不仅是传统的计划经济体制的产物，而且有其理论认识上的原因，这就是人们长时期内在对待社会主义公有制上受到传统理论观念的束缚。

理论误区之一：企业占有和全民财产不相容。传统社会主义理论认为，既然企业资产是全民财产，是社会公共财产，理所当然不能由企业来实行占有；认为如果国家财产交给企业占有、支配，就是实行

---

① 《马克思恩格斯全集》第46卷上，人民出版社，1979年，第41页。
② 《马克思恩格斯全集》第46卷上，人民出版社，1979年，第520页。
③ 《马克思恩格斯全集》第25卷，人民出版社，1979年，第494页。

企业所有制，就是意味着化全民所有为企业所有和走向化公为私。这是一种企业占有和全民所有不能兼容论。其错误是不懂得所有权和占有权是可以分离的，如同股东共同所有的财产可以由企业占有一样，全民所有的财产也可以由企业实行占有。

理论误区之二：既然社会主义国家是代表全民的，理所当然国家能代表全民利益和意志对企业活动进行统一决策和直接经营。这是一种传统计划经济的国家统一决策论。其错误是离开了市场经济体制对企业的要求来谈论决策方式。社会主义实行市场经济，市场经济要求企业高度灵敏地适应市场状况而运作，要求由企业独立决策，自主经营，自负盈亏，自行发展，从而要求企业实行占有。尽管政府决策有了解宏观经济的优点，但确实存在诸种弊端。例如，处在企业之外的高层决策机构对企业情况的不甚了解，特别是像我国这样的大国，各地条件、情况千差万别，中央机关难以充分了解下情；高度集中决策体制固有的缺乏民主程序和难以避免的官僚主义和文牍主义；难以避免的"人情关系"以及腐化行为等。以上这一切都会造成决策错误与偏差。在经济越是发展成熟，企业越是众多，经济结构越是复杂，市场情况越是千变万化的情况下，政府集中决策的失误区就会更大。可见，国家是人民的代表，企业就应当实行由国家决策和国家直接占有的逻辑是不能成立的。

理论误区之三：既然是全民所有制，人民当家做主问题就根本解决了，劳动积极性的调动只在于对人民进行政治思想教育。这种人民当家做主意识随着公有制确立而自行形成的观点经不起实践检验。实践证明，公有制的确立并不等于公有制实现形式的完善，后者还需要有体制的改革和完善，要有社会主义产权制度的完善，特别是需要有企业产权制度的构建，通过建立起经营者、广大职工在企业生产和资产营运中的直接的责权利机制，才能使公有制的优越性落到实处，成为群众切身的体验，从而最大限度地调动人民群众当家做主的主人翁精神。

上述理论的误区，我认为，最根本的是在于对马克思主义关于社会主义实行直接公有制缺乏理解。直接公有制实质在于：（1）对生产条件的直接占有；（2）对利益的直接享有。上述二者一直是激励劳动积极性的必要条件，也是调动社会主义劳动积极性的必要条件。

在社会主义制度下，赋予企业以对生产条件的直接占有权，才能使经理与广大职工拥有经营主体的地位和实现自主经营，才能使人们激发出自主劳动的积极性和首创精神。企业无权，职工也就无权，也就不可能有自主经营，只能是奉命生产，它只能把人变懒，造成照章办事，按部就班，松松垮垮。实践证明，在公有制条件下，企业的支配权不弄好，公有的企业也还是会出现类似雇佣劳动的那种劳动者失去主动性的情况。

在社会主义条件下，赋予企业以占有权包括部分利得权是搞好劳动激励的财产基础。正如科学社会主义理论所阐明和社会主义实践所表明：社会主义劳动还不可能是"乐生的要素"，而仍然是"谋生的手段"，在分配中仍然实行把劳动状况和个人报酬直接相联系。这种劳动带有"益己性"，还体现有个人利益，人们还存在从个人利益出发的动机，当然，这种劳动益己性是和益公性相结合的。社会主义劳动带有益己性，决定了在组织联合劳动中必须贯彻物质鼓励原则，实行按劳分配，多劳多得。实践证明，传统国家直接占有的所有制，由于分配的高度集中，企业缺乏收入权和分配权，不仅不可能有效地贯彻按劳分配，鼓舞干劲，而且造成劳动报酬和劳动效果脱钩，出现干好干坏一个样，干多干少一个样，干与不干一个样，即分配的"大锅饭"和平均主义。改革以来，企业实行下放自主权和承包制、租赁制、股份制的实践表明，贯彻对有效社会劳动的物质鼓励，必须借助企业的占有权、部分利得权和分配权。显然，国有企业如果进一步健全企业产权制度，借助企业法人财产体制，赋予企业以经营权、部分收益权和分配权，使企业收益除了留作企业积累和福利基金而外，可以依法（和公司章程）在奖金等追加收入形式上归经营者和职工分享，从而形成一种企业效益高，企业自留收入就多，职工工资就高的机制，就能真正做到使经营者与职工的个人收入与他们的劳动状况、效果直接相联系，从而有效实现对劳动的物质鼓励。这是调动组织在一个个企业中的广大劳动者积极性的有效之途。

以上分析，归结起来就是：一个完善的社会主义公有制，必须是在社会所有前提下实行企业直接占有，使企业拥有资产占有权和部分利得权和分配权，即形成企业产权，这是最充分调动社会主义劳动积极性的必要条件。

总之，国有企业产权制度的构建是一次企业权、责、益的重大调整。这一调整的实质是在维护国家所有权的前提下，实现经营权的独立化和经营主体的创造，由此使企业成为行使占有、利得分配（部分）、处置权（部分）的经营主体。这一企业财产体制的改革和创新，解决了传统单一国有产权体制下两大矛盾和缺陷：（1）政府集中决策和发挥企业自主性的矛盾；（2）政府集中占有、统一分配和维护好企业结合劳动利益的矛盾。引进和实行企业产权体制并不改变企业资产国家所有的性质（假定企业仍然是单一的国家所有制），但占有权却已分化出来和赋予企业，交给了经营者和职工群体，联合劳动者由此实现对资产的直接占有。它意味着传统国有制下的间接占有的公有制改变为直接占有的公有制。这种产权制度使联合劳动者在企业资

产的使用中拥有充分的权、责、益，劳动者与生产资料实现了直接的
和紧密的结合。这种国有制是社会主义公有制的一种新形式，它不仅
符合构建社会主义市场经济体制的需要，而且符合马克思主义经典作
家所设想的社会主义公有制的性质。

主著

主体产权论

本书由经济科学出版社1998年出版，为国家社会科学基金"九五"规划重点项目。参加写作的有刘灿、程民选、丁任重、刘家新、易敏利。这里刊出的十章系由本人撰写。

导 语[①]

　　1978年以来中国启动了一场市场取向的经济体制改革，改革在摸索中不断深化，通过对20世纪80年代改革实践的经验、教训的深入总结和冷静思考，1992年党的十四大把改革的目标定为建立社会主义市场经济体制。改革目标得以明确，归功于中国改革的总设计师邓小平的真知灼见。他在1979年就提出了"社会主义也可以搞市场经济"的新鲜思路，在1992年年初的南方谈话中邓小平对这一思路作了进一步的和十分完整的阐述。构建社会主义市场体制的改革，需要：（1）放开价格，建立社会主义市场体系，发挥市场配置资源的作用；（2）搞活企业，使企业成为自主经营、自负盈亏、自我发展、自我约束的市场主体；（3）配套进行全方位的体制改革。在全面的体制改革中，企业改革是关键，国有企业改革是否能取得成效关系到各项改革的顺利推进，关系到改革的成败。

---

① 另见：《论构建新的社会主义产权经济学》，载《经济学家》1999年第1期；《构建新的产权理论，推进产权改革》，载《经济评论》1999年第2期。

我国传统计划体制下的国有企业，并不是真正的企业①，而是上级行政管理机构的附属物，是按照指令性计划实行产品生产和调度的基层单位。传统国有企业就产权结构来说，实行利润全部上缴财政，所有权、经营权统统集中于国家，企业不存在资产的独立支配权，也没有自身利益，由国家统负盈亏，即使经营不善，发生亏损，企业也不承担经济责任。这是一种企业无产权、无法人身份和无主体地位的模式，这种模式是由企业作为行政管理机构的附属物的性质所决定的。显然，这种企业模式完全不适应市场经济的要求。

企业改革的目标，是把计划体制下作为行政附属物的国有企业，变成自主决策、独立营运、自负盈亏的市场主体，成为能够对市场价格信号作出灵敏反应，不断开拓创新、自我完善、自我调整的真正企业。这样的企业，必须是一个拥有对资产的支配权的产权主体和法人实体，如果企业不具有财产主体的地位，没有由法律规定的、边界明晰的财产权，没有享有民事权利与承担民事义务的法人身份，企业就不可能真正获得和拥有自主权及相应的利益，也不可能切实地承担起市场经营主体固有的责任。一句话，企业就不可能拥有市场经济的微观主体的品质和行为，不可能成为用"两个眼睛盯住市场"而不断自我调整和自我完善的真正企业。可见，要使原有的、高度集中的计划体制下按照上级行政机关的指示而运转（两个眼睛盯住政府）的企业，转变为围绕市场运转的企业，就需要进行一场深入的、根本性的改革，这不是仅仅在原有企业体制基础上进行某些权利的松动、利益关系的调整，如只是赋予企业以某些经营自主权、利润留成权等的小

---

① 日本经济学家小宫隆太郎教授首先指明了这一点。见《中日企业体制比较》，载《经济社会体制比较》1986年第3期。

改小革，而是要涉及企业的财产制度、组织形式、法人地位的变动的深层次的改革，是一场企业制度（及其他制度）的创新。要进行这一场制度创新，首先，需要理论认识的明确，不仅要弄清什么是市场经济和市场经济中的企业，更重要的是要弄清什么是企业财产权和公有制企业财产权的特征。可见，改革的深化需要市场经济理论和产权理论的指引。

回顾我国企业改革经历的历史进程，可以看出，我们在有关企业改革的理论认识上长期滞后，远远落后于改革发展的实际，特别是传统政治经济学中产权理论几乎是一个空白。马克思主义经济理论家对产权的研究十分薄弱，而一些年轻同志又存在全面抄搬西方产权理论的倾向，在这种情况下，不少同志认为企业财产权以及财产权是资本主义私有制范畴，并把企业"明晰产权"视为是搞"私有化"。党的十五大之前一度十分流行的国有企业产权"早已明晰"和"无须明晰"等说法，表明了在产权问题上人们认识的模糊和肤浅。而这一重大理论建设上的缺陷及其造成的人们思想认识上的滞后，对我国企业改革进程所带来的负效应是不容低估的。

产权问题首先是国有企业产权问题，这并不是从人们头脑中虚构出来，或是从西方经济学中搬运过来，而是在我国现实的经济和社会生活中存在已久的矛盾和问题，是我国国有企业在改革中面对的深层次的矛盾和不可回避的问题。20世纪80年代联邦德国专家格里申应聘于武汉市一家柴油机厂，十分惊奇地发现工厂中废旧钢材和设备遍地堆放，任人们拿走而无人过问，他提出了我国企业中存在的对国有资产的干部不负责、群众不爱惜的现象。格里申提出的不单是武汉市这家柴油机厂的问题，而且是国有企业中存在的普遍问题。这不只是国有资产的浪费问题，而且是一个作为主人翁的职工对公有财产的思想

"淡漠"或对国有财产的"疏远化"问题。这一问题值得人们深思，其主要原因和根本症结，不能只归结为企业管理的缺陷和职工的思想觉悟问题，而应该归结于传统的吃国家大锅饭的企业体制，归结于企业中的国有资产的权、责、益结构，即传统的产权制度。

对于国有企业需要进行产权制度改革的认识，是在改革进程中"吃一堑，长一智"的结果，是对企业漫长的改革历程中的经验与教训进行总结和作出冷静思考的结果。

我国国有企业改革，大体说经历了扩权让利，两步利改税，承包制，转换企业机制、建立现代企业制度四个阶段。前三阶段的改革，可以称之为初始时期的改革，其着眼点是对企业实行扩权（自主权），让利（从最初的利润留成到后来的承包），解决国家对企业管理太多、统得太死的问题，实质上是在保持传统的大一统的国有产权制度不变的前提下，给企业适当松绑，赋予其一定的经营权，而不是从根本上理顺国家与企业的产权关系，赋予企业对其营运资产的独立支配权和法人身份。初始阶段的企业改革是以有计划的商品经济理论为基础，企业只是作为"相对独立的"商品生产者，拥有适当的经营权，后者在范围上还是受限制的，还不承认企业拥有自身的"财产权"。尽管已提出企业作为"法人"，但对企业法人的认识尚未深化[1]，还未提出"法人财产权"概念。1986年制定的《民法通则》，也只是规定法人需要有"必要的财产"，但对其具体内容和权限则未加以指明。

扩权让利的改革尽管是国有企业的浅层次改革，这一改革在利益驱动下调动了企业自主经营的积极性，使企业活力得到加强，带来了

---

① 参见十二届三中全会通过的《中共中央关于经济体制改革的决定》。

我国20世纪80年代国有企业的高增长和城市经济的繁荣，但是另一方面国有企业却表现出：（1）自主权难以落实和权利范围的局限性，企业仍然不能从上级行政机构的桎梏中摆脱出来，实现自主经营；（2）企业有了留利支配权，从而有了利益驱动，但亏损仍由国家承担，负盈不负亏的财产体制使企业不可能有对归其使用的资产的保值增值的关心，出现了企业不顾所有者利益（资产保值增值），追求经营者最大短期利益（自留利润）的扭曲行为，即"内部人控制"现象。上述情况在1987年普遍推行承包制下表现得最为突出，由于实行"保证上缴，超收不补"，即"交够国家的，其他就是企业的"分配机制，企业不仅在承包上缴额度的"一对一"谈判中，谋求自身利益，而且在资产使用中单纯谋求承包期内自留利润最大化。这样，承包制的推行不仅出现了财政收入的下滑，而且使企业盲目扩产，拼设备，不顾资产保值增值；更重要的是短期留利的驱动，使企业不思进取，不关心产品的结构调整和技术进步，加剧了重复生产、数量扩张的粗放增长。总之，扩权让利的改革（包括承包制改革），其根本的缺陷在于：（1）它是在传统国有产权构架不变下让渡一部分经营权，而不是企业财产权结构的重组；（2）所有者权利的让渡和企业权利、利益的扩大，未能与经营者权力的制衡机制的建立相匹配，出现了一个有利益驱动而缺乏约束的非理性经营主体；（3）企业内部所有者虚置，经营者权力独擅，使内部人控制现象大量泛滥。实践表明，不实行产权制度的重构，而是简单地诉诸企业扩权，这样来实行经营权与所有权的分离，必然会带来经营者权力的扩张和所有者权利的被侵蚀。

在国有企业早期改革中，企业活动的日益卷入和依赖市场，企业进行自主经营和传统的国有产权制度之间的矛盾越来越突出。国家在放松计划管制下，生产、营销以及投资活动越来越由企业自主决策。

由于国有企业普遍存在资本金不足，自有流动资金只占10%，企业的营运资金由银行贷款，不仅超限额的流动资金由银行贷，而且技改和投资资金从1983年起实行拨改贷，由企业向银行贷款和还本付息，因此在上述情况下，一方面作为经营者的企业承担为扩大生产和新建设项目进行筹资的还本付息责任；另一方面企业筹资建成的新增固定资产的所有权仍然归国家，而且新增生产能力带来的新增利润（在扣除承包留利后）仍上缴国家财政。这种财务管理体制使企业承受着沉重的还本付息负担，在实行收入与效益挂钩的条件下，企业发生亏损将会带来职工收入的减少，从而导致职工事实上为扩产和投资承担风险。上述情况表明：理应由所有者（国家）负责承担的出资及其费用却转给了经营者和职工。

在上述企业体制下，由于上项目、增投资，企业和职工就会拥有短期利益，企业也就缺乏内在的高度审慎的投资行为，人们不会以缺乏可行性为由而放弃上级下达的新的扩产和投资计划，而是致力于大干快上。在使用自留利润中也存在与其用于积累，增补自有资金，不如用于自身消费，发放奖金以改进职工福利，转型期国有企业的"投资饥饿症"和"消费亢进症"就是由此出现的。传统企业财产体制下，毕竟企业是国有制，由国家统负盈亏，企业发生亏损以致破产，总是会得到财政与银行的扶持，因而，企业不会认真考虑不当投资和不当的发放奖金会不会带来财务困难，在日常的管理和营运中不会表现出内在的、高度的责任感。上述情况表明，理应由经营者（企业）负责的日常经营责任，在一些场合被推向所有者——国家。

可见，我国国有企业初始阶段的改革，未能解决好传统国有产权制度的缺陷，引入企业经营权以后，在很长一段时间内存在着所有者（国家）和经营者（企业）以及职工权、责、益的错位，所有者的

"虚置"、经营者权力的"扩张"和所有者干预与经营权缺损并存，表明财产权关系未能理顺。财产权结构的缺陷表现在：一方面，企业应该拥有的权利、利益未能到位，企业缺乏自主经营的积极性，也缺乏自主经营的经济条件与法权条件，使企业活不起来；另一方面，企业缺乏内在的自我约束，在片面的利益驱动下行为的畸化就是不可避免的，出现"一活就乱"。20世纪80年代国有企业进行放开、搞活过程中带来的种种新问题与新矛盾都与企业财产权制度的缺陷有关。

有关国有企业进行产权制度改革的理论讨论，1984年前后已经开始。1984年《中共中央关于经济体制改革的决定》中，有关国有企业"所有权同经营权是可以适当分开的"以及要使企业成为"自主经营、自负盈亏的社会主义商品生产者和经营者……成为具有一定权利和义务的法人"等新提法，启动了在国有企业进行深层次改革的新思维。当时已经有同志著文提出企业产权问题[①]。但是真正启动产权理论的讨论是改革的实践：（1）国有企业在实行承包制中出现的短期行为，促使人们思索进行深层次改革的途径；（2）20世纪80年代中期股份制开始试点，这一新的企业组织形式引起了理论界的关注和热烈讨论，人们看到股份制企业在实行国家所有权和企业法人财产权的分离、企业财产主体多元化以及企业内部所有者与经营者相互制衡等方面所具有的特点、优点和有可能成为一种社会主义企业的新的模式。可见，正是在国有企业改革遇到困难，而股份制改革试点提供了新经验的条件下，在寻找和实行新的改革战略成为十分迫切的任务的形势下，深层次改革的理论——产权理论的讨论在我国报刊上开展起来，1988年这一讨论一度成为热潮。

---

① 1985年10月，刘军、陈乙提出了企业产权问题。

　　国有企业进行产权改革，在理论上不能照抄西方书本，在方式上不能照搬他国模式，而必须以马克思主义经济理论为指导，从中国实际出发，走一条社会主义产权改革之路。进行产权制度改革的最大困难，是产权理论研究的薄弱。传统的政治经济学教科书中，没有财产权范畴，更缺乏对产权的理论阐述，苏联及东欧国家的有关经济改革的理论也缺乏有关财产权的科学阐述，总的来说，社会主义政治经济理论中还缺乏社会主义产权理论这一篇章。这一理论认识"空白"区的存在，造成进行产权改革理论准备的不足，许多人（包括官员和经济研究工作者）对于财产权的认识不甚了解，那种认为"国有制企业财产权早已十分明晰"的观点，就表明人们未能弄清"所有制"和"财产权"范畴内涵的区别。在对什么是财产权都未弄清楚的情况下，国有企业要不要"明晰产权"，要不要进行产权改革，在认识上必然很不一致；对于如何进行产权改革，如何建立社会主义的产权制度，人们众说纷纭，莫衷一是，就更是必然的事。特别是1989年以来，在前苏联及东欧国家实行私有化的背景下，产权改革等同于搞私有化的论说甚嚣尘上，姓社姓资的武断责难，不仅使产权改革（包括股份制试点）难以推行，而且也使有关产权的理论讨论难以更好地开展，在一段时期内出现了讨论的沉寂。

　　的确，1986年以来有关产权改革的讨论中，存在着一种只有私有化才能明晰产权和搞活企业的观点。这种观点不是什么新发明，只不过是西方学者（包括某些东欧的改革派经济学家）多年一贯的论调的照搬。且不说西方产权经济学家头面人士一再宣传私有产权的优越性，国际货币基金组织和世界银行的人士也竭力宣扬只有重建私有财产权才能使社会主义国家的国有企业获得活力。例如，东欧和前苏联的改革派人士和权威学者，从科尔奈（Kornai）到盖达尔，都大力提倡实行国有企业全盘私有化，科尔奈说："期望国有企业像私有企业一样运行，并能有自发地以市场为导向的组织一样的行动是不可能的，是该抛弃这些渺茫希望了"①。科尔奈主张，改革应该是使国有企业回到"明晰的'有血有肉'的私人企业家"②那里去。这种构建"有血有肉"的私有产权主体的理论，主张企业改革超越两权相分离的现代公司财产模式，回到亚当·斯密的小业主私有财产模式③。在我国也有人持有这种私有化的观点，如一些人主张将国有资产统统"卖光"或"全部量化到个人"，这种思潮体现了一些人对十分困难、史无前例的国有企业改革前景的悲观失望。

我国国有企业产权改革，不是实行财产制度私有化。我们不能搞科尔奈那样的以重建"有血有肉的私人企业家"制度为内容的产权改革，我们也不会接受某些权威的西方经济学家推荐的"私有化"方案，而是要进行一场社会主义的产权制度改革，这一改革的特点是：（1）要赋予国有企业以法人财产权，成为产权主体和法人实体，而不只是实行企业所有权与经营权的"适当分离"；（2）使企业成为享有民事权利和义务的法人实体和独立运作的市场主体，而不只是成为"相对独立"的商品生产者。因而，这一改革是一项深层次的改革，要改变传统国有财产权模式，构建新的企业产权模式。但是我们主张实行的企业产权主体化和法人化，并不改变企业公有制的性质。

① Kornai，Janos，*The Road to a Free Economy—Shiffing from a Socialist System：the Example of Hungary* .P.75，New York and London：W.W.Nerton and Company，1992.

② Kornai，Janos，*The Road to a Free Economy—Shiffing from a Socialist System：the Example of Hungary*. P.76，New York and London：W.W.Nerton and Company，1992.

③ 亚当·斯密认为只有所有权与经营权相统一的资本家才能真正关心企业的营运，他说："想要股份公司董事们监视钱财用途，像私人合伙公司伙员那样用意周到，那是很难做到的。"见《国民财富的性质和原因的研究》第2卷，商务印书馆，1979年，第303页。

例如，国有企业实行股份公司的（单一国有制）的场合，只是把国家（出资人）所有权和企业法人财产权分开，它不改变国家所有的性质；在主体多元化的国家控股公司，企业法人财产权构架也不改变公有制的性质。总的来说，企业产权主体的构建，只是财产权的重组，是财产所有制实现形式的变化。正如在资本主义经济中建立现代股份公司制，只是改变了资本家的财产权组织形式和实现形式，而不会改变资本家私有制的性质一样，构建以社会主义公有制为框架的现代企业制度，只是寻找和改变公有制的实现形式，而不是改变社会主义所有制的性质。

改革从来都是在克服思想阻力中向前推进，国有企业产权制度改革是一项前无古人的新鲜事物，是一项深层次的改革，它的推进会遇到各种各样的思想阻力，特别是1989年苏联及东欧国家走上了产权私有化的道路，更增加了人们对产权改革认识的模糊和顾虑。但是在邓小平同志的指引下，中国改革走了一条"不唯书，只唯实"，在实践中开拓前进的道路。基于国有企业改革的时间已经很长而效果并不显著，人们看到尽管采取了许多措施，企业僵化的机制仍然未能转换，"一只眼睛盯着政府，一只眼睛盯着市场"的企业行为与市场化日益发展的宏观形势越来越不适应。其结果是国有经济不仅效益不佳的状况未能得到改善，而且，企业困难日增，在宏观环境不宽松时，企业效益不断下滑；而另一方面，乡镇企业、个体私营企业却以其机制灵活而能较迅速地发展和表现出新鲜活力。这种鲜明的对比，促使人们认识到进行根本性的经济体制改革和企业体制创新的现实必要性。1992年邓小平同志的南方谈话，在推动改革深化中起了关键的作用。谈话进一步指明了中国实行社会主义市场经济体制的可能性和必要性。党的十四大明确确定把建立社会主义市场经济体制作为经济体制改革的目标，提出了要"通过理顺产权关系，实行政企分开，落实企业自主权，使企业成为自主经营、自负盈亏、自我发展、自我约束的法人实体和市场竞争的主体"。1994年党的十四届三中全会通过的《中共中央关于建立社会主义市场经济体制若干问题的决定》，更进一步明确指出企业改革的目标是建立现代企业制度，其基本特征是"产权清晰，权责明确，政企分开，管理科学"，企业中的国有资产所有权属于国家，企业拥有包括国家在内的出资者投资形成的全部法人财产权，成为享有民事权利，承担民事责任的法人实体。特别是江泽民同志在党的十五大报告中，进一步发展和创新了社会主义所有制的理论，明确提出了"股份制是现代企业的一种资本组织形式，有利于所有权与经营权的分离"，指出要"对国有大中型企业实行规范的公司制改革""进一步明确国家和企业的权利和责任，国家按投入企业的资本额享有所有者权益，对企业的债务承担有限责任；企业依法自主经营、自负盈亏。政府不能直接干预企业经营活动，企业也不能不受所有者约束，损害所有者权益。""培育和发展多元化投资主体，推动政企分开和企业转换经营机制"。十五大的报告进一步指出国有企业要走股份制改革之路并指出了股份制企业产权制度的基本构架。党的文件对企业改革的上述论述，可以说为近年来在要不要进行产权改革和怎样来进行产权改革的争论上画了句号，从而也为学术界进行产权的理论研究创造了良好气氛。

我国当前正处在推进全面改革的新时期，国有企业改革仍然是体制改革的中心环节。搞好搞活国有企业，需要进行制度创新、机制转换、组织结构重组、技术结构升级、产品结构调整，解决企业历史形成的负担，可见，企业改革是一个系统工程，但是体制的改革和创新无疑是最为重要的环节。在党的十五大精神指引下，围绕着建立以股份制为基本形式的现代企业制度，国有经济正在进行一场企业大改组，结构大调整，机制大转换；非国有企业（包括集体企业、乡镇企业以及个体私营企业）在产品结构调整和产业升级中，也正在进行企业组织的创新和产权制度的改革。随着就业方式的改革，按劳分配和按要素分配的实行以及住房与福利制度的改革，职工和个人的产权主体地位也已进一步形成，在我国实际上已经进入了一场全面的产权关系的大调整之中。为了使我国产权制度的改革沿着正确的方向，积极而稳妥地向前推进和逐步深化，需要有科学的产权理论的指引。人们需要从理论上弄清：（1）产权概念的内涵；（2）市场经济中产权的特征，特别是企业产权的特征；（3）社会主义市场经济中产权制度的性质和构建社会主义产权制度的途径等一系列问题。传统的社会主义政治经济学理论，不能回答上述问题，而西方产权理论，由于其基本理论体系的局限性，人们不能将其照搬，更不能用它来作为我国产权制度改革的理论指导。因而，摆在我们面前的任务是以马克思主义经济理论为指导，结合社会主义市场经济的需要和中国实际，进行理论的创新。我国经济学界不少同志已经在从事这项开拓性的工作，近年来发表了一系列论文，推出了一些专著，产权理论研究重新取得很好的发展势头，可以说社会主义产权经济理论正在创建之中。

我从事产权理论的研究始于1986年，在1988年发表了有关产权，特别是有关企业产权改革的论文5篇，1993年出版了《产权新论》，是我对前一时期产权问题研究的初步归纳，但尚未对产权的基本理论进行更为展开和更为系统的阐述。《主体产权论》是《产权新论》的继续，是一本系统地论述产权理论的学术专著。之所以取名《主体产权论》，在于此文的红线是：市场经济是立足于各种各样的主体产权之上的经济，重点在于论证构建立足于主体产权上的社会主义市场经济体制的客观必要性。本书采取由抽象范畴上升到更为具体的范畴的理论阐述方法和对产权结构变迁的历史分析方法，着眼于对我国新的社会主义产权制度的构架的分析。这一研究力求以马克思的产权学说为指导，适当汲取西方产权研究的成果，从中国实际出发，进行大胆的理论创新。书中有关产权的基本理论的阐述中，试图提出若干新的命题和新的阐述，并由此构造一个新的产权经济学的理论框架。

第一章

占有关系和财产权的本质

　　财产和财产权是产权经济学的基本范畴。财产是主体的排他占有关系，财产权是上述排他占有关系中体现的主体权利。财产权是历史地形成的，并有着重要的经济、社会职能，同时，它又是历史地变化的。本章中我们将分析财产和财产权概念内涵。

一、财产及其产生

（一）财产与占有

　　什么是财产？这似乎是不难解答的，人们会说，财产就是归人们支配占有之物或对象，自耕农的土地，手工业者的工具，资本家的货币，个人购置的住房、衣服、汽车，此外，还包括鲁滨孙支配的礼拜五[1]。但是，物不是天然就是财产。处女地、原始森林、南极雪原，在

---

[1] 英国作家笛福所著《鲁滨孙漂流记》描绘了一个英国船长鲁滨孙在荒岛上生活的故事，礼拜五是他作为奴隶来使用的岛上土著人。

人类尚未涉足并加以占有之前，不是财产。自然物质和对象也不是政治经济学的研究对象。只有"有主之物"才成为财产，也就是说在有人宣称物或对象是归属于他的，这样的主体占有之物或作为财产权载体之物，就成为现实的财产。可见，占有和财产权的形成使物成为财产。

占有是人类社会发展的一个很长的时期里客观存在的经济关系。所谓占有是人对物（对象）的有目的、排他的支配，具体地说，作为经济主体的人，把某种物（对象）加以使用，使它从属于自己的意志，即使它成为"我的"。马克思说："财产最初无非意味着这样一种关系：人把他的生产的自然条件看作是属于他的、看作是自己的、看作是与他自身的存在一起产生的前提。"①排他性是占有的特点。马克思主义经济学的占有概念和使用概念，在内涵上是有区别的。人们使用某物，通常是指人和物的非排他的关系，这种关系中不存在主体权利。奴隶被强制劳动，要使用工具，他不占有工具，因为对于没有人格的奴隶，他不可能宣称工具"是我的"，不可能形成排他的支配使用关系；工厂中的雇工进行生产要使用、操纵、调控机器设备，他不占有机器，工人本身是处于被雇用地位，他随时可以被工厂主解雇，他不可能声言对机器有排他的使用权；学生使用从图书馆借来的书，不能说学生占有那本书，因为图书馆有权索回该书；开公司的出租车的司机使用汽车，不能说他占有汽车，因为，司机如不按照协定缴纳租金，公司就将收回出租车的使用权。

总之，占有总是与非占有相对应的，占有者拥有一物的排他性的支配使用关系，或者说主体对该物拥有专属权或财产权，因此，某物

---

① 《马克思恩格斯全集》第46卷上，人民出版社，1979年，第491页。

一旦归甲占有，意味着乙不能独立地加以支配使用，正是这种主体的排他的支配使用权或财产权，使物（对象）成为财产。归根到底，财产是一种社会生产关系，是人的经济活动和社会生活中客观存在的人对物（对象）的排他的（exclusive）占有关系。

（二）占有关系产生的条件

亚当·斯密把财产的产生归结为经济人的利己心，西方经济学、历史学和法学的主要流派，均从人的利己本性出发来论证私有制的历史必然性和永恒性①。这种把占有归结为私有制这一特定形式和把占有产生归结为人的利己本性的理论是缺乏根据的。

为了对财产作出有说服力的理论阐明，需要对占有关系的产生从物质条件、制度条件以及人本身的主观条件上进行分析。

1. 占有与经济资源的稀缺性

排他的占有的产生，从根本上说，在于人类对经济资源的利用、使用的矛盾。人类要生存就要生产和消费，就要利用、使用物质生产资料和享有生活资料。原始群要进行较为稳定的狩猎活动，就要支配使用一个林区；原始氏族要从采集劳动转变到进行较为稳定的农业生产，就要在一定时期内支配使用一块土地；农民及其家庭要从事农耕、纺纱、织布就要支配使用土地和其他农业和手工业生产工具；人类要实现生活消费就要支配和享有食品、衣服、住房、日用生活用具、书籍等消费资料。对象供给的有限性和人类需要的无限性的矛盾，产生了经济资源的稀缺性，从而决定了主体在资源利用中的矛盾和冲突，这种情况决定了人们要通过相互协议的、约定俗成的方式或

---

① 亚当·斯密：《国民财富的性质和原因的研究》下卷，商务印书馆，1979年，第27页。

是暴力的方式，来建立起一种资源使用中的排他的关系，并使其成为人们共同遵守的行为规范，以达到形成社会生产秩序和社会生活秩序的目的。

在社会经济生活中，我们看见，一方面在存在经济资源的稀缺性的场合产生排他的占有；另一方面在存在资源的充分供应的条件下实行主体自由占用。人类历史上任何一种社会形态，总存在一些可以保证充分供应，或是由于其供应方式的特点而无须加以非排他性支配的对象，例如，可以由公众自由使用的大江大河，未开垦的荒地，公开广播的音乐，新闻、网络中传输的信息等，至于空气、阳光等，更是人人可以支配使用，人们无须对它实行占有，它是非财产。可见，并不是一切物均是财产，只有那些有限制、供应不足的物或对象，例如工具、食品、衣服等基本生产资料和消费品，人们要获得它，使用它，就要建立一种排他的关系即独占关系，这样就有了占有和财产。

我们需要指出，资源的稀缺性，是物（对象）相对于人的需要来说的供应不足，这种物的稀缺和匮乏，从主观上来说，是由于人类的社会需要所固有的不断增长的性质。动物的需要，在于维持其生存，是一种简单的、自然的需要。人类的需要是具有经济的、社会的、文化的内涵的社会需要，旧有的需要一旦满足，新的需要就会出现，从而使社会总产品中的一部分始终保持着稀缺性，而不可能成为自由使用的财富。人的扩大再生产，即人口增殖，又促使这种社会需要的扩大，并加剧了物资的稀缺性[1]。从客观上来说，是由于生产力的水平造成的经济局限性和经济资源供给不足，说到底，在于社会生产力水平低。在社会的劳动生产力还未能生产出足以保证实现普遍富裕的财富之前，即"集体财富的一切源泉都充分涌流之后"[2]，这样或那样的排他的占有关系和主体财产权的产生，就是不可避免的。"假如一切都和空气日光同样的多，权利的观念就没有意义"[3]。

可见，排他的占有，有其物质的根源，即经济资源的稀缺性，用历史唯物主义的理论表述，占有是一种生产关系的历史形式，它决定于物质生产力的水平和性质。有什么样的生产力，就会有什么样的占有关系。从根本上说，占有并不是出于人们的"邪恶的占有本性"，也不是强者的意志和暴力的产物，作为一种生产关系的历史形式，它决定于生产力的性质与状况，也就是说：它是顺应历史的产生和历史的变化的。

2. 占有的制度刚性

占有是适应经济资源稀缺性而产生，但是它并不随着稀缺性的变化而自行调整。在人类历史上，某种占有关系形成后就长期持久地维持下来，因而，占有的发展变化中，存在着一种制度刚性。

占有关系的制度刚性存在的原因在于，人总是生存于一定的社会经济形态，总要参与一定的社会生产关系和占有关系，马克思说：

---

[1] 马克思阐述了经济资源的稀缺性，他说："人们可以取用现有的东西，而无须使用任何工具（工具本身已经是预定供生产之用的劳动产品），无须改变现有东西的形式（这种改变甚至在游牧时代就已发生了）等这样一种状态，是非常短暂的，在任何地方也不能被认为是事物的正常状态，甚至也不可能被认为是正常的原始状态。"（《马克思恩格斯全集》第46卷上，人民出版社，1979年，第492页。）

[2] 马克思：《哥达纲领批判》，《马克思恩格斯选集》第3卷，人民出版社，1972年，第12页。

[3] 康芒斯：《制度经济学》上册，商务印书馆，1962年。

"一切生产都是个人在一定社会形式中并借这种社会形式而进行的对自然的占有"①，人并不能任意地抛弃某种占有关系和自由地选择某种他偏好的占有关系。恰恰相反，社会的人，总是注定要参与，从而处在一种业已形成的现实的占有关系之中，这种现实的占有关系，要受到历史形成的既有利益主体的维护，国家通过法律和司法机制的保护，适应于这种占有制度的意识形态以及习惯势力的支撑，从而使现实占有关系具有刚性：僵硬不变的性质。任何占有关系一旦形成，就具有一种运行的惯性，它并不会随着物质生产力的发展和经济资源的丰裕状况、程度的变化而相应地和经常地自行调整和自行变化，特别是历史上的私有财产制度是一个高度刚性的制度，在私有制下，即使某些领域实现了生产力的发展和产品的丰裕，并不能自动缓解和淡化私有主体占有的排他性，私有主体也不会自动地把对物或对象的专属的占有改变为共同的占有。人们看到，当代发达资本主义国家鲜明的物质富裕与贫困并存，"朱门酒肉臭，路有冻死骨"，这不仅是前资本主义私有制的特征，也仍然是当代资本主义私有制的特征。

可见，占有关系的形式和变化，不仅有来自物质生产力的原因，也有来自制度的原因。因而，人们在考察某种排他占有关系时，既要联系物质生产力的状况，又要考虑到制度刚性，这样才能对这种占有关系的合理性和历史地位作出恰当的评价。

3. 占有行为的主观因素

出现排他占有的客观物质条件是对象的稀缺性，即供给的有限性，而其主观因素则是主体的社会、经济人的本性。人是一个二重存在：既是一个物种进化中成熟的、高等的生物体，又是一个社会的存

---

① 《马克思恩格斯全集》第2卷，人民出版社，1972年，第90页。

在。作为生物体，人有其固有的求得自身生存和维持种系繁衍的天然本性和趋利避害的自然动机，后者在社会中就表现为人的对自身物质利益的关心的"益己动机"。但是人的本质是其社会性，马克思说："人的本质并不是单个人所固有的抽象物。在现实性上，它是一切社会关系的总和。"①"人是最名副其实的社会动物，不仅是一种合群的动物，而且是只有在社会中才能独立的动物。"②这是由于，人类的开端也就是社会的形成，最早的人类社会是原始群。社会人意味着人总是社会组织（如原始群、氏族、大家庭、国家）的一员，他要参与社会的生产、消费以及其他经济生活与社会生活。可见，人总是生存和发展于社会这一载体之中，处在经济生活和社会生活中的个人总是和其他社会成员之间有着多方面的联系和相互依存关系，因此，个体总是要适应于群体，个人行为总要与社会机制相协调，由此，也就产生了人的对他人、对社会的关心以及责任、义务等观念，人的这种意识可以概括为"益他动机"。可见，人在他的经济生活与社会生活中既表现出对个人物质利益的关心，又有对他人（家庭成员、近亲、远亲、邻里，甚至社会公众、国家、民族）的利益的关心。一般地说，在人的经济活动中体现了"益己"和"益他"动机的相互结合，并由此实现了社会、经济人的本性。

人并不是在任何情况下都能实现益己性与益他性相结合。不同的社会生产方式与不同的生产关系，会出现两种观念相结合的种种不相同的方式，甚至会出现单纯关心自己、完全不顾他人、自私自利、"见利而忘义"的扭曲的行为动机。例如，在私有制社会形态下，占

---

① 马克思：《关于费尔巴哈的提纲》，《马克思恩格斯全集》第1卷，人民出版社，1972年，第18页。

② 《马克思恩格斯全集》第2卷，人民出版社，1972年，第87页。

据统治地位的私人占有关系，滋生了个人利己主义的意识形态和行为动机；市场和商品经济的利益机制和竞争机制，更是个人利己主义思潮的催化剂。人们可以清楚地看见，个人利己主义的意识形态，在资本主义市场经济形态下获得最高的发展，并且表现为一种冷酷无情的拜金主义，产生了见利忘义的典型"资本家"。在那里，社会人固有的利他意识已完全泯灭，生物人的"趋利性"登峰造极。健康的人固有的益己性与益他性的结合，变成了单一的利己动机，这就意味着人异化为"纯经济人"，它表明人的社会、经济人的本质遭受破坏。

18世纪的西欧社会历史学家，如霍布斯、边沁提出了崇尚"自私自利"的个人主义的理论。霍布斯说"人人相待，有如豺狼"；亚当·斯密阐述了一个人人追求个人利益，并由此实现有利于社会的"经济人"理论。他说："他追求自己的利益，往往使他能比真正出于本意的情况下更有效地促进社会的利益。"[1]他认为，市场经济的繁荣在于刺激主体的利己心："如果能够刺激他们的利己心，使有利于他，并告诉他们，给他做事，是对他们自己有利的，他要达到的目的就容易多了。"[2]当代西方经济学家，将这种诉诸个人利己心的行为，称为"理性经济人"的行为。这种关于经济人实行个人利己主义的理论和我们提出的主体"益己动机"的内涵是根本不相同的。我们已经阐述了关心自身经济利益的益己动机，是人作为社会、经济人所固有的行为特征。正如马克思说："人们奋斗所争取的一切，都同他们的利益有关。"[3]恩格斯说，"人们首先必须吃、喝、住、穿，然后，才

---

[1] 亚当·斯密：《国民财富的性质和原因的研究》下卷，商务印书馆，1979年，第27页。

[2] 亚当·斯密：《国民财富的性质和原因的研究》上卷，商务印书馆，1979年，第13页。

[3] 《马克思恩格斯全集》第1卷，人民出版社，1956年，第82页。

能从事政治、科学、艺术、宗教，等等。"①这种益己心，表现为在生产和其他经济活动中的个人利益动机。而在物质资料稀缺和供给不足时表现为主体占有欲和占有行为。人类历史上原始群对丰茂的草场实行占有，个体农民对土地实行占有，资本家对资本——货币、机器以及股票、债券实行占有，居民对生活必需品实行占有，均是主体对稀缺品的占有，而对生产资料和生活资料的占有制度，则是主体的占有行为的实现形式。可见，占有可以溯源于人的益己心和个人利益动机，社会、经济人的占有欲望和占有行为就是由此产生的。如果有这样的人，完全消除了益己心和个人利益动机，他可以不食，不喝，没有生活享受欲望，他也就失去对稀缺品的占有欲，也就不会有占有行为，社会也不会有财产占有制度。显然，这样的由纯利他人组成的和没有任何财产制度的社会只能是一种乌托邦。

我们不应该把主体的益己心和对稀缺品的占有欲望和占有行为作为一种"人的恶德"来加以谴责。根据历史唯物主义的原理，人类社会一旦产生，由于主观能力和物质装备的薄弱，在极其险恶的与自然的斗争中，人进一步发展和完善了他的求生存和趋利避害的本性，自身生存利益驱使人去改进劳动方法，提高劳动效率和改进消费方式，提高生活质量，谋求更好的生存和发展。可见，"益己动机"起着有效地维持和发展人类社会的积极作用。

社会主义并不消灭人的益己动机，而是借助社会主义生产关系和社会主义意识形态的积极作用，促使人们在经济观念上更好地实现"益己"与"益他"相结合和义与利的良好统一，从而恢复和发展真正的社会、经济人的健康本性。

---

① 《马克思恩格斯全集》第3卷，人民出版社，1972年，第754页。

可见，社会、经济人的益己动机，是社会生产的一项持久要素，拥有益己动机的主体，面对稀缺性的资源，就会出现主体的占有行为，而社会、经济人固有的益己动机也由此成为主体占有行为的主观因素。

（三）占有是一个历史范畴

西方经济学中占支配的财产权理论把财产权等同于私有财产权，同时，又把私有财产权的产生归之于人的"利己心"，这种财产权理论是缺乏科学依据和不符合人类历史的实际的。基于马克思主义的历史唯物主义方法，财产权和占有关系则是要以生产关系与生产力以及经济基础和上层建筑的相互关系原理去加以阐明。在本章中我们已经指出，占有关系决定于物质生产力、现行占有制度、主体的经济动机，因而，占有方式与形式不是固定不变的，而是随着生产力的变化，随着社会经济组织形式的变化和主体的经济动机的变化而变化，这就是说，占有是一种历史范畴。这意味着：（1）占有形式是随着人类经济的发展、劳动方式和经济组织方式的进步而不断变化的。马克思阐明了：在人类历史上，随着生产力的发展，社会占有方式要经历由原始公社制、奴隶占有制、封建主占有制、资本主义占有制到社会主义、共产主义占有制的变化。上述五种占有形式，也就是人类历史上存在的五种基本财产制度。（2）占有的私人形态不仅不是永恒的，而且也不是原初的占有形态。人类历史上最早的、原初的占有形态是公共占有制，它表现为原始人群和氏族社会形态的原始公共占有制，而私人占有制是此后生产力水平提高，有了剩余产品之后的产物。（3）排他的占有也并不是永恒的范畴，在未来社会人类生产力获得极大的发展和高度解放的条件下，在社会经济获得最成熟的发展，物质资料的稀缺性和供应不足转变为财富的极大丰裕和产品的自由供应的条件下，对财产的排他的支配将转化为人们相互兼容的使用，人人将具有同等的占有权，这就意味着排他的占有的消失。在未来高度成熟的共产主义形态实现以后，社会全体成员占有的财富，即名义上的公共财产，由于已经不再存在占有与非占有的矛盾，因而，也可以说，它不再是财产，而是人类的"自由财富"。

（四）对占有形式的选择和自觉调节与产权的工具作用

历史唯物主义的有关生产关系决定于生产力的原理，指明了人类社会财产占基本制度的产生和继续存在，保持其制度的刚性和最终为新的财产制度所取代是一个决定于生产力的性质和要求的"自然历史过程"。但是生产关系的变迁决定于生产力性质和客观规律性，不是意味着在制度变迁中人是"无所作为"的、消极被动的因素。恰恰相反，历史唯物主义把人作为最基本的生产力，人的特征是活动的有目的性，他不仅有目的地进行劳动，创造劳动产品和精神产品，而且还有意识地发展与调整人与人之间的相互关系，推动社会经济、政治和社会关系的完善和进步，特别是在新旧社会形态更替和社会生产关系大变革时期出现的经济组织变化中以及与之相适应的财产关系和财产权的具体形式的变化中，就鲜明地体现了人的能动的功能。在资本主义市场经济条件下，财产关系与财产权具体形式也并不是纯然地自发地演化的。在20世纪30年代以来西方发达国家实行有调控的资本主义条件下，政府的对主体财产权的调节功能有所强化。如在政府采取有效的财税政策下，可以实现对财产权具体结构的一定的自觉地调整，并由此减少产权运行成本，润滑经济运行，促进效率提高，这意味着当代资本主义社会，人们也开始对财产权进行干预和将对财产权具体结构的人为调整作为缓解产权制度性矛盾的手段。

二、财产权及其形式——所有权

（一）占有的法律形式：财产权

在上节中我们阐明了财产不是物或对象，而是主体对物的排他的支配关系和占有关系，这种占有体现了一种主体权利，它意味着：主体拥有财产权。康芒斯引述制度经济学的早期阐述人麦克洛德对财产的含义的论述："大多数人""在说到或听到财产的时候，提到某种物质的东西，例如土地、房屋、牲畜、货币等。"可是，那不是财产的真正意义。"财产这个名词的真正的和原来的意义不是指物质的东西，而是指使用和处理一件东西的绝对权利。……财产……的真正意义完全是指一种权利、利益或所有权；因此，把物质的东西叫作财产和叫作权利、利益、所有权，是同样荒谬。"[1]可见，财产是体现或载有主体财产权之物。财产权表现在：对象从属于占有者的意志和听任主体支配，而最根本的在于对象的归属于占有者是获得社会承认和维护的。鲁滨孙在荒岛上从事农业生产、种植和收获小麦，他由此对土地实行占有，但是在出现礼拜五之前，在承认和确立土地为鲁滨孙占有而不是为礼拜五占有的社会机制产生之前，说不上有财产权。正如马克思说："可以设想有一个孤独的野人占有东西。但是在这种情况下，占有并不是法的关系。"[2]确立财产权的社会机制是：（1）约定俗成。这就是人们共同的约定，实行和承认某种占有行为，这种占有

---

[1] 康芒斯：《制度经济学》上册，商务印书馆，1962年。

[2] 《马克思恩格斯文选》第2卷，人民出版社，1972年，第104页。

方式为人们共同遵守，会逐渐地成为人们的习俗，成为行为惯例和常规，这样产生的财产权是非法律的财产权。例如，原始人共同遵守土地氏族共有权，氏族社会解体期人们共同遵守家长制大家庭的土地定期支配权，这种由习惯维系的现实的财产权，出现于私有制、阶级和法律尚未产生以前，是尚未取得法律形式的素朴的、原初的财产权。（2）法权构建。这就是通过立法和司法等法制机制来维护某种占有行为和方式。无论财产权是形成于约定俗成，或是形成于依靠暴力强制地实行占有或再占有，在文明以来的社会，这种现实的占有方式总是要通过国家的立法与司法机制，来加以确认、维护，并使它成为社会共同遵守的行为秩序。马克思说："在历史进程中，掠夺者都认为需要通过他们自己硬性规定的法律，来赋予他们凭暴力得到的原始权利以某种社会稳定性。"① 在这种情况下，原始的主体占有权也就表现为法律赋予的、受到法律及司法机制保护的、"法定"的最高支配权，这种取得法权形式的占有权或最高支配使用权就是财产所有权（ownership）。而这种借助于法制机制而得以"硬化"的占有关系的形成，也就意味着迄今以来的文明社会基石的财产和财产制度的真正确立。

（二）财产权概念的核心内涵：所有权

财产权（property rights），即主体占有权。这是一个具有宽广内涵的范畴，它包括所有权、非所有主体的实际支配权。财产权概念的核心内涵就是所有权（ownership），即主体对于物（客体）的最高支配权。财产关系不能简单地说成是人对物（对象）的使用，因为任何人在他所参与的经济生活与社会生活（不论他是以何种形式，在何种

---

① 《马克思恩格斯文选》第2卷，人民出版社，1972年，第451页。

社会关系下参与）中，都离不开对生产资料和消费资料的使用。如前所述使用者并不都是实行占有，即对物保持排他的支配使用关系。因为，对使用主人土地的奴隶来说，土地并不是他的财产；对使用工厂主机器的雇工来说，机器并不是他的财产。对奴隶和工人来说，他们都是非占有者，不具有本质的财产权（专属的、排他性的支配使用权）。此外，支配使用也具有多种层次，例如，佃农也在租期内拥有某种排他的土地支配权，房屋租入者在租期内拥有房屋的排他支配权，货币借贷人在借贷期限内拥有货币的排他支配权，现代公司制下企业法人拥有公司财产排他支配权，但是在上述场合，佃农、租房户、借款人、企业法人，都不具有对物的最高的、终极的支配权，也就是法学家所说的"绝对的"支配权，这种最高的、排他支配使用权的拥有者，是非现实使用者的地主、房主、资本所有者、出资者，他们是真正的财产权主体。

无论从历史的角度或现实的角度来考察，财产权制度构建的核心问题就是财产所有权的确立，即明晰所有权主体，实行终极的、最高的，或是不可再进行追溯的主体定位，使特定的人和机构主体，拥有对生产资料、消费资料"任所欲为"地加以支配、使用和处置，并宣称那些对象是"我的"或"我们的"的权能，由此在社会经济生活中的复杂而纷繁的对物的使用、支配中，确立起一种"财产"秩序。

最高支配权，最早表现于原始社会的群体占有中，装备极其薄弱和在强大自然力威胁下的原始人，为了生存就需要实行集体劳动和统一分配，为此就要形成氏族群体在社会生产和生活中的最高支配权。尽管那时还没有法律，也没有法定的财产权，但在原始共同体的生产与生活中，在原始人群对集体生活秩序和氏族权威的尊重和自觉维护中，体现出原始群体最高财产权的存在。

　　确立起一种最高的支配权是私有财产制度的固有的要求和鲜明特征。私有财产是在原始公社劳动生产力获得提高，有了剩余产品的条件下产生的，在上述条件下，出现了一些氏族长将剩余产品归自身占有而排斥其他氏族成员的占有。私有财产制度不是一下子形成的，而是经历了一个很长的过渡时期，这一时期私人占有者与被剥夺了经济权利的非占有者之间的矛盾与冲突是极其尖锐和激烈的。一方面，在生产力水平低、剩余产品少的条件下，私人占有者要不惜采用最暴虐的手段，直接将众多社会成员降为无权的奴隶，剥夺和取消后者对经济资源与财富的占有权，而实行一小撮私有主的财产独占；另一方面，广大被剥夺占有权的社会成员和直接生产者，为了其生存和利益不得不采取各种手段来力求取得某些实际的占有。基于这一背景，针对当时生活中大量存在的侵犯私有权的行为和蔑视私有财产的原始公社制的意识与习惯势力，私有主（最初是奴隶主，以后是封建主和资产阶级）就要采取法律形式来确立主体对物质对象（包括人身对象的奴隶）的绝对支配权，即古代罗马法学家称之为"任所欲为"的权利。关于私有财产的最早的法律，罗马法如下规定："所有者有绝对的title（权利），他拥有支配他的所有物的绝对权利，他使用该物的权利是很少有公法条款那样的限制，因而可以称之为绝对的权利。"[①]形成这样的把所有者权利说成是至高无上和不可加以限制的财产法权观念和财产法权原则，不仅反映了从奴隶主、封建主到资产者的无比贪婪的本性，更主要的是由于私有制社会形态下的基本矛盾和激烈的阶级斗争，在广大无产劳动者陷入贫困和经济、政治、社会矛盾不断发展的形势下，宣称私人所有者财产权至高无上就成为法律学理论的流

————————

① 劳森（F.H.Lawson）：《财产权法》，牛津出版社，1982年，第114页。

行思潮。这种财产法权观念和实践，旨在明确划分占有与非占有的界限，确立起主体一方实行绝对占有的准则，以维护现实的占有秩序和阶级结构，巩固私有社会制度。

最高的支配权，不仅是私人所有权（古代奴隶制、中古的封建制、近现代资本主义）的特征，而且是现代公有制的特征。在社会主义初级阶段，还存在多种所有制，在公有制范围内，也还存在着全民、集体和混合所有制，在经济生活和社会生活中都还存在极其复杂的占有与非占有的矛盾。一方面，公有制经济要在防止各种力量的侵蚀和破坏中成长；另一方面，依法存在的各种非公有制经济的权益还需要加以维护；此外，个人消费财产普遍增长，更是社会主义固有的特征。因而公共财产所有权及其他合法的私人财产所有权也必须是一种最高的支配权。而且，可以说，即使是在整个社会主义社会的发展时期，在生产力尚未高度发展，社会尚未高度富裕，从而尚未达到消灭财富的占有与非占有的矛盾以前，人们还须保持主体对物（对象）的排他的和最高的支配关系。因而，主体排他的和最高支配权的概念和维护主体财产所有权的基本原则，还具有现实的适用性。

（三）财产所有权的具体形式

以上分析的是财产所有权一般。在现实生活中所有权具有多种多样的实现形式。因此，产权经济学还需要按照马克思的从抽象到具体的分析方法，进一步结合人类社会发展中不同阶段的条件和状况，去分析财产所有权的具体形式。

所有权的具体形式概念内涵有三要素：（1）财产主体的性质；（2）财产客体的性质；（3）从而这一财产，即排他占有关系的性质。按照上述所有权具体形式三要素及主客体结合方式，我们可以将人类历史上的财产所有权的具体形式进行如下分类：公共财产、私有财产和公私混合财产。公共财产又可区分原始公共财产，古代、中古和现代公共财产，而它们之下，又可以区分为不同的亚种，例如，原始公共财产可分为人类社会初始期的原始群财产，母系氏族财产，父系氏族财产等。古代和中古公共财产可区分为乡村公社财产、家族公产、庙宇财产等。私有财产又表现为奴隶主财产、封建主财产和资本家财产等形式。此外，还有个体劳动者个人财产。各种私有财产又可分为不同的亚种。例如，奴隶财产可区分为以占有国有奴隶或宫廷家内奴隶为特征的东方奴隶制财产和以大规模占有生产性奴隶为特征的西欧发达的奴隶制财产。封建制财产可区分为领主制财产和地主制财产。资本家财产可区分为个人财产、合伙财产、联合财产等形式。公私混合财产在原始公社瓦解期就已经出现，在中世纪西欧以及斯拉夫的村社经济中，共同使用的森林，带有农户和村社混合所有的特征。当代资本主义国家一些股份公司，在引入国家持股后，具有某些公私混合的财产的特征。当代社会主义国家出现了以国家、集体为主的现代混合社会主义公有财产；此外，还有大量的多种多样的公有与私有相混合的财产形式。除此之外，还存在社会主义个人财产。在未来发达的成熟的社会主义形态，则将出现更加成熟的和多样化的社会公有财产形式。

（四）财产所有权的基本制度

财产所有权的具体形式具有多样性，但是就人类社会某一特定发展阶段来说，却客观存在着某种通行的、占据主导地位的财产所有权形式，它决定与制约着其他非主导的财产形式和派生的财产形式，是社会一定发展阶段的经济、政治和意识形态上层建筑的基础。"在一切社会形式中，都有一种一定的生产支配着其他一切生产的地位和影响，因而它的关系也支配着其他的关系的地位和影响。这是一种普照之光，一切其他色彩都隐没其中，它使它们的特点变了样。"①这种占主导地位的财产所有权形式，就是财产所有权的基本制度，也就是马克思主义的所有制概念的主要内容。确立财产所有权的基本制度的概念，具有重大理论意义，这一概念是对社会进行历史唯物主义理论分析的基石，是划分社会形态的经济依据。

马克思主义的所有制理论的重要意义在于：（1）这一理论从人类社会某一时期现实的十分丰富多样的财产关系和所有权具体形式出发，进行科学抽象和理论的分析。区别决定性的与非决定性的财产形式、始发的与派生的财产形式，找出这一社会形态的起主导作用的基本财产形式。马克思以主导所有制，即财产的基本制度作为区别社会的标志，阐述了人类社会的发展要经历五种社会形态，即原始共同体所有制、奴隶制、封建制、资本主义占有制及社会主义、共产主义公有制②。（2）马克思不仅分析阐述了上述五种所有制的基本特征，而且他基于生产关系与生产力相互作用的规律，阐明了人类社会发展过程中所有制的向前演进和由此实现的社会形态由低级形式向高级形式演进的客观规律。具体地说，马克思把社会形态的根本因素归结为所有制，把所有制归结为生产力，从而第一次揭示了人类历史上各种所有制的出现并不是偶然的，它的发展和演变并不是杂乱无章的，而是从属于客观规律的作用。这样就从根本上破除了关于所有制（财产基本制度）和私有制起源的种种历史唯心主义观点，给所有制的产生，私有制

---

① 《马克思恩格斯选集》第2卷，人民出版社，1972年，第109页。

② 《马克思恩格斯选集》第2卷，人民出版社，1972年，第83页。

的出现、发展和变化，人类社会最终必然由私有制到公有制的历史演变，予以历史唯物主义的科学的阐明。（3）马克思的所有制理论，是马克思主义政治经济学的重要基础理论，所有制范畴是马克思主义政治经济学的基本范畴。马克思经济学中有关生产方式、阶级、商品、资本、剩余价值等基本范畴的阐明，都离不开所有制概念。

可见，马克思阐述的所有制和财产所有权基本制度的概念，对进行社会制度分析，特别是进行财产具体形式的分析，具有十分重要的意义。借助这一概念，人们才能透过现实经济生活中所有制的多样具体实现形式，把握财产所有制的性质，才能通过社会通行的多种多样的财产权形态，把握到财产权制度的深层的本质。马克思主义的科学社会主义理论，正是立足于对资本主义私有制财产制度的基本矛盾和发展规律的深入分析的基础之上。对于社会主义市场经济中的多种多样的经济组织形式和产权结构的理论阐明，也要依靠这一所有制理论。

三、财产权及其形式——实际支配权

（一）财产实际支配权内涵

为了形成马克思主义的产权理论，我们要使用的分析方法，首先是由抽象层次到具体层次，它的序列是：财产所有权—所有权的具体形式—所有权的基本制度。财产所有权仍然是抽象层次的范畴，它所要回答的是社会某一发展阶段的主体对客体最高的、排他占有关系的基本性质。但是财产权分析不能停留在抽象层次上，科学的财产权理论，不仅要求揭示财产权制度的本质，而且要求揭示社会现实经济生活中丰富的、多样的、有血有肉的人类财产形式和财产权结构，因此，人们还有必要采用由抽象上升到具体的分析方法，为此要把财产所有权范畴进一步上升到具体，从财产最高的、排他的占有这一抽象关系上升和引出各种具体占有形式，也就是要由财产所有权引申出财产支配权或实际占有权概念。

财产支配权或实际占有权概念，包括对占有主体、客体及主体占有客体形式的更具体的规定。所有权概念着眼于说明占有的社会性质，是共同占有，还是私人占有或混合占有，是什么性质的私人占有，是奴隶主占有、封建主占有，还是资本家占有，等等。实际占有权（支配权）概念则着眼于说明主体更加具体的占有形式，从而也就能更清楚和更具体地把握住某种所有权的性质和特征，揭示这一所有权形式的各种具体权、责、益在主体之间的划分方式，即权利束的结合方式，由此弄清所有权的实现形式和机制。例如，如果不是抽象地谈论某种所有权制度，而是引用占有权（支配权，经营权）概念，那么，就不仅要揭示占有的社会性质，而且还要弄清所有者实行占有的方式，是直接占有，即所有权与占有权（支配权）相统一，还是所有权与占有权（支配权）相分离。对土地所有权进行理论的和历史的分析，不仅要问它是什么社会（制度）性质的土地所有权，而且还要弄清某种社会主体实现其土地最高占有权的具体方式。例如，在自耕农土地所有制的场合，它是农民集土地所有权与直接占有权于一身；在租佃耕作制的场合，则是地主拥有所有权和利得权，即地租占有权，而对实物土地的实际支配权则赋予佃耕农民。显然，上述不同占有方式不能不影响土地所有权的特点。

在市场经济高度发达的现代社会，社会经济越是发展，实际支配权和所有权的相分离在经济生活中表现得越鲜明。人们可以看到，无论是生产财产或是消费财产，它的使用与运行中存在着所有者不进行直接支配和经营，支配者和经营者却又不是所有者的现象，而且，这种现象日益普遍化。现代市场经济促使两权分离在广度和深度上发展，产生了多种多样的财产组织和经营方式，例如股份制、租赁制、承包制及投资和商贸活动中的各种代理制，俱乐部形式的生产、消费组织和经营方式，等等，这一切产生了十分丰富和各有特色的财产占有和支配方式。特别是这些经营方式的变化，不仅改变了所有者与经营者的关系，甚至在某些组织结构下还包括所有者与直接生产者关系的某些调整，尽管它不能改变财产权基本制度的性质。可见，要全面把握当代市场经济中所有权的性质，深入地研究占有权（支配权或经营权）的新变化，是十分必要的。

（二）产权经济学研究的重要对象：财产实际支配权

我们需要建立一门产权经济学，这一门学科的研究对象是财产权，其任务是要揭示历史上的财产权（包括财产所有权和财产实际支配权）的形式和变化的机制和客观规律。这门学科要以所有权和实际支配权为基本范畴，特别是要侧重于实际支配权形式和结构的研究，由此阐明所有权的实现形式和机制。研究实际占有权的方法，当然也要运用研究财产所有权的抽象法，要分析占有形式后面的人与人的关系及其性质，但是它要更密切地联系：（1）主体的性质，例如，奴隶主、封建主、资本家、小农、工人以及自然人和法人。（2）主体财产权能的性质，即财产权利的组合方式，揭示主体拥有什么样的财产权以及是如何行使财产权的。（3）财产的载体性质，例如，它是自然物（力）还是劳动产品，是物质产品还是精神产品，是一般商品还是特殊的商品，是生产财产还是消费财产，是实物财产还是财产凭证——债券、股票、期货，等等。当代市场经济中财产所有主体和经营主体的权益责任的具体结构均是和上述占有对象的性质密切相关联的。

（4）对实际占有权的研究还包括所有者、经营者权益的量的界定，例如，在占有权（经营权）和所有权相分离的现代公司制下，实际上出现了经营者对利润的某种分享关系，因而，对主体占有的量的方面的分析，也是把握当代财产形态的具体内涵及其运作方式所必须的。

小　结

产权经济学是分析历史上的主体财产权的性质作用及其变革规律的科学。产权经济学要对财产和财产权这一十分复杂的经济范畴和社会范畴进行分析，必须按照马克思主义政治经济学的科学抽象法，采用三段式的理论分析层次。这就是：（1）通过对社会现实的和历史上的占有关系和财产形式进行去粗取精、去伪存真、由此及彼、由表及里的理论分析，舍弃其具体的表层形式而得出关于占有、财产和财产权的最抽象概念和共同的本质。（2）在分析作为财产范畴的本质内涵的最高的占有关系时引入占有的社会规定性，对占有关系进行历史的考察，得出关于财产所有权的基本制度的概念，以把握某一社会形态财产制度的共同本质。（3）通过实际支配权的概念和财产权结构，进一步分析占有的各种十分丰富的、有血有肉的实现形式，进行比较，把握各种具体的占有方式，即财产权利的组合方式的特点和功能。上述这种对财产或财产权范畴三段式的分析方法，使认识财产的逻辑思维，一步步由抽象到具体，使人们更加全面地把握住有血有肉的、现实的财产权的特征。

第二章

财产权利束：财产权的具体结构

——主体财产权的特征

本章中把财产权作为一个四维权利的具体结构，即所有权、占有权、收益权、处置权的权利束来进行分析。首先分析主体财产权一般的内涵，然后分析主体财产权的具体结构和组合方式——权利束，最后阐明对财产权利束的分析是产权研究的重要内容。

一、财产权结构一般

（一）财产权结构或组成要素

财产权或产权，抽象地说是主体对客体的排他的占有、支配权。在现实经济活动中，产权有多样的实现形式，如在生产过程中对物质生产条件及其他生产要素的支配权，收益支配权，处置、转让权等。财产权绝不是一个抽象的、空泛的概念，它总是要表现为一个由各种具体支配权组成的结构，是一个复数名词，它表明产权是多种权利的组合，或权利束①。

对财产权的结构，不宜进行琐细的划分，而是应该把握住其主要环节，确定其基本结构，这样人们才能清楚明白地把握财产权概念的主要内涵。为此，我们可以把财产权视为一个由所有权、占有权、收益支配权（利得权）、处置权组成的四维结构。

1. 所有权

如上章所述，所有权是主体对物（客体）的排他的最高支配权，它是财产权的核心构造。对于任何一个社会形态来说，财产权问题，首先是什么人或什么主体拥有对生产资料的支配权，严格地说，不仅是一般的支配权，而且是排他的、最高的、不可再追溯的支配权。任何一个社会的产权构建，首先就是要形成与社会的经济发展阶段相适应的所有权制度，或基本财产制度。

所有权是借助约定俗成的习惯的力量，或借助法律，即国家超经济力量而成为人们必须遵守，从而具有现实有效性的占有权利。法律的维护与国家权力的支撑是所有权形成的条件，因而，完备的所有权总是要具有法权形式。现代市场经济的所有权体现在多样的具体实现形式之中和表现为一个特定的和复杂的利益关系，从而需要在明确的法律框架下来行使。可见，现代所有权越来越表现为财产法权。

权利体现一种社会关系，财产所有权是看不见摸不着的，财产权利主体并不戴冠冕和使用权杖，如像政治权利主体那样，但是它却是一个社会现实的存在。在日常的经济生活中，如果人们均是自觉地遵循财产所有权的要求而行事，人们会感觉不出所有权和所有权主体存

① David M.Walker在《牛津法律大辞典》（光明日报出版社，1988年）中对财产权概念的定义是："也称财产所有权，是指存在于任何客体之中或之上的完全权利，它包括占有权、使用权、出借权、转让权、用益权、消费权和其他与财产有关的权利"。

在；一旦人们违反社会现实的财产制度的性质和要求时，即在人们对某一对象实行违反法律和法规的占有时，就会有某一财产权利主体从对象后面走到前台来，声言他拥有对象主人的身份和排他的、专属的占有权利，而社会也将以纠正违规或非法占有的措施（如占有复原或是给予经济赔偿以及其他更严酷的惩罚等），来维护所有主体的最高占有权。可见，财产权世界中，所有权作为一种物（对象）背后的最高的排他占有权与支配权，它并不是虚构的，而是现实存在的和表现为清晰、明确的法权。

所有权是实际支配使用权、收益支配权和处置权的基础。一个工厂主因拥有所有权，他才能将工具、原材料交给职工在生产中使用；他也可以将工厂承包给承包人，使其能占有承包期内超出承包费的盈余；他也可以将房屋出租并允许转租。如果他没有所有权，他就不能行使对物的实际支配，行使收益权和处置权，否则，他就是侵权。可见，所有权总是行使实际占有、收益权、处置权的前提。而在所有权与经营权相分离的经济形态，财产所有者有权利决定使用该对象的非所有者的权利，决定各种派生财产权的内涵。可见，所有权是最重要的财产权，是现代市场经济中各种非所有主体的财产权行为的依据和基础。

2. 占有权

作为所有者，他不仅要宣称他对对象拥有最高的排他的占有、支配权，更重要的是要将对象加以使用和实现他的最高的、排他的占有、支配权。因而，在所有权与经营权相分离以前，所有权主体就要对财产的客观对象（物质对象以及非物质对象）实行支配、使用和占有，使对象在使用（生产）和享用（消费）中体现主体的意志。占有首先表现在主体对生产资料的关系中。如像原始氏族在专属于它的即排斥其他氏族进入的地域从事狩猎、捕鱼或农牧，这是对土地实行占有；奴隶主在作坊中强制奴隶按照他的意志进行劳动，这是对奴隶（生产的人身条件）和生产的物质条件实行占有；个体农民和手工业者按照他的意志支配使用他的手工工具（锄、犁、锤、风箱），这是对生产工具实行占有；资本家自身开办工厂和直接经营，这是对生产设备和资金实行占有。这种对生产条件的最高占有权，确立了所有者的生产主体的地位，使后者得以独立自主地控制生产过程，实现合目的的生产。

不能把使用和占有混为一谈。阶级社会中被强制从事劳动的奴隶、农奴和工人，尽管他们操作和使用工具，但都不具有占有权。他们不是独立自主的生产者，而只是听从和执行主人的意志，在名义上或实际上被降低到生产工具的地位，或者成为机器的附庸。

占有也表现于主体对消费资料的关系中，例如：住自有的房屋，是对房屋实行占有；开自己的汽车，是对汽车实行占有；享用自己种植或购得的食品，是对食品实行占有，等等。占有既表现为对实物的占有，又表现为对非实物对象的占有，例如对非物质形态的精神财富的占有，特别是在商品经济中表现为对价值形式的对象（货币、证券）的占有。

可见，通过对生产财产的占有权，才能保证和实现生产主体的地位；通过对消费财产的占有权，才能保证和进行主体对生产成果的独立自主的享有和消费。占有使所有者的最高支配权具体化，进一步落实于生产活动与消费活动之中。

3. 收益权或利得权（right of interest）

无论在哪种社会形态，人们不是为占有而占有，而是为享有利益而占有。人们构建和拥有财产权，总是为了维护其利益，特别是为了维护财产带来的经济利益，即财产收益（income of property）。当然，财产也涉及所有者的政治、社会利益。在封建社会，拥有土地财产才能晋升于贵族行列和缔结门当户对的婚约。在资本主义初始阶段，在实行普选制以前，财产是公民享有选举权的重要条件。这些情况表明，占有财产是从属于一定的政治的、社会的利益。但是无疑地，获取经济利益是占有财产的首要目的。

财产收益，就其最广的含义来说，是指财产在使用中带来的经济利益。财产首先是使用于生产，即作为获取和占有生产成果的手段，它表现为人们在生产中自主使用归他所有的物质生产资料和占有生产成果。原始社会确立土地的氏族共同财产权，在于由氏族共同占有使用土地和森林的成果。封建土地财产权的确立，是为了封建主占有实物地租与货币地租。近代资本主义财产权的确立，是为了资本家占有利润即剩余价值。可见，某一生产资料成为财产，从属于某一主体的意志，其最终目的均在于占有其在生产中使用的成果，即收益。

财产收益在总体上包括两部分：（1）费用。它包括人力耗费以及物质耗费。（2）净收益。生产成果扣除费用，即净收益或剩余价值。财产的生产性使用和运行的结果，就是生产出剩余价值，而财产收益权，也就是剩余价值的索取权或独占权。

可以说，在人类的一切社会经济形态中，财产所有权都要表现为收益权即剩余价值索取权，而不表现为收益权，不实行剩余价值占有与索取的财产权就不成其为真正的财产权。这种无收益甚至负收益财产，对主体来说，顶多只是形式的财产或法律上的财产权，而不是具有现实经济内容的财产。这种缺乏实质性内容的财产，在经济学上是非财产。例如，人们可以借助航天飞机和登月舱，在月球着陆点插上国旗，但人们并不能由此建立真正的财产和拥有现实的财产权。

收益权是财产权的重要内容，财产权的一般机制表现为：主体借助生产资料占有权，实现物质生产，获得生产成果，实现收益权。历史上的早期私有产权形态，就十分清晰地展示了上述财产占有关系的机制。例如奴隶制私有财产形态，首先，奴隶主拥有对生产资料和奴隶本身的最高支配权，奴隶制社会通过法律形式，依靠超经济强制，借助血淋淋的残酷暴力，确立起奴隶主的所有权。其次，奴隶主凭借他拥有的对物和对奴隶的绝对主权，把生产资料和奴隶劳动力组织于奴隶作坊之中，在生产中对其物质财产和人身财产实行直接占有。再次，奴隶主对作坊的生产成果（在扣除用于维持奴隶生活的必要产品部分）实行占有，即实现剩余价值索取权，用于奴隶主及其家庭的奢侈消费，或是将一部分收益用于进一步扩大生产与经营。在这里，以最高支配权为前提，以生产条件直接占有为关键，以收益权（剩余价值索取权）为核心和最终目的的所有产权机制是表现得清清楚楚的。

收益权是现代财产权的核心内容和实质。市场经济中财产权的新变化是：出现了所有者放弃对物质财产的直接支配权。而代之以对价值形式的财产的直接支配权，例如，股份公司的股东只是享有出资人权利和直接支配自有的股份，他不再干预企业的生产与营销事务，一般的股东甚至不参与股东大会的活动，他们是"不在所有者"，所有者的功能唯一表现在剪息票上，也就是财产所有权的功能表现在收益权（剩余价值索取权）上。因而，传统的所有权实现机制——所有权→占有权→收益权，就为现代的所有权实现机制所取代，其表现是：所有权→收益权。以收益权为核心内容的现代财产所有权实现机制，不仅仅表现在出资人的股权中，而且也表现在知识产权中，例如，发明家的专利权不是为了自身直接占有与使用专利，而是表现为拥有专利转让的收入。

4. 处置权

所有者对财产的支配与占有，可以表现为由自己直接支配占有，也可以表现为交给他人支配占有和使用。处置权指主体将物（对象），以某种形式交给他人支配、占有和使用，从而引起财产权的让渡和主体的变换。

第一，支配使用权主体的变换。所有者不是都需要对财产实行直接占有，他往往要将财产交给其他的责任代理人去管理和经营，如封建国王将国有土地赐给贵族、扈从和官吏，国王也保持收回封土的权利；封建主将土地交给管事经营，由后者代他实行占有和支配，所有者拥有对经营人实行授权和取消授权的权力。这里体现了所有者实行财产处置权和支配权的让渡，它带来财产支配、占有者和所有者的分离。另外，主体对财产实行租赁（lease）、抵押、承包，这种财产处置都带来了财产支配主体的变换。

第二，所有权主体的变换。主体实行其处置权，将财产实行变卖，或者将财产交给子女继承，或赠送亲友，捐赠他人，等等，这是财产所有权的"转让"（power of alienate）和财产所有主体的变换。

第三，主体对于他支配的生产财产，可以在物质实体上进行集中与分散，例如，实行企业合并，或关停，出售分厂以及生产资料的报废，多余设备的出售，过剩产品的销毁，等等，均是处置权概念的必要内容。

主体对他拥有的消费财产对象，可以在法律规定的范围内，按照自身的意志加以支配、使用、处置，这也是处置权的内容。

（二）完整的财产权结构的公式

基于以上分析，我们可以看见，一个完整的财产权结构，体现了主体对客体拥有一种法定的、最高的、排他的和专属的占有关系（所有权），支配使用关系（占有权），收益占有关系（收益权）和处置关系（处置权）。完整的财产权就是所有权、占有权、收益权和处置权相统一的四维结构。

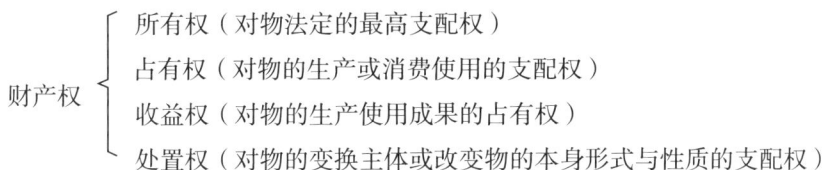

$$
财产权\begin{cases} 所有权（对物法定的最高支配权）\\ 占有权（对物的生产或消费使用的支配权）\\ 收益权（对物的生产使用成果的占有权）\\ 处置权（对物的变换主体或改变物的本身形式与性质的支配权）\end{cases}
$$

（三）财产权的定义

基于上述对占有、财产、财产权的分析，我们要对财产权概念的内涵，进行一些讨论。

财产权，即"财产权利"，西方的法学家和当代产权经济学家的阐述是多种多样的，如所有者"拥有的支配其所有物的绝对权利"[1]。"财产的法律概念，是一组所有者自由行使的，并不受他人干涉的关于资源的权利"，"是一个所有者无须告诉他人就能想怎么做就怎么做的权利"。财产权是排他性的权利。"排他性是指决定谁在一种特定方式下使用一种稀缺资源的权利"，是"除了所有者之外，没有其他任何人能拥有使用资源的权利"。

当代西方产权经济学著名学者阿尔钦（A.A.Alchian）给出的定义是："产权是一个社会所强制实施的选择一种经济品的使用的权

---

[1] 劳森（F.H.Lawson）：《财产权法》，牛津出版社，1982年，第114页。

利。"①该定义强调产权是一组权利，且这种权利的有效性取决于通过市场竞争形成的人们对资产能够拥有权威的社会强制机制，而社会强制包括政府的力量、日常社会行动以及通行的伦理道德规范。阿尔钦所说的这种产权定义，在当代西方产权理论研究中被称为阿尔钦的"产权范式"。

在西方学者中被广泛引用的德姆塞茨（H.Demsetz）的关于产权的概念，是从对产权功能和作用的理论出发来定义的。德姆塞茨认为："产权是一种社会工具，其重要性就在于事实上它们能够帮助一个人形成他与其他人进行交易时的合理预期"；"产权包括一个人或其他人受益或受损的权利。"②"产权的一个主要功能是导引人们实现将外部性较大地内在化的激励。"③在这里，他把产权首先理解为人与人之间的社会关系，而不是简单的对物品的关系，并把产权归结为一种协调人们关系的社会工具。

当代学者菲吕博腾和配杰威齐地特别强调，产权不是指人对物的关系，而是人与人之间的关系，并指出这是产权的本质。他们指出："要注意的中心点是产权不是指人与物之间的关系，而是指由物的存在及关于它们的使用所引起的人们之间相互认可的行为关系，它是一系列用来确定每个人相对于稀缺资源使用时的地位的经济和社会关

① A.A.阿尔钦：《产权：一个经典注释》，《财产权利与制度变迁》，上海三联书店，1994年，第166页。
② H.德姆塞茨：《关于产权理论》，《财产权利与制度变迁》，上海三联书店，1994年，第97页。
③ H.德姆塞茨：《关于产权理论》，《财产权利与制度变迁》，上海三联书店，1994年，第97页。

系。"①

我国经济学界在有关产权的讨论中，对产权概念的定义也分歧很大。主要的观点是：

1. 产权即所有权

产权指主体拥有的财产所有权，这包括生产、经营要素的占有权（排他支配权）、经营权（使用权）、收益权和处置权②。我们需要指出，把产权等同于所有权的观点显然是不正确的。历史上的占有关系从来是包括最高的占有和多样的实际占有，是多种权益不同的权利束，不是"所有权"一词所能概括的。特别要指出的是：现代市场经济是法权经济，经济法权是主体财产权，多种多样的市场主体的占有关系和财产结构丰富多彩，涉及所有权、经营权、代理权、租赁权、承包权、遗产继承权、消费权等，上述财产权在内涵上是不相同的。许多具体财产权，不是所有权范畴所能概括的。可见，把财产权作为一个比所有权涵盖更广的概念来使用是正确的分析方法。

2. 产权可分为所有权与经营权，所有权是资产归属主体所拥有的权利，经营权是资产经营使用主体所拥有的权利

这种观点不能说是错误，但是还不够准确，因为，财产权是市场主体在多样经营方式和多样经济行为中获得的权、责、益，这种权利束也大大超出了所有权和经营权的范围。

在本书中，我们对产权概念加以如下概括：产权指经济主体拥有的财产权利，它以财产所有权为基础，包括与所有权相关联的由非所

① E.G.菲吕博腾等：《产权与经济理论：近期文献的一个综述》，《财产权利与制度变迁》，上海三联书店，1994年，第204页。
② 一些经济学家认为，产权应定义为"法定主体对生产或经营要素的资产的占有、收益、处置等权利的总和"。

有者实施的实际支配权。具体地说，产权表现为所有者和实际支配者的财产权，是上述二者各自分别拥有的法律上的占有权利与经济上的占有权利。法律上的占有权是表现为法律和法规的主体的财产权，经济上的占有权指主体实际享有的资产支配（使用）权、利得权（收益权或剩余价值索取权）、处置权。

二、财产权的具体形式

（一）产权结构的简单公式与具体形式

物或对象本身不是财产，物本身也不是天然地体现有某种财产权，财产是一种占有关系，即社会生产关系，物或对象只是在专属于某个人，归后者排他占有的条件下，才成为财产，而这一占有者也就有了财产权。财产权一方面表现为物或对象归属于主体（所有者或支配者），即物有所属；另一方面表现为被主体占有的对象，是一个有主之物。如果确立一个最简单的公式，财产权=产权主体+主体实行占有的权能。

产权结构的简单公式只是一个理论抽象，在经济现实中它表现为A（特定的主体）+B（主体特定的占有权能）。A和B都是变数，有多种表现形式。这样，产权结构的简单公式就演化为一系列具体的、有血有肉的财产权形式。对某一社会形态的产权的具体形式进行分析，特别是对现代市场经济中产权的具体结构和形态进行分析，是产权理论的重要内容。

（二）产权主体的性质

产权分析的重要方面是占有主体的性质、形式和职能。财产权是经济活动中的主体权利，是主体的财产权。主体财产权具有下列特征：

1. 社会的人的权利

原本的财产主体是社会的人。占有财产是人的社会行为。动物界也存在着对生存资料的争夺，但是那里不存在自觉的生产活动和自觉的占有行为，因而根本谈不上说猎狗占有一只羊，或是猩猩占有一支树棍。基于财产是社会范畴的马克思主义经济理论，不存在动物界也有财产和财产主体存在的命题。

既然占有主体是社会的人，那么孤立的个人，不形成排他占有关系，也不存在财产。《鲁滨孙漂流记》中描绘了一个一度生活在孤岛上的鲁滨孙，后者拥有他自己建造的房屋，拥有从航船上搬来的和自己制造的工具，拥有他收获的谷物和自制的食品，但是他是只身处在荒岛上的单个人，而不是社会的人，也说不上有产权。只是在礼拜五出现以后，在建立起鲁滨孙与礼拜五之间的主奴关系后，鲁滨孙对上述财物的拥有和使用才成为排他的占有，上述物品才成为财产，鲁滨孙才成为产权主体。

2. 经济主体的权利

产权是在经济活动与经济运行中，作为主体的人的占有的权利。在生产活动中农民占有土地，在资本营运中出资人占有资本，在日常消费活动中，居民占有食品、衣服，农民、资本家、居民都是拥有人格，具有独立行为能力的经济主体，他们以经济主体的身份获得和拥有产权。产权是经济主体从事的独立的经济活动的制度工具和条件。奴隶没有人格，也没有经济主体身份，从而也不具有独立的经济行为的能力，他从事的生产，甚至个人的消费，都是从属于奴隶主的意志，主体身份的缺乏，使奴隶说不上有财产和产权。

3. 排他占有关系和权利

财产和财产权是某一主体对客体（生产资料和消费资料）的占

有，但经济学意义上的占有是指排他性的占有。在这里占有权只归属于某一特定主体，而排斥其他主体。可见，占有的排他性、权利的不兼容性和主体的不重叠性就是财产权的特征。不仅在私有制条件下，而且在公有制条件下，排他的占有，也是财产权的一般特征。如果某一对象的占有权可以归属不同的人和主体，占有权不具有专属性，而取得普遍兼容性，那么这种占有是不排他的，也就不能成为财产。例如，空气、阳光这样的自然产品，人人得以享用，在这里，占有不存在排他性，从而不是真正的占有，财产权也就不存在。

4. 取得法权形式的财产权利

所有权是一种由法律这样的国家权力机制来保证其实施的社会经济权能。但是并不是由法律凭空制造出主体的财产所有权，在法律出现以前，财产这样的排他占有关系已经存在，它或者是社会约定俗成而形成，或是凭借某种原始强力而产生，只不过它还未采取"法权"形式。在人类进入阶级社会，出现了国家机器和法律以后，人们就利用法律和司法这样的社会强制机制来维护社会形成的排他的占有关系，从而主体财产权就取得了法权的形式。

（三）财产主体的具体形式

财产权作为法权的性质，决定了行使财产权的主体的性质，他必须具有能行使民事权利和承担民事义务的条件。

1. 自然人和法人

财产主体是一种社会存在，后者在不同的社会经济形态下，具有不同的形式和不同的社会、经济规定性。大体来说，占有主体有：（1）自然人；（2）非自然人的组织。

原本的占有主体是自然人，但是他必须是有独立人格，能承担民事责任的人，被剥夺了独立人格、没有行为自主权和独立性的奴隶，不具有占有主体的身份。当然，在有着完备的法的发达的社会，法律还要对法定主体加以具体规定，例如，他需要符合法定年龄、拥有健全的身心和行为能力等。

由于人的经济活动是通过一定的经济组织形式和经营形式来进行的，不仅自然人要通过一定的组织形式来实行占有，而且社会组织和经济组织也会表现为一个独立的占有主体。例如，古代东方国家是土地的直接占有主体，中世纪的村社、宗祠、庙宇也都是财产主体。经济组织成为财产主体是现代市场经济的特征。在资本主义市场经济中，作为经济组织的公司企业，成为多种交易行为的履行者和财产的具体运作者，特别是在当代市场经济中，股份公司和各种基金（营利性的投资基金、保险基金、非营利性的基金）越来越成为社会占支配地位的财产主体。

现代财产主体具有法人的性质。由于非自然人的社会组织，要充当财产主体，需要拥有由法律赋予享有财产主体权利和承担民事权利和义务的能力，即是一个"法人"（legal person）。在股份公司、基金会等法人组织中，出资人的财产表现为企业法人财产，后者归非所有者的经理支配和运作，企业生产与经营活动中出现了作为出资人的自然人"退居幕后"，一些西方学者以此为由，宣称由一个个资本家垄断财产的私有制消灭了。贝利（A.A.Berle）在其《现代股份公司私有财产》一书中就宣扬这一观点。我们认为"法人"就其本质来说，是经济和社会组织的拟人化，是自然人财产主体的转化形态。现代法人财产在本质上体现了一定的自然人的占有，只不过后者不是自然人直接的占有，而是在迂回的形式下实行的占有。在资本主义市场经济条件下，企业法人取得财产主体地位，并不表明作为出资人在公司治理结构的运行中实现的所有权的终止和消灭，恰恰相反，出资人的所有权是表现为股权，企业法人财产的运作，有效地实现了出资人的财产所有权，因而，在这里，自然人仍然是财产的主体，不过，他表现为"终极的"主体。

2. 所有主体与实际支配主体

我们已经阐明，财产权包括所有权与实际支配权（占有权），在人类历史上那些由所有者直接组织生产和收入分配，从而充当财产的实际支配者的场合，所有主体和占有主体（支配使用主体）是合一的。实际支配权和所有权相分离在历史上很早就已发生，在那些所有者不直接组织生产和实行财产的直接支配，而将后者委之于经营者和代理人的场合，则存在所有主体和占有主体相分离，这种所有主体与实际支配主体（或经营主体）的分离，更是当代发达的市场经济的财产权结构的特征。所有主体与实际支配主体的分离，意味着财产权在二者间的重新安排和组合。深入分析和阐明产权主体的特点、职能，特别是在现代市场经济中产权主体的特点和职能，是产权理论研究的重要课题。

（四）财产权的结构：权利束的组合方式

在人类历史上，随着生产方式和经济组织形式的发展变化，主体财产权的具体内涵，即其权利束或财产权能也是不断变化的。在当代市场经济下，主体范围不断扩大，出现了多种多样的经济组织，如独资企业、合伙企业、公司企业以及租赁制、承包制等多种经营方式，财产权主体也就表现为所有者、经营者及其他当事人的主体群体，这些经济职能不相同的主体，有着不同的财产权能。可见，对主体的财产权利束，即财产权能进行分析更是十分重要。

财产权的结构，首先表现为财产权的对象范围：无所不包的财产或是排除人身对象的财产权。古代奴隶制的财产权，把物质生产条件和人身条件（奴隶）都纳入占有权对象范围，中古封建制财产权把物质生产条件和部分人身条件（农奴）纳入占有权对象范围。这是把劳动者和劳动资料置于同等地位，并归主体占有的十分粗野的产权形式。现代财产权把人身对象排除在占有对象范围之外。资本主义条件下，资本家拥有对物质生产条件的垄断占有权，而将对生命活动的支配权归属于劳动者，资本对剩余劳动的无偿占有的关系没有变化，但是主体占有的范围受到约束。

财产权的结构其次表现为所有权、占有权、收益权和处置权的具体组合方式。（1）现实的财产权和法权、现实财产权相统一。人类最原始的财产权，是获得社会承认的现实的占有权利，但尚未取得法权形式。在现代经济生活中，在尚未以立法硬化实际占有的情况下，也存在非法权的现实的财产权。典型的财产权是法权和实际占有关系的统一，一方面现实的占有权利获得法权的形式；另一方面，法权的强制力硬化了实际占有权利，使其成为真正有效的财产制度。（2）所有权、占有权、收益权、处置权相统一和所有权、占有权、收益权、处置权相分离的产权。早期的财产权往往表现为所有权、占有权、收益权和处置权统一于主体一身。现代的小业主制和合伙制经济，也是实行所有权、占有权、收益权和处置权相统一的。但股份制经济和租赁、承包等经营方式的产权则体现了所有权和实际支配权相分离，在所有者和代理人、经营者之间实行财产权利束的分解和重组。产权的分解和重组，并不消灭所有权。例如，在实行土地租佃制的场合，租期内土地的实际支配权转归租佃农户，但是财产（土地）的支配大权和剩余产品的索取和占有权，都掌握在地主（所有主体）手上。在现代股份公司制和各种基金组织的运作中，企业资产的支配权归属于公司法人及经理层，但是经理的选择任用权、收益的占有权仍然归属于出资人，即所有主体，所有权并没有消灭。另一方面，也要看到在权能分解的产权形态，的确发生了主体财产权能的新变化，股份公司使原来由所有者实施的一部分财产权分离出去，由不是所有者的经营者或代理人去实施，后者拥有法律赋予的财产权，履行着财产实际支配者的职能甚至在实际上享有部分剩余价值索取权。

现代市场经济中，交易和经营方式的复杂化，特别是信用经济的发展，期权和其他新的衍生金融工具的普遍推广，产生了财产权的在所有者和各种当事人中多种多样的分解与安排，人们面对着十分复杂的主体产权结构和权利束。财产权结构或权利束是历史地形成并不断变化和重新组合，市场经济更是以主体财产权利束结构的多样化为特征。可见，产权理论研究，必须以马克思主义经济学为依据，从实际出发，深入分析多种多样的、现实的产权结构，这样，人们才能了解现代市场经济中的财产组织和主体行为的特征和经济运行的规律。

三、财产权利束的分析：产权经济学研究的重要内容

（一）性质分析和具体结构分析相结合的方法

基于马克思主义经济学的理论抽象方法，对经济活动的分析要从现实的具体形态出发，进行去粗取精，去伪存真，由此及彼，由表及里，一步步上升，形成抽象范畴，揭示生产关系的本质，这是对经济现象与活动进行制度性质分析。制度性质分析的目标在于揭示经济活动的最深层——生产关系或所有制的性质。基于制度分析的方法，在产权分析上，人们要从社会生活中多种多样的产权具体结构、形式出

发，舍去其表象性的东西，进而把握各种财产权形式所体现出的占有关系的性质，特别要弄清和把握社会某一时期主导产权形态的本质，即产权的基本制度或所有制，并且要阐明人类历史的发展中，产权基本制度是如何有规律地演进和变化的。马克思基于这样的制度分析方法，阐述人类社会由原始公社占有制、奴隶制占有制、封建主义占有制、资本主私有制，向社会主义、共产主义公有制的向前发展和不断演进。但是科学抽象方法，还需要由抽象回到具体，即要进行结构的分析，在揭示产权的抽象本质和社会属性后，还要进一步去把握财产权的具体结构和有血有肉的实现形式，从而进一步弄清某一财产权的特点和作用。如对资本主义财产所有权的分析，就不仅要着眼于深入剖析这一资本家私有财产权对剩余价值占有的本质，而且还要揭示多种多样资本家私有财产权形式和各自的特点与作用；此外，还要揭示客观存在的其他的多样的主体财产权形式。这样把对财产权的制度性分析和具体结构相结合，人们才能对现实的财产关系和财产权，作出科学的和全面的理论阐述，特别是作为指导人们进行社会主义财产权结构构建的产权经济学，更需要把财产权的性质分析和结构分析相结合，把定性分析和定量分析相结合。

（二）产权经济学要重视财产权具体结构的分析

本书中我们把财产权这一概念突出出来，并把它作为产权经济学研究的重要对象，提出要对财产关系和财产权进行历史的考察和制度性质与具体结构相结合的分析。这种分析方法适应了产权经济学的要求，也完全符合马克思主义的研究方法。

对财产权的科学分析，必须既阐明其抽象的社会性质，又必须剖析财产权有关主体、占有权能、客体的具体规定，才能认识和弄清某一财产权的有血有肉的、具体的特点和功能。

我们以土地财产权为例证来加以说明。（1）对于某一现实的土地财产权，我们给出最抽象的定义：主体对土地的排他的占有关系和财产权利。但是这一最简单的定义的内涵是稀薄的，尚未对现实的土地排他占有权的性质与特点予以说明。（2）我们进一步给出如下表述：私有主体对土地的排他占有权。这一表述指出这一土地占有的性质是私有财产权，但是它未能揭示是什么样的私有财产权，是奴隶主、封建主、资产者的私有财产，还是个体农民的私有财产。（3）我们再给出进一步的表述：农民的私有土地财产权。这一表述使上述财产权内涵进一步具体化了，但是还不够，因为历史上的农民私有土地财产权还有许多种类：西欧奴隶制社会中的个体农民的私有财产权，中世纪日耳曼个体农民的私有财产权以及中国中古封建专制国家的农民私有土地财产权，从事资本主义农场经营的农民私有财产权等，除此之外，还存在大农土地私有财产权和小农土地私有财产权等的差别。（4）为贴近财产权的现实，我们还需要进一步予以表述：如自耕农民的集所有、占有、收益、处置诸权于一身的土地私有权，或是将部分土地用于出租，从而让渡出实际支配权的农民土地私有权或是将土地用于抵押，从而让渡了部分处置权（如抵押期内主体对土地没有转让权）的农民土地私有权等。此外，还有实行土地入股、组织合作社和采取特定的收益分配方式下的农民土地私有财产权等。

可见，对于某种现实财产的科学阐明，不是可以满足于最抽象的制度分析，指出财产的私有制或是公有制的性质，也不是可以停留在分析财产权的抽象层次的规定性上，例如，是封建制财产权或是资本主义财产权，科学的产权理论要求人们要从抽象上升到具体去揭示某一产权主体的具体特点、财产权能即权利束的具体结构和特点、占有对象的具体特点。只有进行包括了上述三个方面的内容的财产权的理论分析，才能使人们真正把握现实财产权的特征和揭示它的功能与效应（包括负效应）。

如果说政治经济学的所有制的分析方法，主要是进行财产占有关系的性质的分析方法，使用这一方法是为了揭示人类社会的财产占有和经济制度的性质、作用以及社会经济制度发展变化的规律，那么，财产权概念和产权分析，则是在进行财产权制度分析的同时，进一步研究现实经济生活中的多种多样、极其丰富的不断变化和创新中的财产权具体结构，即财产权利束组合，并将此作为研究的重要对象。要由此去揭示各种财产权具体结构的特点、机制和矛盾以及财产权再组合的趋势和规律。这也就是说，产权经济学的研究对象和方法既有与政治经济学的研究对象和方法相一致的方面，但是又有侧重的不同。

（三）剖析财产权具体结构的方法

对财产权具体结构的研究，就是要把本章中提出的财产权简单公式，财产权=产权主体+主体实行占有的权能，即P=A+B加以具体化，即要阐明主体的差别和占有权能和对象的差别所形成的产权形式的差别。就主体来说，要分析它是所有者还是所有者的代理人，或实际支配者；就所有者来说，要分析是什么性质的所有者；就代理人或实际支配者来说，要分析是什么性质的代理人和实际支配者，等等。就主体实行占有的权能来说，首先要分析占有对象的性质、内容，是物或人，或权利凭证，等等。其次分析占有权的性质、内容，例如，是完全的所有权、两权相分离的所有权还是非所有的实际支配权等，即占有什么和拥有什么样的占有权。

基于上述财产权具体结构的分析方法，那么，历史上的财产权的分类包括：（1）着眼于主体的特点。可以归结为氏族（部落）财产权、家族财产权、个人（家庭）财产权、宗祠财产权、村社财产权、公司财产权、合作社财产权、社团（非营利的）财产权、国家财产权，等等。（2）着眼于客体及占有对象的性质和特点。可以归结为：第一，物质形式财产权和价值形式的财产权。前者是土地、货币（实物）、人身等财产权；后者是证券（票据）、货币（纸币）、知识等财产权。第二，有形的财产权和无形的财产权。前者指一切有形的（包括物质形态和价值形态）对象占有权。后者指无形的对象占有权，例如，企业的商誉（goodwill）是企业已建立起来的各种关联（connexion）及其带来的利益，它是企业的信誉和价值增值能力，却是一项无形的资产。第三，动产和不动产。一般商品、货币、证券等形式的财产权是动产财产权，房屋、土地等是不动产财产权。第四，有形动产和无形动产的财产权。财产权不仅表现为有形动产财产权，还表现为无形动产财产权。例如，债权是债权人根据缔结的债务契约而拥有的到期获得一定货币支付的权利，债权契约使债权人的一定的实物或货币转让给债务人支配，而债权人则拥有一个在未来取得一定货币支付的权利，后者是一种无形的动产财产权[①]。（3）着眼于财产权的具体内容和结构，可以归结为：第一，所有权、使用权、经营权、收益权、转让权、租赁权、抵押权、股权、债权等产权类别。社会经济越是发达，生产的组织方式、交易经营方式、消费方式以及个人生活方式越是多样化，财产关系也就越加复杂，而主体的财产权内容和形式也就更加丰富，市场经济制度下民法中所涉及的具体的财产

---

① 劳森将财产分为五类：（1）土地；（2）财货（商品），即货币以外的有形动产；（3）无形动产，如债券、专利、版权等；（4）货币；（5）证券。见《财产权法》。

权概念更是远远超过上述的财产权类别。财产权具体内容的众多，并非说每一主体都拥有各种财产权，实际上主体因其性质可以拥有某一项财产权，但也可以拥有若干项财产权。例如，一个企业主可以拥有企业所有权，也可以因出借资本给他人而拥有债权，还可以因出资购买股份而拥有股权。第二，所有权与实际支配权相统一的财产权和二者相分离的财产权。前者是所有权、支配（使用）权、收益独占权（剩余价值索取权）、处置权集中于主体一身，后者是公司所有者掌握终极所有权、收益权、关键处置权，非所有的实际支配者或代理人、经营者拥有实物财产支配权和部分其他财产权。在现代市场经济中，一方面存在着多样两权相统一的财产权具体结构；另一方面财产权两权相分离发展到登峰造极，表现为极其复杂而多样的形式。如租赁制、承包制、委托制、股份公司制等。

土地财产权在现代市场经济中，也是这样的一种重新配置和组合的权利束。土地作为主体财产权，例如：作为农场主的土地财产权，不仅在于占有一定面积，还包括占有一定的土壤厚度；作为房地产商的土地财产权，包括其可用来修建房屋的高度；作为石油企业主的土地财产权，包括其可以用来进行钻探和进行采掘的深度。可见，土地财产权包括面积和高度（及深度），是一个表现为容积的土地，即三维土地。三维土地的具体内涵和限度则是由各国的法律来加以规定的。例如，英国法律将土地所有权规定为地上无限高，地下至地球中心。一些国家如我国，地下的矿藏不属于土地所有者（如农村集体）或占有者（如建房者）而属于国家，对于城市土地各国多半以法规限制所有者占有土地的高度的限度，以维护城市建筑规划和保障公共航道。

可见，一切财产权均是一个若干权利的组合，即权利束。财产权的性质体现在有血有肉的财产权具体形式和结构中，离开了具体结构的分析，财产权的性质也难以得到切实的说明，特别是现代财产权表现为多样的和复杂的主体权利的组合，更需要对其具体结构和组合方式进行分析，才能揭示各种财产权组合的特点及其功能。

基于上章中我们对财产权的可选择、可塑造性及产权的工具与手段的性质的阐述，产权经济学应把财产权的具体结构（财产权利组合）作为重要研究对象，揭示出主体各种财产权利结构适应经济发展需要而发生分化、重组，即进行整合与再整合的规律。

在社会主义市场体制的公有制为主体的制度框架内，恰当而合理地配置和组合财产权能，才能健全各种市场主体的行为，润滑和保证国民经济的健康运行，因而，深入开展对产权具体结构的研究，揭示财产权能分化、优化组合的规律，是十分必要的。

四、马克思对财产权具体形式的深入分析

（一）对历史上财产权具体形式的分析

在我国近年来有关产权的讨论中，一些同志存在着一种疑虑，即认为"财产权"一词是西方经济学或法学使用的概念，而马克思主义的研究使用的是所有制概念，不少同志由此产生了使用财产权概念进行财产权分析，就是采用了西方经济学的理论和研究方法的模糊思想和疑虑。当然，我国对财产权进行经济学的研究，始于实行改革开放的20世纪80年代，这一研究对不少学者来说，还是十分陌生的，存在这种模糊认识是不足为奇的。近年来在进行产权研究中人们也引进了不少现代西方产权理论，特别是一些年轻同志认为开展财产权研究，可供使用的只有西方产权理论。但是把财产权的研究视为西方的学术思想，视为与马克思主义不相干的看法，是完全没有根据的。

马克思没有使用"财产权"这个词，英文是property rights，他通常使用的是"财产"，德文是eigentum，英文为property。马克思著作的中译本中，这个词在不同地方分别译为"所有制"或"财产"。我个人认为马克思著作中译文（包括《资本论》译文）使用"所有制"一词并不是在所有场合都是准确的，在有些场合应译为"财产"。对这个问题不拟在此展开。但需要指出的是马克思在分析历史上的财产占有关系时，不是首先给出一个抽象的定义，而是从分析各种主体的具体财产关系和财产形式出发，并且根据主体财产权的具体状况，分别使用所有、占有、所有权、名义上的所有权、财产支配权、小财产、大财产、公社财产、国有财产、土地财产等概念。马克思实际上是从主体的性质、占有权能的性质、占有对象的性质来对历史上的多种多样的主体财产权进行分析和阐述。

马克思对历史上财产权具体形式的卓越的分析，集中体现在《政治经济学批判（1857—1858年草稿）》"资本主义生产以前的各种形式"中[1]。在这一草稿中马克思将其分析对象确定于历史上的早期的，即原始的、古代的和中古的土地财产上[2]，他指出土地财产有三种形式：第一种是亚细亚形式，第二种是希腊罗马的土地财产，第三种是日耳曼的土地财产。马克思认为土地财产的具体结构与形式适应各种主体自身的制度和客观自然的条件而有不同和会"在地域上，历史上等发生一些重要变化——是原始部落更为动荡的历史生活，各种遭遇以及变化的产物"[3]。因而，马克思并不是分析共同体财产一般，而是

---

[1]　《马克思恩格斯全集》第46卷上，人民出版社，1979年，第470～487页。

[2]　《马克思恩格斯全集》第46卷上"资本主义生产以前的各种形式"译文中是土地所有制，但应该是土地财产。

[3]　《马克思恩格斯全集》第46卷上，人民出版社，1979年，第474页。

分析亚细亚的共同体财产制度（结构）；不是分析古代即奴隶社会财产一般，而是分析古希腊、罗马的财产制度①；不是分析中古封建土地财产一般，而是分析日耳曼的土地财产制度。可见，对由于历史的、经济的、自然地理的等条件下产生的主体财产权形式，即财产权的具体结构和特点的分析，是马克思的产权分析的出发点。

（二）从所有权、实际占有权等权利的不同组合的角度来进行财产权的分析

马克思对亚细亚的土地财产的分析是十分精湛的，他从所有权与实际占有权、经济上的财产所有权与法律上的财产占有权、实际占有权和终极占有权等权利的区别与联系上来进行东方专制政府支配的土地财产权的分析。

首先，马克思把占有权和所有权相区别。他指出，某些情况下实际占有者或长期世袭占有者、私人占有者，并不是所有者。"在亚细亚的（至少是占优势的）形式中，不存在个人所有，只有个人占有；公社是真正的实际所有者。"②

其次，马克思把基本生产单位的实际占有权和更高的所有权相区别。他指出由于东方专制的国家的存在和对基层的共同体或公社的统治，这种亚细亚土地公社中，"凌驾于所有这一切小的共同体之上的总合的统一体表现为更高的所有者或唯一的所有者，实际的公社却只不过表现为世袭的占有者。因为这种统一体是实际的所有者，并且是

---

① 《马克思恩格斯全集》第46卷上，人民出版社，1979年，第474页。该书根据德文版与俄文第二版译出，编者加上有关［（c）古代的所有制形式］的标题是不正确的。因为手稿主要是分析希腊罗马的城市为基础的土地财产。

② 《马克思恩格斯全集》第46卷上，人民出版社，1979年，第481页。

公共财产的真正前提"①。

马克思指出公社财产最终归属于公社之上的专制国家，他说："公社的一部分剩余劳动属于最终作为个人而存在的更高的共同体，而这种剩余劳动既表现在贡赋等形式上……"②可见，这里马克思实际上指出了更高的、唯一的，即终极所有权的概念，并把它和实际占有权相区分。

马克思把实际经济的所有权与取得法律形式的所有权区分开来，他指出：古亚细亚公社是拥有实际的世袭的占有权，"人类素朴天真地把土地看作共同体的财产"③，"这种部落的或公社的财产事实上是作为基础而存在的"④。但是"从法律上看似乎并不存在财产"⑤。

马克思还将亚细亚部落公社拥有的不具有法定所有权而只是实行长期、世袭的实际占有权的土地称为"间接的财产"。

马克思还对第二种土地财产，即希腊、罗马古代城邦制下的土地财产和日耳曼人的土地财产进行了分析。他指出古罗马城邦国家的公社已经是由"自由和平等的私有者"组成，这些取得公社成员身份的农民是"小块土地的所有者"。马克思引证尼布尔《罗马史》，指出罗马公民拥有立法赋予的"土地所有权"或"世袭的土地占有权"。另一方面，马克思又论述了古代罗马社会与私人土地财产相分离但又并存的是公社土地财产，"一部分土地留给公社本身支配，而不是由公社成员支配，这就是各种不同形式的公有地；另一部分则被分割，

---

① 《马克思恩格斯全集》第46卷上，人民出版社，1979年，第473页。

② 《马克思恩格斯全集》第46卷上，人民出版社，1979年，第473页。

③ 《马克思恩格斯全集》第46卷上，人民出版社，1979年，第472页。

④ 《马克思恩格斯全集》第46卷上，人民出版社，1979年，第473页。

⑤ 《马克思恩格斯全集》第46卷上，人民出版社，1979年，第473页。

而每一小块土地由于是一个罗马人的私有财产，是他的领地，是实验场中属于他的一份"①。

马克思分析了中古的日耳曼人的土地财产，在那里一方面存在日耳曼人私有的土地财产；另一方面存在作为公社成员个人财产（土地）的"补充"和"附属物"的公有地，或公社土地，如猎场、牧场、采樵地等，公社成员拥有这些土地财产的平等的支配权。马克思指出，公有地即"实际上是个人所有者的公共财产"②。

从以上的引述中，我们可以看见马克思通过揭示土地的产权主体的性质和特点、支配权的具体内涵和特点来区分了三种土地财产形式，他实际上是使用了土地财产权结构的分析方法。

（三）劳动方式和经济组织形式决定财产权结构的分析方法

马克思把主体财产权作为劳动方式的必然形式和产物，也就是说有什么样的劳动、生产组织，就会有与之相适应的财产权形式。马克思对亚细亚的土地财产形式是立足于他对亚细亚生产（劳动）方式的阐述之上，这就是原始的部落共同体，实行从"一个个小公社范围内手工业与农业相结合"的劳动方式，采取共同劳动和利用公共灌溉的农耕方式。马克思指出了在东方国家水利灌溉农业在维持部落公社的生产和再生产中起过特殊的作用，这种水利灌溉和交通往往是专制国家的一项职能，"表现为更高的统一体，即高居于各个小公社之上的专制政府的事业"③。正是这样的生产（劳动）方式和经济组织形式决定了亚细亚土地财产权结构的产生，后者的特征是：处于基层的小公

① 《马克思恩格斯全集》第46卷上，人民出版社，1979年，第478页。
② 《马克思恩格斯全集》第46卷上，人民出版社，1979年，第482页。
③ 《马克思恩格斯全集》第46卷上，人民出版社，1979年，第474页。

社的土地所有权和公社成员的实际占有权以及凌驾于公社之上的国王的法律上的所有权的财产结构。

马克思基于希腊罗马的以城市为中心的经济结构和城市公社独立的家庭小农业、家庭副业以及独立的手工业的生产（劳动）方式，阐述了自由农民私有制和公社公有土地并存的财产结构。马克思基于中世纪日耳曼人以乡村为中心的农业经济结构和独立小农家庭经济的劳动方式，论述了日耳曼人那种较为独立的农民家庭私有土地产权形式以及同时存在的、作为这种农民私有土地产权的补充公有土地产权。马克思使用的劳动方式和经济组织形式决定财产结构的分析方法，把握住了财产权形式产生的经济依据和历史地变化的动因。

综上所述，马克思不仅开创了对财产关系和财产权的制度性质的研究，而且开创了对财产关系和财产权的具体结构的研究，马克思形成了有关财产权的系统的理论和科学的方法，他的有关产权的博大深刻的思想还有待于我们去进行发掘。当然，由于当时的历史条件和19世纪西欧的具体形势，马克思主义经济学的主要任务是进行财产权的制度分析，特别是阐明财产权基本制度演变的规律，因此，马克思未对历史上的财产权，特别是对市场经济中多种多样的财产权形态进行充分展开的阐述，就不用奇怪了。但是他创立的有关财产权的马克思主义理论和方法仍然是我们在今天从事产权研究的科学指针。

第三章

产权制度及其功能

产权是一种社会生产关系和社会权利，一般地说，它是通过法律、法规等而得到国家机器维护的、"硬化"的、排他的占有关系与权利。财产权包括最高占有权，即财产所有权，也包括不属于最高占有范畴的实际支配使用权。大体说来，分属于不同性质主体的以上两种占有关系与权利关系组成社会的产权制度，形成社会的经济基础和经济运行的基础，规范着主体的占有行为，维护某种生产和经营方式，形成某种经济生活与社会生活的秩序。产权制度对于分工高度发展和社会生活高度复杂化的现代市场经济，更有着特别重要的意义，它是现代市场经济和社会得以顺利运行的重要经济、法权基石。本章分别从所有权和实际支配权这两个方面来分析产权制度的功能。

一、所有权制度及其功能

财产所有权制度是社会的经济基础。任何社会，都有其适应于生产力的水平和性质的所有制，即财产基本制度，它构成社会的经济制度。

基于历史唯物主义理论，社会的经济制度是社会的政治制度以及文化制度的基础，而保持经济制度，即经济基础对生产力的适应性，则是经济发展和社会全面进步的前提条件。财产基本制度包括生产财货和消费财货的所有权制度。所有权制度的功能是：通过完备的法律、法规，明确各种生产资料和生产品的归属（实行最高和终极权利主体的定位）规范人们，即各阶级、各阶层和个人的经济行为，维护财产所有者的利益，排除非所有权人对所有者的财产的侵犯，处理各种财产权益矛盾与冲突，由此确立起人们在生产、交换、分配、消费等经济生活和其他社会交往中的行为秩序。可见，构建和维护基本所有权制度，起着保持社会经济基础的稳定性功能，它是社会经济顺利运行的前提条件。

所有制由适合生产力，逐步演变转化为不适合生产力，成为生产力发展的桎梏，最后为新的所有制取代，是社会经济发展的客观规律。这一规律表现为社会财产基本制度的更替，具体地说：由原始公有财产权制度，经过奴隶主私有财产权制度，封建主私有财产权制度，资本主义私有财产权制度，向社会主义、共产主义公有财产权制度演进。上述制度变迁，体现了财产权形态适应生产力的性质和降低产权运行成本，提高经济效果的要求。

历史上的私有产权制度，尽管在一定发展阶段是生产力发展的必要形式，但存在着占有和财富分配的不公，这样的社会结构及其经济运行，需要付出较昂贵的制度性的产权运行费用。因此，对私有产权制度进行改造，使其能适合生产力发展的要求，便成为人类在长期的经济实践中一直进行的一项探索。

资本主义国家，适应市场经济和社会化大生产的需要，对传统的私有财产权结构进行了重组。如适应主体多元化的股份公司运作，实行了经营权从所有权中的分化，建立起法人财产权和经营者的实际支配权。在当代资本主义社会，上述私人财产权组织形式的调整又有着某些新的发展。例如，适应调节资本和劳动的深刻制度矛盾的需要，实行职工持股制和使劳动收入与盈余挂钩的"分享制"；适应知识经济的需要，实行科技人员持股以及知识产权制度；适应经济合作和公共产品发展的需要，一些领域合作制的出现，等等。上述的制度创新，一方面体现了资本主义私有财产权实现形式的变化，另一方面也有了某些新的公有财产形式的萌生，尽管这后者还是被束缚在资本主义制度的框架之内。

确立起由法律加以维护和界定清楚的社会主义财产权制度，是建设社会主义的重大要求。我国处在社会主义初级阶段，社会主义财产制度的建设，不能搞"纯而又纯"的公有制，需要建立起以公有制经济为主体的，包括非公有制、混合所有制在内的社会主义财产制度，上述性质的财产基本制度，是维护和保证社会主义市场经济有序地和生气勃勃地运行的经济、法权基础。

二、财产实际占有关系及其功能

（一）所有者和实际占有者权能的合理划分

产权制度的另一重要内容，是各种实际占有关系与权利。主体财产权既可以表现为集所有权与实际支配权于一身，也可以表现为拥有实际支配权而缺乏所有权，后者就是两权相分离的产权结构。两权分离的产权制度需要以明确详尽的法律和法规来确立各类非所有者的当事人对资产和对象的实际占有权，一方面维护不实行直接支配的所有主体的权利；另一方面维护实际占有者的权利，恰当处理所有者与实际占有者之间的矛盾，激励实际占有者，使他既能履行所有者的被委托人和代理人的责任，又能对生产和经营拥有自主权和从自身物质利益上关心，从而形成实际占有者的合理的行为。这种实际占有权的承认、确立和界定划分，是维护与巩固两权相分离的经济组织与经营方式、保证社会经济顺利运行的条件。

最古老的财产所有权是主体拥有最高占有权和同时又拥有实际占有权的两权相合一的结构。随着人类社会历史的发展，两权相合一的所有权逐步分化，出现了实际占有权即支配使用权与最高占有权相分离的产权制度。古代的和中古的财产形态下，实际占有权和最高占有权相分离就已经产生。封建土地所有权表现为国君拥有法律上的最高所有权，被分封对象的贵族、官僚则拥有土地的实际占有权，而农民往往还拥有部分的实际支配权。两权相分离，是现代财产所有权的特征。在发达的商品经济条件下，各种劳动力（蓝领工人的普通劳动力，知识阶层的多样的熟练劳动力）表现为商品，在出售后其实际支配权归雇主，而劳动者则拥有劳动力的所有权。市场经济中的精神生产领域，更存在极其复杂的所有权和实际支配权。当代市场经济的多样经济组织与经营形式，使财产实际占有权进一步发展、强化，形式也更加多样化。例如有限责任公司和股份有限公司，不仅出现了企业法人财产权与出资人所有权相分离，而且存在着企业法人财产权和经理人实际支配权的差别。现代市场经济使赊购、分期付款、期货、承包、租赁、托管等形式得到广泛发展，产生了多种多样的当事人的特殊占有方式与占有权。

一般地说，实际占有权总是从所有权中派生的和从属于所有权要求的，但分化出来和独立化的实际支配权，在其运行中又会和所有权发生矛盾。现代市场经济多样的实际占有关系及其带来的主体间的复杂的利益矛盾，要求人们对实际占有权利主体进行定位和对占有权限进行界定，以维护、约束和规范各种实际占有当事人的行为。这种占有权利主体的定位和占有权限的界定，是产权制度构建的重要内容。具体地说，它包括经营者、承包者、租赁人、借贷人、持有人以及其他各种各样的占有者对物（对象）的实际支配权、责、益的划分和界定。在现代市场经济中，占有主体的确定和占有权限的界定，是一个庞大的社会系统工程，它表现在商法及其他经济法的制定和不断完善、完备以及日益强化的经济行为法制化之中。正是有赖这一产权构建，使各种各样的实际占有主体的权、责、益规定得更明确，划分得更清晰。这样，各种主体就能在日常的经济活动中独立自主地支配自己所有的或他人所有的经济资源，使千差万别的独立进行的经济活动"不逾矩"和有序地进行。归根结底，实际占有产权的构建，从财产结构上恰当处理了所有者和实际支配者的关系，塑造出适应市场经济的多种多样的微观占有（经营）主体，规范了性质不同的多种多样的当事人的经济行为，从而保障了所有权与占有权（经营权）高度分离的现代市场经济有序地运行。

（二）激励、约束和规范主体经济行为的功能

财产权，以其支配权、收益权、处置权的权利束，为主体提供资产使用的权利保证。利益激励和损益约束，是一个权、责、益有机结合相辅相成的经济装置和机制，这种财产权机制起着有效的规范主体经济行为的作用。

对财产所有者来说，在所有产权明晰的条件下，所有权固有的强的和直接的权、责、益关系，有效地激励和约束着所有者的行为。人们看到，完善的产权制度下，通过立法和司法机制，保障所有主体能够：（1）对资产实行独立支配；（2）对资产在生产中使用获得的净收益实行独占；（3）对资产实行独立处置，如出售、赠予和作为遗产交给继

承人。所有主体由此焕发出高度的积极性，并且在损益风险机制下实行自我约束。

对非所有的实际支配行为如何实行行为激活和自我约束是在社会经济发展中提出来的问题，恰当处理这一问题对于当代市场经济的发展和社会进步的意义更加重要。人们寻找到的激活和约束实际支配者的方法是：进行产权构建，即赋予实际支配者以一定的财产权，使他成为财产支配主体：被委托人、代理人或经营者。尽管财产支配主体不具有终极所有权，但他毕竟拥有一定时期内和一定范围内的资产支配使用权；尽管剩余产品索取权属于所有者，但是实际支配者总是拥有一定的利益分享关系。人类的实践表明，通过权利束的重构，使上述实际支配者拥有进行自主生产的权利保障、利益激励，而支配资产所承担的责任（收益的上交，损失的赔偿等）和在经营失误时可能对自己造成的种种损失危害，又形成主体行为的自我约束，强使他从事一种合理的生产和经营。可见，构建起非所有者享有实际支配产权的制度安排，是对非所有主体进行激活和实行自我约束之途。

发挥产权的行为激励、约束规范作用，在社会主义市场经济新秩序的建立中起着十分重要的作用。市场经济中的公有制企业，实行两权分离，其终极所有权属于国家，但企业是自主决策，独立经营，拥有法人产权的市场主体。因此，社会主义公有产权制度的构建：一方面要维护社会公有产权（包括国家所有权）；另一方面又要明晰和维护企业的法人财产权，要通过立法，确保企业对经营财产的占有、使用、收益和处置等权利，大力激活企业，同时又使其自我约束。

总之，构建起与主体相适应的财产权制度，充分发挥财产权、益的激励和实行产责和损益的约束，才能形成主体生气勃勃而又有序的经济行为。

第四章

产权的合理安排

　　财产权具有可调节性。现代市场经济体制下存在多种分工不同的组织，因此，需要按照组织的性质及其活动与产品的性质，进行产权制度的合理安排，使财产权结构能更加适应现实的社会经济条件，从而实现要素的高效配置和产品分配的公正。本章主要研究现代社会对财产权及其结构有意识的安排、调整和理性选择。

一、产权安排的意义

　　财产权结构是历史地自然形成的。生产力水平的提高、劳动方式和经济组织形式的变化，会引起财产权结构的变化。但是财产权有可调节性，借助社会权力（国家立法）或者借助主体间的相互协议的契约形式，人们可以对产权结构和权能界限进行调整，使其适应生产与交换方式的需要。在现代市场经济中，新的经济组织和经营方式的出现需要有主体产权的调整，特别是后工业社会中十分突出的资源、环境、人口问题，使生活中制度性的或是市场运行性的主体产权的矛盾益发增多，从而对产权的社会调节更为迫切。人们不能只是承袭和遵守现成的产权制度，而应该根据新的情况和经济发展的新需要，恰当地调整主体的权、责、益结构。在社会主义市场经济体制下，更应该充分重视对产权合理的安排，它是实现要素的高效使用和财产权益的公正合理分配的前提条件①。

二、社会宏观的产权安排

（一）产权安排与经济组织性质

任何一个社会，都需要有经营性、事业性以及行政（国家）管理性的组织，各种职能分工发达的现代社会，上述组织更是众多，这些组织均要支配和使用一定的资产。在主体行为和财产权能密切相关的现代社会，需要对各种不同的组织实行合理安排和明晰财产权，这就是：赋予它对某些财产客体的、适当的、合理的和清楚无误的占有权利、利益、责任。

在市场经济中涉及财产支配的社会组织有经济的和非经济的。经济组织有：（1）纯粹以营利为目标的生产性组织，它是独立运作的市场主体和法人实体，是以营利最大化为目标。这种主体的性质，要求对经营财产拥有明晰的和完整的主体财产权，后者在公司制下表现为法人财产权。（2）不以营利为目的的组织，如合作社，后者是参与市场营运的市场主体，但它是以对社员提供服务为目的，而不是为了追求营利最大化。合作社实行一人一票的表决权且可以退股，成员拥有

---

① 阿尔钦："一般财产关系制度变迁会影响人们的行为方式，并由此影响资源配置，产出构成和收入分配。"

个人要素投入形成的整体财产的支配权。（3）兼有社会目标和经济目标的组织。一些组织的活动目标是为社会提供服务，例如，提供公共产品的企业——城市公共交通、供水、供气、电信、邮政等机构，在市场经济中它们一方面是企业，要参与市场营运和实行以收抵支；另一方面是以提供社会效益为目标的服务机构。上述主体的性质、目的的特点，体现在决策权受到约束中。例如，产品要实行由政府规定的价格。这是一种受限制的主体产权，在由政府兴办和实行国家所有时，它们是作为参与市场竞争的企业化经营主体，要求拥有明晰的和充分的法人财产权。而在国有制框架内明晰主体主权，就成为搞好这种经济组织的必要条件。

（二）产权安排与非经济组织

发达的社会存在大量从属于多种社会目标的非经营性机构：公共医卫、科学研究所、国民教育、文化馆、图书馆、体育场、公园及国家行政管理、司法、国防等。上述机构是非经营性组织，是事业单位或行政单位。它们也涉及财产支配，拥有一定的财产支配权，并且表现为事业法人，承担财产责任。事业单位拥有的是一种维持社会事业活动的财产支配权，而不是以增值为目的，以经营为手段的经营财产权。例如，从事义务教育的学校支配的发展国民教育的财产，是非营利性的财产，而且，其主要部分是公办学校中的政府财产。事业单位财产权的特征，并不意味着明晰产权对它们不再必要。恰恰相反，明晰和合理的主体财产权安排，对于有效地使用这一领域的社会资源和提高各种事业、行政单位的办事与服务效果，具有十分重要的作用。

三、产品性质与微观单位的产权安排

在市场经济中，产品的性质同某种生产、经营组织形式、某种产权结构密切相关，因此，在探索产权的社会安排时，从产品性质的角度来分析从事这种产品的生产与交换的微观单位的主体产权结构十分必要。

（一）个人产品与公共产品

个人产品是指它在由某一个人、单位使用和消费时，其他人和单位就不能同时加以使用和消费。一个梨归甲吃，乙就不能吃；一间居室由甲使用，乙就不能使用等。多数产品按其自然属性，具有使用的排他性，这种使用的排他性，使它可以采用商品生产方式提供。个人产品在商品形式下进入市场交换，要求生产和交换当事人拥有市场主体的完整的产权，后者是所有权，或者是使用权。需要指出，我们认为个人产品的产权安排方式不应照搬西方，西方经济学认为，具有排他性的产品都应实行私有产权制度。我们则认为，个人产品应实行竞争性的市场主体产权制度，但可以采取包括公有、非公有、混合所有等多种所有制形式组织生产与经营。

公共产品，指这种产品的效用具有"外溢性"，可以为多数人来共同使用，它不是"个人独用"的，即排他性的使用和消费，而是可以由多数人"共用的"。这种产品由甲付费消费时，乙可以不付费消费，即"搭便车"[①]。人们通常举出灯塔为例证，在甲轮为灯塔照

[①] 公共产品"它一旦被生产出来，生产者就无法决定谁来得到它"。（D.弗里德曼：《价格理论》，西南出版公司，1986年。）

明付费时，远处的乙轮却不付费地"溜走"。公共产品使用价值的共享性，造成收费困难，或者收费的成本高昂得难以承受。例如采用现代化的监控设施及监督人员，会极大提高成本。因此，这一领域私有主不愿从事生产与经营，即使是自负盈亏的公有企业也不愿承担。公共产品的生产和交换的特点，使它难以作为竞争性的商品来生产和经营，从而需要发挥政府职能。政府或者采用非营利方式来组织生产和经营。天气预报、环境保护、河流整治、城市绿化、街心花园、路灯照明以及国防、宇航事业等，也都属于公共产品。经济越加发展，对生活质量要求越来越高，对公共产品的需求就越来越大。纯粹公共产品，在使用上实行不付费或低收费，但这并不意味着这种生产与服务，全部都要采取公有公营的形式，而是可以采用公有公营、公有民营等形式，从而使公有产权表现出多层次和多样性的特征。

（二）自然垄断性产品

市场经济中的主体产权结构，也会因产品是垄断性的或竞争性的，而具有不同的特点。市场经济中绝大多数产品属于竞争性的产品。人们需要的生活日用品，生产需要的一般物质产品、技术、资金属于竞争性产品，它可以由多数主体从事生产、经营，并通过充分竞争的市场来提供。由于在这里生产者是市场竞争主体和产权主体，主体产权越是完整，竞争就越是充分，价格也越是均衡于市场价值，单位生产成本也越低。

一些产品具有自然垄断性。例如：

第一，拥有独特的自然资源，从而使产品具有独特的品质，在市场交易中会表现为垄断价格——寡头垄断价格或多头垄断价格，由此使从事这种资源经营的企业享有高额垄断利润。如拥有独特优质水源的饮料厂、酒厂，拥有独特动植物资源的食品等。基于实行公平竞争以及维护社会公正的要求，政府要实行价格限制或是课征垄断高额利得税，这意味着要实行一种对企业有限制的所有主体财产权。

第二，一些产品如公路、铁路、电信以及城市供水、供电、供气等，由于自由竞争会引起产业重置（duplication）和重复生产，导致破坏性竞争和资源的浪费，因而，应该由政府实行将许可证（franchise）、执照（1icense）、专营权赋予特定的企业，并对其实行营运——包括产品质量、产量和价格上的管制。这也表明，要在自然垄断产品领域，实行和建立一种有限制的主体产权结构。

（三）精神产品和信息产品

精神产品和信息产品本身的性质，使主体产权具有某些新的特征。精神产品是多种多样的，按其功能有的是生产资料，有的是消费享乐资料，有的是用来开发智力和塑造思想品德的精神资料。

精神产品按其自然物质性质可分为有形产品与无形产品，绘画、书法、雕塑，可归入前一类。在市场经济中，众多精神产品和物质产品一样，表现为商品，并通过市场来交换，这是实现精神产品有效率生产和充分供给的经济条件。精神产品的商品生产与市场交换是建立在知识产权法赋予的主体产权机制上。

无形的精神产品，指科学思想、理论原理、技术发明、信息等，这种产品中不少具有共享性。科学理论及技术发明，以其观念形态，通过观念传递，如讲授、学习及思想传播而归公众使用，设计图纸的始发的购买者可以通过"传抄"和"搭便车"，而使图纸为多数人占有和享用，信息产品始发的购买者可以通过电子邮件而传递给其他的消费者，后者以搭便车方式享用产品。对无形的精神产品来说，人们可以通过保密来防止外溢效果。例如科技新方法、诀窍的拥有者可以对一些成果"秘而不宣",中国古代医家秘方传子不传女。不同于灯塔,多数无形精神产品的外溢性还是可以控制的,这也是构建知识产权的根据。

基于无形的精神产品的效果外溢性,特别是现代的复印、传媒和信息网络技术,强化了无形的精神产品有用效果的外溢性,因而,为了保护生产者的权益,调动精神生产的积极性,需要建立起更加完备的专利、版权等知识产权制度。合理的产权安排既要有利于鼓励精神产品创造者的积极性,又要有利于精神产品的社会功能的最有效的发挥。基于精神产品是人类共同财富的性质,也基于精神"专利品"仿制容易,难以长期保护,因而,对知识产权的保护时间要合理。一般地说,精神产品要实行有限的个人产权,即有时间限制的,而不是归产品创造者世世代代所有的永续的财产权。对于那些有关基础性的科学知识和通用技术,应由政府来组织研发,实行成果免费供应,以充分发挥科学技术性产品的"一般生产力"的作用。可见,在精神产品领域,搞好产权结构的合理安排,是促进精神生产和各种精神产品充分供给和发挥其特殊功能的必要条件。

(四)公益产品

公益产品(或服务),指免费或低费形式下提供的教育、医卫、文化等服务,这是一种特殊的公共产品,它是现代社会居民普遍享有的福利,因而也可以称为公益、福利产品。市场经济中并不是全部的教育、医卫、保健、体育、文化服务都是公益、福利产品。市场经济中上述服务品中的一部分和物质生产一样,从属市场法则。例如,营利性的医院、学校、体育、文化组织,它们按照企业方式组织起来,进行营利性的生产和市场交换，这样的单位拥有市场微观主体的财产权和具有法人身份。

现代社会福利事业的发展，相当一部分的教育、医卫、体育、文化的服务，是以公益产品的形式来组织生产和分配的。公益、福利产品的性质要求：医卫活动实行救死扶伤，因而不能唯利是图；教育活动以造就人才为宗旨，因而不能为敛财而降低质量；艺术家的表演要给人们提供健康的精神享受，而不能以靡靡之音博取暴利。因而，各种公益服务的生产与分配尽管也要采取商品交换形式，但它实质是政府或福利社团组织的非市场性的产品分配。

健康的、高品位的公益产品的大量生产和普遍提供是文明社会的特征。这种产品和服务是用来提高劳动力的素质、提高国民的道德水平、满足居民的多方面的物质与文化需要。国民教育，特别是义务教育，作为公益产品提供，为开发国民智力所必需；医卫产品作为福利产品免费或低费提供，为提高国民的保健水平所必需；博物馆、科技馆、文化馆、艺术宫的兴建和科技、文化产品的免费或低费提供，既可开发群众智力，又能增强人民的思想、道德素质，提高社会精神文明。可见，使更多的基本服务产品作为公益产品或福利产品来组织生产和进行交换，是现代社会的发展趋势，对于社会主义社会来说，公益产品的最有效的组织、范围的扩大、质量的提高和最广泛的提供，更是关系到社会主义制度优越性的发挥。

公益产品要实行共享性，后者决定它要实行免费或低费的交换与占有形式，如实行公费医疗和义务教育、义演、免费的博物馆、公园制度。由于公益产品的有效供应的市场失灵，因此要实行一种扬弃价值规律作用的产品生产与分配方式，它要求：（1）实行公共产权形式（public ownership），如实行政府所有和公营及社团所有等形式；

（2）实行有限制的私人产权形式，即私人经营，政府财政资助。如医疗保障实行政府资助私人医院提供公共医卫服务。在这里，产权安排的着眼点在于：既能实行产品的免费或低费服务，又能使医卫单位拥有主体产权的激励与约束作用，加强服务责任心，提高福利产品生产与经营的效率。

（五）自然资源

自然资源，如土地、森林、矿山、河流等，是重要的生产要素。任何国家存在着历史地形成的自然资源财产权，如资本主义国家，通行着长期形成的土地私有产权制度。我们在这里，要考察的不是历史业已形成的产权，而是新开发经济中自然资源的产权安排问题。新开发经济的自然资源是指新发现的处女地，新勘探发现的无主的矿藏、森林及其中蕴涵的动植物、无主的滩涂，等等。新开发的自然资源，不仅包括上述土地、矿藏等原生的自然资源，还包括现代的科学技术创造出的新的技术性自然资源。例如，音频是一种自然存在，经现代科技的开发，被利用于商业广播和收音，成为人们进行生产与经营的自然生产要素；在现代信息技术创造出计算机网络后，网络上的区位也是一种人们可加以生产地使用的新开发的自然资源。我们要探讨的是，在市场经济中，人们对于上述领域中的自然资源应该作出什么样的产权安排。

新开发的自然资源的产权制度的构建，要依据资源的稀缺性和状况来进行。对于非稀缺性的对象，应实行公有产权制度。非稀缺的自然对象，可以归使用者自由占有。如空气、阳光、水，在它们能保持不竭供应的情况下，是市场生产主体和消费主体不付费，即自由使用之物，无须确立排他性的主体产权结构，更无须建立私有产权。在人烟稀少的林区，通行林木自由采伐权，即居民共同占有权；在牧民少的大草场，通行自由放牧，即草场牧民共同占有权。人们还可以看见，边远地区一些难以摘取和运走果品的果园，通行着果品的不付费、自由食用，即实际上的消费者共有产权。总之，对非稀缺性资源实行付费的主体产权制，只会增加成本和削弱经济活动的效率。

在使用自然资源的大多数场合，都应该确立一种主体产权制度，无论它是公有主体还是私有主体。无产权主体的资源自由占有制度，存在着内在的矛盾，这就是：

1. 资源浪费

公有资源由于人人有权行使支配，会引起对资源浪费甚至是破坏性的使用。使用者不为资源的利用承担责任，竭泽而渔、掠夺地力等不合理的行为的发生就是不可避免的。人们可以看见，那些公共草地，难以做到保护牧草，往往出现占有者的牲畜大量吃掉未长成的牧草的"吃青"现象。在使用公有矿产资源的场合，人们可以看见对资源的滥采滥伐，并带来资源耗竭。公共林场则会出现过度砍伐，缺乏管理的公共场所随地吐痰、扔垃圾、攀折花木，更是司空见惯的事，特别是缺乏主体产权机制下的公有自然资源的不合理的使用。

2. 资源使用效率低

自然资源存在质的差别，一些要素质优，一些要素质劣，从而会出现自然资源自由占有中的机遇不均等和低效率。例如，在公有广播频道自由占用场合，往往出现业务开展少、利用效率低的先来使用者占有好的频道，而广播业务多、利用效率高的后来者却占有差的频道。在那些自由占用河水进行养殖和捕鱼的场合，也会出现资金少、技术差的渔户率先占有好的渔场，而资金大，技术强的渔户却因进入滞后而只能使用差的渔场，从而妨碍资源的高效使用。可见，对于自然资源，要基于其性质，特别是稀缺性，建立起相适应的主体产权制度。

选择之一是建立私有产权制度，以私有产权机制来激励和约束资源使用。资本主义国家在西方经济学的私有产权至上的传统理论影响下，往往采用这种"私有化"方法，如实行河流区位、海滩区位私有制。但私有产权制度提高了经营效率却带来分配不公的恶果，特别是土地、矿山等人类共同的生存与发展资料的私有化，造成最重要的生产资料归少数人垄断，由此加剧了分配不公。

选择之二是建立有主体的公有产权制度，赋予公有主体（政府、企业及其他社会组织）以明晰的财产权，后者包括实行资源使用的付费制和财产损失赔偿制，用产权机制来约束资源使用者的行为。即使在资本主义国家，政府也在那些关系国计民生和作为企业共同的生产条件的自然资源领域，建立有主体的公有产权制度。例如，美国的许多州在水资源占有与使用上，改变了原先的私人所有制，而实行公有主体产权制，即由某种公共机构来负责水利的开发、经营和水资源的分配，并通过用水付费等制度来约束河水、地下水使用者的行为。实践证明，公有主体产权制度的约束，对于抑制市场经济的"外部化"，即私人生产成本的转嫁给他人和社会，促使稀缺资源使用的节约以及制止环境污染，保护生态平衡，均是十分有效的，而且是少费的。在社会主义市场体制下，人们更应该借助公有主体产权的完善，来实现自然资源使用的节约和使用效率的提高。

综上所述，根据各种产品的性质、社会功能的不同，而选择与确立一种恰当的产权制度，是最有效率、最节约地组织各种产品生产与供应的必要条件。而这种高效、节约的财货生产与供应的组织，既意味着多种多样的社会需要获得有效而充分的满足，也意味着各种经济资源获得合理的使用和在社会范围内的优化配置。

第五章

主体产权和经济组织与运行成本的节约

　　市场经济有如一部机器，产权有如机器的杠杆和纽带，起着润滑机器运行的作用。恰当的主体产权结构能减少产权运行中的摩擦，即节约经济运行成本。具体地说，主体产权结构，通过交换和生产中当事人的权益、责任机制，能减少交往与活动中的摩擦，实现交易成本的节约、生产成本的节约、要素组合成本的节约，从而使经济运行效率提高。

一、主体产权与交易成本节约

（一）交易费用概念的内涵

　　主体产权是形成发达的交换，特别是商品交换的前提，对此这里不再进行论述，我们要讨论的是主体产权拥有节约交易成本的功能。

　　首先需要指出，这里使用的交易成本概念，是广义的交易，指经济生活中实现产品、活动交换而发生的费用。人的生产是社会的生产，互相依存的人，相互之间总是会存在着活动交换关系：（1）一般交换，如历史上的物物交换，计划体制下的产品调拨，或者是一般的商品交换；（2）财产权的交换，包括普通商品交换中的财产权交换、专利权以及其他产权的转让[①]；（3）劳动力的交换，包括企业主雇用劳动力，所有者聘用代理人（企业经理）等。交换包含着当事人的买卖行为和中介人的行为，需要有一定的成本，它包括成交成本，即撮合购销当事人和实现交换的费用，如交易谈判与缔约成本；此外，还需要支出中介服务成本；在现实经济生活中，往往有契约不能执行，甚至片面毁约行为，由此引起的司法诉讼及其成本，后者属于交易摩擦的成本。除了成交成本外，交易费用还包括广告和获取信息的成本。无论是成交成本，还是交易摩擦成本，都是一种非生产性的费用。对于交换高度发达的现代市场经济来说，节约交易成本，是提高经济运行效率的重要条件。

（二）产权明晰与交易费用的节约

我们要进一步分析成交成本B，这是指进行交易谈判形成合约的成本，包括公关成本等，可以称为缔约成本，即交易成本B^1。一方不能履行合约使对方发生经济损失而实行赔偿的成本也可归入B，我们称之为B^2。

缔约成本是交易成本的重要因素。交易是一种市场主体之间的行为，每一件交易都是一组当事人之间达成的协议，要经过讨价还价和需要付出成本来撮合交易，形成合约，与此有关的各种成本，即B^1的支出是客观必要的。交易成本B^2是B^1的延伸，交易合约的履行不是百分之

---

① 康芒斯将所有权转让视为交易，他说：商人在交换商品时，"同时做了两种完全不同的活动……实际交货和实际收货的劳动活动以及让与和取得所有权的法律活动"，"一种是交换，另一种是交易（transaction）"。见康芒斯：《制度经济学》上册，商务印书馆，第76页。

百实现的，在双方均是诚实的交换者和达成的合约规定的条件是合理和能履行的场合，违约现象较少发生。但是实际上合约签订与执行过程中往往出现违约行为，由此导致退货，引起民事法律纠纷和支付诉讼费用和进行赔偿，这种诉讼和赔偿是履行交易合约中的追加成本B^2，也是客观必要的。可见，缔约和履行合约，即实现交易，需要有B^1+B^2的支出。

在当事人产权明晰的市场经济中，商品购销是围绕市场价值来进行的。假设人们面对充分的市场竞争，购销双方拥有透明的市场信息，因而不论当事人是多么精明，多么善于讨价还价，但是价值规律的作用毕竟比当事人个人的能力要强大得多，交易谈判的最终结果也只能是按市场中准价格成交，在这种情况下，当事人为了在价格上占对方的便宜而进行花钱"攻关"往往是得不偿失之举。

主体产权明晰，市场竞争机制作用充分，价值规律得以充分发生作用，交换者在竞争中就会趋向自觉遵循等价交换原则，进行一种规范化的交换。例如，商品零售采取明码实价，而不再漫天叫价和任意地还以低价。加之以公平竞争交易行为秩序的确立，使当事人之间的一对一的谈判减少到最低限度，交换合约就趋于"标准化"，简化为按质论价和按市场价格购销，有如期货市场的"标准合约"一样。这种规范化的交换，首先，意味着缔约成本的节约，即低的B^1支出。其次，由于规范化的交换，使交易中的欺骗、退货等纠纷减少，这样也意味着诉讼和赔偿等成本的节约，即低的B^2支出。以上两个方面，表明在明晰的产权下，当事人购销行为的规范化，带来缔约和履约费用的节约，可以说，B^1和B^2的节约程度取决于产权明晰的程度。

（三）经济转轨期交易费用的特征

缔约和履约的成本大，从而交易成本高是市场经济初始时期的特征。在那些尚处在向市场经济转轨期的国家，存在着以下状况：市场发育不成熟，统一市场未形成，政府对市场的干预大，市场机制不充分，交易主体行为秩序尚未建立。上述条件下，由于社会"中准价值"的机制还未能有效地贯彻于每一个主体的交换行为之中，也由于企业的软预算约束和产权的不明晰，市场交易在很大程度上成为当事人的"一对一"谈判和角力，这样就会出现上述当事人之间为争取更好交易条件，为获取超额利润的艰苦谈判和交易竞技。这种情况下，人们借助谈判技巧和各种"人情手段"，采取支付回扣，甚至贿赂以及行政权力的介入，互相寻找对方的弱点，争取订立对自身有利的个别合约。这种谈判和缔约，意味着一种附加交易成本B^3的支出，它使交易成本更为高昂。另一方面，随机性的谈判和缔约，既有利益机遇，但也有很大风险，当事人缺乏责任和法制不健全，使契约缺乏约束力，使片面毁约成为屡见不鲜的事，从而会引起高额交易成本B^2的支出。

还需指出，主体产权的不明晰，往往引起广告宣传成本C超过合理界限，成为纯粹的"交易虚费"。由于市场发育的不成熟，信息的不透明，竞争的不充分，消费者往往"跟风走"；另一方面，主体产权不明晰，经营者责任不明确，造成一些不靠质量靠"广告"，甚至出现超出企业经济承担能力的广告大战[1]，这种过度的广告支出，成为交易成本的又一种额外附加，使交易成本表现为$B^1+B^2+B^3+C$。

从以上所述，人们可以看见，交易成本的节约需要有一种经济机制的约束。在市场经济中，它需要有市场机制对交易行为的外部约束

---

[1] 人们可以看见，转轨期的国有企业往往将不合理的、过高的广告费转嫁给财政负担。

以及财产权的权、责、益机制对主体交易行为的内部约束。

交易中高昂缔约和履约成本和其他摩擦成本，也是我国经济体制转换时期中十分明显的现象。人们可以看见：（1）由于传统的国有企业制度下产权的模糊；（2）市场发育不足，完备市场体系尚未形成；（3）价格市场形成的改革尚未完全到位；（4）政府对市场的干预，因而在许多要素交易领域按照市场价值交换的机制未能形成。在这种情况下，出现了市场梗阻，这就是：由于缺乏畅通的市场流通管道，造成一方面有产品供给但却不能顺利卖出，另一方面消费者有需求却又不能顺利买进。市场走不通逼使当事人在商品购销中，采取"一对一"的谈判方法，并要付出高昂的交易成本。在各种法规不完备，制度不健全，管理不严格的情况下，又会产生权力交易、人情交易，出现"公款吃喝"经济，增加经济外的附加交易成本，即交易成本D，从而增大了交易"虚费"。

可见，通过建立起恰当的产权制度，明晰主体产权，强化价值规律对交易行为的制约，实现交换规范化，是减少交易成本，实现费省效宏的社会交易的有效途径。

二、主体产权的完善与生产成本的节约

（一）市场主体产权结构与生产成本的节约

本书中业已指出，人的经济活动要从属于以最少投入实现最大产出的原则，即时间节约和效率提高的规律。提高效率和节约时间，最根本的是节约生产成本，后者表现为微观生产成本与宏观的、社会生产成本。成本的节约，首先要从微观的生产成本节约着手。

微观的生产成本是由企业生产中的要素投入决定的。现代生产要素包括物质生产要素（机器、设备、原材料）、资本、劳动、科技

知识（信息）、经营管理等。市场经济中企业要适应市场状况，按照收益最大、平均成本最低的原则来购买上列要素和使其组合于生产之中。在资本主义市场经济中，企业实行要素优化组合是通过发挥资本功能，也就是通过资产（财产）价值不断增值的机制，从而是以作为市场主体的企业的财产权的完善和明晰为前提。

在市场主体及与之相适应的财产权尚未建立起来以前，在主体还是一个自给自足的单位或是实行直接调拨的统负盈亏的国有企业的场合，生产是为了满足自身的需要或是实现计划规定的任务，而不是为了交换。由于缺乏降低生产成本的内在动因，也没有市场价格机制的外在压力，因而生产者并不关心成本的降低和效率的提高。

一旦企业成为拥有自身财产权的市场主体，企业的活动也就有了财产利益的驱动，企业之间的交换就成为真正的市场交换并从属于价值规律的作用。具体地说：（1）价值规律强使企业按照边际收益等于边际成本的原则来调整它的生产规模，从而使生产均衡于最小平均成本。（2）价值规律强使企业采用先进技术，优化资本结构，加强管理，并实行一种成本最低、效益最大的要素组合方式和生产方法。以上两个方面表明，市场主体财产权的利益驱动和市场交换法则的强使，促使主体形成精打细算不断降低生产成本的自觉行为。

价值规律还自发地调整着产品结构、产业结构、企业组织结构的变化，使其适应市场的变化，实现资源配置的优化，由此实现生产的宏观的、社会生产成本的节约。

可见，只有借助市场主体固有的财产权的构建，借助市场竞争机制的作用，才能实现微观生产成本的降低和宏观的、社会生产成本的降低。

（二）计划体制下生产组织与运行成本

传统的计划经济是企业缺乏主体产权而由政府实行产品直接调拨的产品经济，计划调拨排除了许多直接的交易成本，减少了广告成本和合约成本；排除了竞争、兼并、拍卖等产权重组成本，更消除了市场经济中企业破产、职工失业等引起的社会成本。如果人们能做到把这种计划机制，在加以改革的前提下，有分寸地、恰当地应用在特定的经济领域之中，未尝不会起着减少市场机制的交易和组织成本的作用。但是一旦作为一种全面的、无所不包的计划经济制度和经济机制来加以推行，它就会带来高昂的经济组织与运行成本。

第一，计划体制下生产物是作为产品来生产，这种产品是实行调拨而不是市场交换，这种产品的生产不受社会必要劳动时间的制约，不存在企业按照最低成本来组织生产的必要性。由于企业既缺乏竞争的压力，在软预算约束下又失去不断进行企业组织完善和技术进步的内在动力，其结果是效率上不去，微观生产成本高昂。

第二，市场交易成本较少，但生产中潜在成本增加。计划经济的物质计划调拨机制大大减少了直接的交易费用，减少了广告和合约费用，企业和供货者之间，不必用"一对一"的谈判以及请客吃饭等形式来签订合同，但行政性的调拨却往往造成企业之间供货不及时，引起工厂难以组织有序的生产；司空见惯的供货合同中有关品种规格不能严格执行，造成产品质量低劣；广告费用节省的另一方面是十分经常的、由信息不灵引起的大量库存和积压。计划经济缺乏市场价格导向作用，市场变化了，企业仍然按下达的计划生产，产品滞销和较高库存成为经常现象，后者体现了企业行为与市场相摩擦的成本。计划体制下，生产不受市场调节而决定于下达计划，它造成供给缺乏弹性，不能适应价格变动及时调节，因而造成物资短缺。短缺经济成为计划经济的一项潜在的但十分昂贵的成本，它造成因设备、能源交通等难以配套而出现的生产能力过剩。另一方面，由于价格—需求变动机制的缺乏，造成供求刚性，不能随着市场状况变化而及时得到调节。例如供给不足时，价格不能及时上浮，从而抑制商品的需求，刚性的需求拉动，进一步促进供给短缺和黑市涨价。隐性涨价成为计划经济运行中的又一种摩擦成本。

第三，市场价格机制缺乏，经济缺乏自我调整的功能，带来经济运行的障碍和附加成本。（1）计划经济能节约竞争经济中固有的企业兼并、重组费用，却带来企业结构不合理，产业结构失衡等，引起更大资源浪费和生产"虚费"。（2）计划经济中企业按计划"平稳"的经济运行，意味着经济活动从属于惰性力量，它没有内在的生产上、技术上、经营上的"破旧立新"，意味着陈旧的生产方式长期存在，产业结构趋同，企业组织结构"大而全""小而全"和大量闲置资产的长期沉淀及经济的低效运行。（3）计划经济实行"铁饭碗"，没有失业，职工生活稳定，但企业却人浮于事、机构臃肿，浪费严重。（4）计划经济借助行政指令的强制而不是经济利益的吸引，不能做到充分调动劳动者的积极性、主动性与首倡精神，这种非经济机制的要素结合方式使劳动缺乏生气，出现了各种形式的"怠工"现象。劳动者主人翁精神的衰减、积极性的降低所带来的损失，是计划机制组织生产付出的一项隐性成本。（5）计划经济实行高度集中的管理，设置了庞大的、分工细致的行政机构，使用众多的行政人员，"大政府"固有的官僚主义、文牍主义的行为造成生产、交换活动中的大量"摩擦"现象，并大大影响了企业生产效率。

总之，微观生产成本和宏观社会成本的高昂，是传统计划经济制度的特征，这也是计划经济的缺陷的一个重要方面，它使计划经济难以实现生产和运行的高效率。

可见，在主体产权明晰化基础上形成市场机制，不仅可以润滑交换、减少摩擦，降低交换成本，而且能实现一种低耗费而高产出、高效率的生产。

三、人力要素组合成本的节约

（一）劳动力的社会结合及其成本

人类的生产是社会的生产，除了文学家虚构出的鲁滨孙的单个人生产（在那里仍然存在鲁滨孙和礼拜五两个成员的结合体生产）以外，微观的生产单位总是要使用一组劳动力，后者可称为劳动力结合体。小生产方式，如家庭生产也包括若干主副劳动力，是一个小劳动力结合体，大生产方式如古代奴隶作坊生产和中古的庄园生产，现代的工厂生产则是以大量劳动力的聚集和协作为特征，是大劳动力结合体。

劳动力结合体能产生一个新生产力——协作劳动的生产力。但与此同时：（1）产生内在摩擦，因而存在着摩擦成本；（2）需要有组织及监督劳动。以上就是劳动力社会结合成本即人力要素组合成本。实现有高效的劳动力社会结合，必须做到摩擦成本和组织与监督成本的节约。资本主义条件下，企业结合劳动的组织和监督成本的节约，是一个难以解决的问题，人们可以看见，即使采用各种各样的科学管理，许多大企业的营运中仍然存在高摩擦成本和高监督成本。社会主义公有制条件下的企业劳动体也存在着要求减少摩擦成本和节约劳动组织与监督成本的问题。

（二）结合劳动的两种摩擦成本

1. 结合劳动的机制性摩擦成本

劳动力的社会结合，借助协作劳动的整体力，提高了效率，但结合劳动不是天然能保持协作性。由于协作体内有众多劳动者：（1）人们的体力、智力、熟练程度不一样。有的体力强，有的智力强，有的灵巧，有的迟钝，还有男、女劳动力差别，生产活动中这种来自个人劳动力差别的矛盾是客观存在着的。（2）人们的技术条件不一样。协作体内部成员使用的工具、机器设备并非简单划一的，同一工种中也会有性能不同的设备，不同工种之间的技术装备的差别就更大。因技术条件的差别以及使用技术的熟练、方法的差别而造成的人与人之间、组与组之间的生产中的矛盾就是经常存在的。（3）人们的思想素质不一样。有的人勤勉，有的人懒散，"出工不出力"。可见，社会结合劳动有其内在矛盾和摩擦，可称为劳动力组合的摩擦成本，它是一种劳动力组合的机制性的摩擦成本，人们可以依靠有效率的组织与管理，来降低这项成本。

2. 结合劳动的制度性摩擦成本

劳动力的社会结合总是立足于某种基本财产制度之上，后者在人类历史上表现为两个类别。一种是具有对抗性的私有财产制度——奴隶制、封建制、资本主义的私有产权制度；另一种是非对抗性的财产制度，它包括原始公有制、历史上各种形式的公有制、当代社会主义公有制等。两类不同性质的财产制度的劳动力社会结合具有不同的性质。古代和中古的私有财产制度下，直接生产者不是生产资料所有者，他们在政治的、经济的强制机制下被编组和从事劳动，他们由此丧失了劳动积极性，折磨致死的沉重劳动造成高死亡率，即人力资产的破坏。另外，强制劳动需要有很高的监督费用。可见，露骨的人身强制性的社会结合劳动，是以付出和承担高昂的制度性摩擦成本为特征。

制度性的人力要素组合成本，可以借助产权制度的安排来实现节约。古时期的佃耕制，在不改变封建土地所有制的前提下，赋予佃耕农民以对土地的实际支配权和一定收益权，由此使佃耕农民进行一种与自身利益相关的更有效率的家庭生产，并给地主交纳更多地租。佃耕制土地产权，意味着封建生产方式的制度性的人力要素组合费用的降低。

资本主义企业中的社会结合劳动，体现了劳动屈从于资本，因而，职工劳动积极性的调动，存在着财产基本制度上的障碍，由此决定了资本主义企业在生产中要承担着沉重的制度性人力要素组合成本。

当代资本主义国家不少企业中采用职工持股制、利益分享制，试图通过劳动产权的改革来激励职工的积极性，并降低人力要素的组合成本。但是在资本主义私有财产权框架下，劳动者主体产权发展的作用空间十分狭小，作为资本主义制度的基石的私有财产权只能激励资产者的积极性，两极分离的股份制企业的法人财产权也只是调动了经营者的积极性，但却未能有效激励广大雇佣职工的积极性和真正地激发出共同劳动固有的团队精神。

在社会主义市场体制下，公有制企业中人力要素组合的对抗性制度成本归于消失，但还存在着机制性的人力要素组合成本。降低机制性的劳动力组合成本，是组织好社会主义公有制经济和提高生产效率的必要条件。为此，就需要形成一种能整合（integration）和激励结合劳动的经济机制。在股份制企业中，搞好职工持股，发展劳动股份，完善劳动股权，寻找和构建一种能使广大职工个人利益与企业效益紧密联系，所有者、经营者和职工之间的利益关系获得合理调节，企业各类生产当事人的权、责、益十分清晰的社会主义公有产权制度，就是一项具有重大意义的改革探索。

四、资本要素的组合及其费用

（一）资本组合及其成本

市场经济中资本是实现要素组合的枢纽，因为，企业要进行生产，需要购置机器设备、原材料，雇用工人和聘用经理人员，购买专利权、技术诀窍和各种信息。可见，资本是始发的生产要素，它拥有取得和黏合各个生产要素的重要功能。

对资本的需要取决于生产的性质。如果是小生产，它需要的资本有限，可以由个人出资，开办小业主企业；如果是有一定规模的工厂生产，需要的资本额较大，单个出资人难以承担，可以实行少数人的资金组合，即合伙企业；如果是现代化大生产，特别是资本、技术密集型生产，需要巨额的资本，这就需要有多数出资人来共同出资，拥有数量庞大的资本的股份公司企业就是由此而产生的。

进行资本组合是现代市场经济的最鲜明的特征，也是现代市场经济中企业实现产品上档次，技术上等级，生产上规模的经济前提。当代发达资本主义国家绝大多数的企业，都是采用股份制和合伙制的形式，是依靠资本组合的功能的，特别是举足轻重的大企业，越加突出地表现出资本、技术密集的性质。在发达资本主义国家出现了一大批像世界500强那样的特大企业，这些企业中规模空前庞大的资本的形成，并不是依靠单个资本巨头的出资，例如美国电报电话公司，拥有数百万个股东，是借助于资本组合。如果说，市场经济的初始时期，企业资本的形成更多地依靠所有者的出资和企业资本自我积累，那么，现代市场经济则是更大程度地依靠资本的组合，实现资本集中。因此，我们也可以把现代市场经济，称为资本组合为主体的经济。

（二）产权结构与资本组合成本的降低

资本组合，也就是实行多数出资人的联合，这就需要理顺资金所有者之间的财产权关系。在资本主义市场经济中，资本归属于私人，主要为资产者垄断，此外，社会上还存在众多个人所有的闲散的小额资本。实行资本组合，需要组成包括若干所有者的、主体多元化的企业，因而首先要有一种能恰当处理好所有者权、责、益关系的财产权结构，最大限度地减少多个所有者在资本组合运作中的矛盾和摩擦，即资本组合费用。

合伙企业资本是小规模的资本组合形式。合伙企业是由两个或两个以上（一般人数不多）合伙人组成，实行财产共有、利益共享、风险共担、共同管理，合伙人承担无限责任。

由于合伙人在出资和出劳（管理）上存在差别，从而在利益分配中的矛盾是客观存在的。由于合伙人具体的管理职能和权限不一样，共同参与管理中也会出现结合劳动固有的矛盾，例如出工不出力或互相扯皮，这些利益、管理权利的差别和矛盾，更由于合伙人都为企业整体运作及企业债务承担无限连带责任而扩大。例如，合伙人要为主要出资人和主要管理者的决策失误和管理不善造成的损失承担赔偿责任。此外，合伙人股份不能转让。合伙企业产权结构的上述缺陷，带来资本组合内部的摩擦，并导致合伙人终止执行合伙契约和退出合伙企业。可见，合伙制的资本组合不仅在规模上有局限性，而且带有不稳定的性质。

股份有限公司是拥有多个所有者（欧美一些大上市公司股东往往以百万计）的合资组织。股份有限公司产权结构的特征是：（1）财产小单元制。股份有限公司把出资人投入的资本，划分为小单元——股份，通常每股股本价值很低，从而使广大的职工，包括低收入阶层，均能购买和持有股份。（2）实行股权平等，利益均享，风险共担等原则。具体地说：每一个出资人都拥有在股东大会中的按股的表决权，享有平等的按股分红权，承担限于其股本价值的风险责任，这种产权结构，有利于减少所有者之间的矛盾与摩擦。（3）实行公司法人财产制，出资人丧失对应归属于他的那一份具体的物质财产的支配权，由出资人财产组合成的公司财产具有长期稳定性，出资人个人外迁、死亡或出售股权，均不影响公司法人财产及其运作。（4）出资人不得退股，但可出售股权。（5）实行股权自由流通。所有者对企业的运作和经营业绩有意见，可以通过出售股票，"用足投票"来表示，股权流动和转让成为一种缓解资金组合内所有者之间的矛盾和减少摩擦成本的方法。（6）实行所有权与经营权两权分离。出资人不直接干预他出资创办的企业的具体活动，出资人的权利限于选择经营者、分取股息、通过法人治理结构对企业进行监控。由于实行由经营者主管企业的日常经营事务，多数所有者分享经营权和企业一元化管理的矛盾就得以解决，这种两权分离的产权结构，保证了企业法人财产的独立运作和长期稳定。

可见，股份有限公司的产权结构，不仅能吸引社会各阶层、多样的主体的资本，形成大规模、"重量级"的资本组合，而且，它以其股权机制能够有效地黏合多个所有者，减少资本组合中的摩擦，长期保持资本组合的稳定性。可见，上述精巧而特殊的产权结构，使股份有限公司制成为一种能有效地组合多数所有者的组织形式。

可见，完善主体产权制度，恰当地处理出资人相互间的权、责、益关系，是推进资本组合，节约资金组合成本的前提条件。

五、经营要素的引进及其成本

（一）经营管理及其成本

任何社会化的生产和经济运行都需要组织生产与经营的劳动，微观的组织劳动包括对生产、交换以及分配的组织与管理，对资产进行处置、让渡等。在简单的小生产方式下，上述组织劳动是与直接生产劳动相结合的，在大生产方式下，组织劳动就与直接生产劳动相分离，由管理经营者来履行。组织劳动的独立化成为一种专门的职能，体现了社会分工的发展。

在现代市场经济中，由于现代化大生产的进一步发展，企业的组织管理越加复杂。市场竞争的激烈，更加需要企业适应市场状况来灵活地组织生产和营销，经营层的作用越发重要，特别是从事管理和经营的高层经理，在企业的良好经营中起着决定作用。人们可以看见，在现代资本主义经济的制度性矛盾和机制性矛盾不断加深、市场状况不断变化、经济运行障碍不断增大的条件下，依靠熟练经营者的经营能力和技巧，使一些企业竞争能力不断增强，不仅在激烈的竞争中求得生存，而且还取得卓越的发展业绩。

经营管理劳动提高生产效率和经济效益，它是生产性劳动。但是：（1）超过合理界限的经营管理人员结构，意味着物质生产劳动的扣除，它体现了一种生产成本；（2）经营管理劳动的引进，总会带来人力要素组合中的矛盾，后者表现为经营者和所有者之间以及经营者与一般生产者之间的摩擦，由此产生一种摩擦成本。

可见，组合好经营管理劳动，充分发挥经营者的功能，以实现微观经济活动的高效率，同时，又做到经营管理成本的节约，就成为当代微观经济人力要素组合中的一个重要问题。

（二）经营者与所有者的组合方式

专业的经营者出现，所有者和经营者的关系和组合方式的问题就被提了出来。经营者与所有者相结合的古典形式是经理人员雇佣制，即由所有者挑选和雇用专业经理人员，使他们在老板（所有者）指挥下，负责企业某一方面的管理和经营，并由老板付给他们工资。在早期资本主义的工厂制度下，流行着这种吸引和使用经营者的形式，在这里，经营者是高级雇员，他的经营管理活动直接从属于所有者，经营权还是所有者（老板）的权利，还未与所有权相分离。这种经营者和所有者相组合的形式适合于那种所有者尚能充当主要经营者的生产、经营方式，例如小业主经济，在那里，主要由独资的所有者从事经营管理，一些小业主也雇用少数经理人员辅助经营。这是一种用工资形式激励与黏合经营劳动的组合方式，它在有效利用经营劳动的同时，又不放弃所有者的经营权，其要害是企业实际占有权和剩余价值索取权统统归属于所有者（老板），而不存在经营者和所有者之间在财产权上进行"分权"的问题。

现代市场经济形成了一种充分发挥经营者作用的经营方式和产权制度——财产委托代理方式和法人财产制，公司企业的组织和运作就体现了这种经营方式和产权制度。公司制企业实行两权分离，所有者享有出资人的权利，但不干预企业的日常事务。经营权在法人财产权形式下归属于企业，具体地说，经营权在法人治理结构下由经营者行使。在这里，一方面财产所有者——出资人，放弃了财产经营权，他们成为财产的委托人（trustee）；另一方面，经营者不是所有者，但是却通过被委托成为所有者的代理人。这里的企业独立经营和经理权利，体现的是财产代理，即经营权不是来自自己的财产所有权，而是来自委托人的所有权；这不是内生的经营权，而是外生的、由他人委托而产生、由委托代理关系而赋予的权利。

财产委托代理是所有者与经营者的新组合方式，这种组合方式的作用是：

第一，减少多数所有者同时实行直接支配而产生的摩擦费用。谁都知道，企业拥有众多所有者必然会产生决策的摩擦。由于各个出资人有着以其特殊利益为基础的不同动机，因而形成统一决策的协调费用很高，它不仅表现为意见分歧下的争论引起的决策时间的延误，而且要耗费许多请客吃饭这一类的支出，甚至会因达不成一致意见而散伙，这些支出也属于摩擦成本。可见，由众多出资人组建的合资组织，把经营权赋予委托经营者，不仅成为减少摩擦成本的唯一可行之途，而且成为企业组织得以长期存在和长期延续运行之途。

第二，它强化经营效率。经营权从所有权中分离出来，在委托经营形式下赋予经营者，这一资产营运的"权""责""益"结构的调整，改变了所有者直接经营的企业组织形式下经营者职能范围狭窄和经营力软弱的根本缺陷。借助独立经营机制的引入，使企业能够网罗和使用高水平的、熟练的经营者，使拥有专门技能的经营者有了发挥其聪明才智的场所并大大提高经营效率。这样也使企业得以避免和减少因不良经营而产生的成本。

（三）法人治理结构的完善与代理成本的降低

两权分离的产权结构中，客观存在着经营权与所有权的矛盾，因为经营者的活动，不可能自然而然地从属于所有者的意志。大权在握的经营者会有各种决策的不当与失误，也会有各种扩张经营者利益的行为，如对高额工资与奖金的索求，用于铺张浪费的高额经营业务开支（包括豪华的办公室及其设备、昂贵的交通工具的开支和招待费用等）。因而，客观上不仅有经营决策失误带来的损失，而且还存在高额的奢侈浪费性的业务费用，这成为财产委托代理制的成本。

公司制的法人治理结构的完善，可以起到节约上述代理成本的作用。公司制的法人治理结构，包括股东大会（代表大会）、董事会、监督会、总经理制，使出资人能通过代表他们的董事，参与企业的日常经营活动。出资人还通过股东大会对有关企业的重大事项的决策实行表意。可见，法人治理结构的完善和良好运作，形成一种所有者、经营者之间巧妙地互相制衡，它使经营充分独立而又不"失控"，在权利向经营者倾斜中所有权又得到保障，这样就能实现对经营者行为实行所有权的制约。另外，公司制下所有者还通过更换与选择经营者的机制以及在证券市场出售其持有的股票的机制，即"用看不见的手投票"，来对经营者实行制约。因而，公司制的运作，通过内在的所有者、经营者的相互制衡与市场的外在制约，既能有效地发挥独立运作的经营力的作用，提高企业的活力与效率，同时，又能对经营者行使制约来降低代理成本。

综上所述，股份公司制企业，以其法人财产组织形式与运作机制，实现了所有者—所有者、所有者—经营者的有机组合，划分了不同主体的权益和职责，形成明确分工，减少了引入经营要素后的要素组合中的摩擦，节约了要素组合的成本。但是两权分离的公司制，产生了财产代理成本，特别是在内部人控制突出表现出来的情况下，它会造成代理成本的高昂。

第六章

产权的市场流通及其功能

产权的转让和市场流通化是市场经济的要求和特征。产权转让和流通，目的是追求资产使用的最大收益。产权转让机制自动地调节企业的生产结构、组织结构，起着优化资源配置的功能。本章对上述问题进行分析。

一、财产权的市场交换与资源优化配置

自然经济中的财产权缺乏市场交易机制，封建制社会臣属从君主那里获得的土地财产权，是不能在市场上私自交换的，而只能在权力机制（财产没收以及战争和其他暴力掠夺）下进行再分配和重组。财产权受到政治权力规制，具有凝固不变的性质，其结果是资源配置的僵化性和经济活动的低效率。

市场经济使财产权市场流通化。财产所有者不仅作为生产主体在市场上交换生产品，而且作为财产权主体，在市场上转让他拥有的财产所有权。市场经济中没有"永远不易主"的财产权，主体对经济利

益的追求和竞争，促使财产权成为商品，不断地在市场上流通，使主体不断地替换。这种财产权的市场交换机制，成为财产权重组和资源优化配置的重要杠杆。

财产权交换的动因是资产使用收益。由于资产的使用是从属于收益的极大化，在产权市场上的购买者的出价高于产权主体自己使用该资产的收益时，他就会出售该产权。（1）假定产权主体甲使用资产X的回报是R，购买人乙出价P>R时，甲愿意将资产卖出。（2）购买人乙使用该资产的收益是K，P是乙购得该资产的价格，在 $\frac{K}{P}$ 大于平均利润率G时，乙才愿意购买该产权。可见，资产X以市场价格P在甲和乙之间进行交换，甲获得货币P而转让对X的财产权，他由此得到一个额外收益，即P−R=E；乙则付出货币P获得对X的财产权，他也由此得到大于平均利润率的资产额外收益。这一产权交换的结果是资产X在乙支配下获得更有效率的使用。上述情况表明：产权交换，促使资产转移到能有效率地加以使用的主体乙的手中，从而促进了资源的优化配置和经济活动效率的提高。

我们需要指出的是：在市场经济中，一定时期内除平均利润率G为常数外，上述R、K、P均是变数，而财产权的交换就是在上述参数的变动中进行的。假设甲连续售卖资产X，售出资产X的第i个单位记为 X^i（i=1，2，…）；乙连续购买X，购买资产X的第i个单位的价格记为 P^i。如果资产X的第i个单位带给乙的收益为 K^i，则对乙来说，只要 $\frac{K^i}{P^i}-G>0$，乙就会不断扩大对X的购买，直到不再能获取超额利润，即达到 $\frac{K^w}{P^w}-G=0$ 为止。而对甲来说，此时有 $P^w-R^w=0$，即甲对资产X第W个单位的出售获得的边际收入为0，他对资产X的出售也将到此为止。至此，甲、乙之间所交换的资产总量为W个单位。交易量W成为均衡交易量，第W单位的交换价格成为均衡价格。通过交换，购买和售卖双方都获得了最大额外收益，资源产出也达最大化。以上情况表明，平均利润率是一个调节器，它调节着要素产权主体的交易行为，并实现了要素在主体间的合理交换和资源的有效配置。

二、财产权能的外部性与主体产权明晰化

为了发挥产权市场交换的资源配置功能，必须有产权的明晰化和产权的合理界定。在市场经济中会出现财产权能性质的经济"外部性"或外部不经济问题，它表现在：经济主体A进行的某一生产与经营活动，限制或削弱经济主体B的财产权能，带来B的运行成本的提高，或是产量的下降。上述市场主体在实施财产权能中的相互制衡和益己损他的矛盾，需要有一种经济机制来加以调节和解决。这种机制就是主体产权的机制，具体地说，就是要借助于主体产权的明晰化和产权的合理界定，形成对他人财产侵权的赔偿机制，来解决经济外部性的矛盾。这里，我们用下述具体例子来进一步说明。

假定某一地区农场主甲拥有1000亩土地，进行稻谷生产，年产水稻销售收入200万元。假定乙在农场附近兴建起化肥厂，由于废气排放以及河流水资源的占用使农场生产降低20％，即年产值降为160万元。可见，在地域相毗邻的经营主体间，存在着土地财产权能上的关联性和矛盾。

如果主体产权不明晰和产权界定不清楚：（1）农场主甲就不能把上述40万元的损失归之于乙对财产权的侵犯；（2）即使是农场主甲发现和计量出生产中发生的损失，由于产权不明晰，产益驱动弱和产责的缺乏，农场主甲也可以对这些损失漠不关心，从而听任化工厂继续生产，其结果是产粮地区会有一系列化工厂[1...x]兴建起来，它不仅会

引起一系列农场[...] 都发生经济损失，而且，还会引起过多土地被占用和地区粮食的减产；（3）农场经营者要求政府进行干预，后者下令化工厂停产、迁厂，如果本来农产品生产已经有富余，或者该区域内农地开发有潜力，而化肥却严重不足，采用财产禁令的刚性调整手段只会加剧农产品生产过剩，使化肥不足的矛盾更加突出；（4）如果存在着农产品匮乏而化肥生产过剩，政府采取行政调节措施，但是只给农场主甲少额税收减免的优惠，财产权损失补偿不足就会造成农场生产的困难和产量的下降。可见，由于缺乏产权机制，侵权性质的外部性行为将难以得到抑制，由此会加剧盲目生产和微观主体之间的经济冲突，经济运行中会出现下述情况：继企业甲之后的企业乙的投产，限制企业甲的生产效果，而企业丙的投产，又限制企业乙的效果，出现各种微观生产主体活动的互相牵制，互相削弱，不仅激化产权矛盾，而且造成资源配置的越加不合理，带来极大的资源浪费与劳动浪费。

主体产权的引进，产权的明晰化和产权的合理界定，为解决上述矛盾提供了经济条件。如果产权是明晰的，财产权界域也是清晰的。例如，谷物生产地以法律明确界定土地所有权，制定工厂有关废气及污水处理的规章和使用河水的限度。那么上述情况下财产损失就是明晰的，即化肥厂因其排放废气废水和占用过多的河水，使农场主甲发生40万元的产权损失。人们由此确定有经济依据的财产赔偿金，就可以合理而有效地调节产权矛盾。例如，如果法庭裁定化肥厂支付赔偿金30万元，农场主甲仍然发生了10万元的经济损失，他的成本由此增加，利润降低到平均利润率以下。基于市场规律，农场主甲就会放弃在该地的谷物生产，转而从事果树栽培，结果就会有粮食生产的减少、粮食供应的不足和粮食涨价。如果法院裁定化工厂乙支付50万元的赔偿，使农场主甲乐意维持和扩大生产，保证粮食供应不致减少。但过高的赔偿金使化工厂的回报率降到社会平均利润率之下，那么，化工厂就会搬迁到购置或租用土地费用更便宜的丘陵地区去生产，或者转产去搞农产品加工。其结果化肥的供给就会减少，甚至出现产品匮乏。

在市场经济中，解决上述所有经营主体间的利益冲突，需要借助主体产权机制以及有经济根据的财产损失的界定，即要通过产权主体的明晰和产权边界的明晰，来形成财产权纠纷的合理的司法裁决，维护合理的财产权。这就要求财产赔偿金X的数额足以补偿甲的经济损失，保证农场生产的平均利润率，由此保障社会必要的粮食供应。在农产品业已匮乏时，合理的财产赔偿能有效阻止化肥厂侵蚀农地。另一方面，合理的产权赔偿能在化肥不足时，使化肥厂在支付赔偿金后仍有利可图，从而继续维持化肥生产。以市场价值规律为依据的赔偿金额的确定，就能起到合理的调整功能，它或是引起农场经营的调整，或是引起化肥厂的外迁或转产，并由此维持稻谷和化肥的供应与需求相均衡。

三、产权转让的结构调整功能

为了发挥产权的资源配置功能，必须要有产权市场流通机制的形成。在市场经济中，无论是经济外部性及其带来的成本的上升，或是借助产权及其财产赔偿机制，都会启动产权转让、企业拍卖以及兼并、联合等形式下的企业组织结构的调整，后者又带来产品和产业结构的调整。上述化工厂的生产带来的经济的外部性和农场的稻谷成本上升，会引起农场的兼并、破产、联合。例如，农场主甲可以将产权转让给另一农场主丙，后者将购并的农场用于畜牧业的经营，或者农场主甲要求财产赔偿和实行司法裁决后，化工厂将产权转让给另一企业，或者转让给农场主甲，后者利用其场地和部分设备，进行农产品加工。当然，在实际生活中，市场情况变化带来的产品结构和企业组织结构的调整远远比上述例证要复杂得多。

如果产权不能转让，如像社会主义国家的传统计划经济中那样，或者是产权市场转让的机制尚未形成和健全，如像我国当前经济转轨期，就会出现企业组织结构的刚性和调整、重组的困难。在计划体制下，计划决策失误带来的企业生产与经营中的矛盾，只能借助自上而下的企业关停并转来解决。由于后者不可能经常地进行，其结果是企业在生产中的互相掣肘、低效运行和资源配置的不合理。如果产权转让机制未建立，特别是缺乏产权市场交易和财产证券流通机制，尽管部分产权能够实行行政方法转让，但总体上仍然是产权停滞不动。例如上述化工厂，由于严重损害农业生产，本来早就应该外迁和转产，但由于国有产权难以流动，因而，它会继续带来削弱稻谷生产的负效应，使不合理的、带来很大浪费的资源配置长期保持下去。

可见，市场经济中必须要形成产权的转让和市场流通的机制，后者是结构调整的自动机，依靠产权转让的经济机制，才能在市场条件与企业外部生产条件发生变化的情况下，适时地和机动灵活地进行企业产品和组织结构的自我调整以及实现资源配置的优化。

发挥产权市场流通机制的结构调整功能，还可以做到合理维护主体的消费财产权。以上举出的财产权能性质的外部不经济问题，不仅发生于生产财货领域，而且也会发生于消费财货领域。假定甲购进一套住宅，为时不久乙在附近修建一家工厂，后者排出的废气和在生产时发出的噪声严重干扰甲的家庭生活，妨碍他的休息和其他家庭活动，妨碍了甲对住宅这样的消费财货实行有效的占有。为躲避夜间声音吵闹，甲不得不另找他处去睡眠。在住宅公有和实行福利分配的条件下，维护消费财产权是缺乏手段的，因为，住户难以以拥有住宅产权为依据来要求对方赔偿或使工厂迁走，因此，消费者的财产权长期受到不合理的侵犯，就成为司空见惯的事。这种情况，也意味着社会的消费生活的低质量和资源配置的不合理。

如果在消费财产权使用中引进产权流通机制，情况就发生根本的改变。首先，住宅实行私人所有，住宅所有者成为产权主体，拥有受法律保护的产权。在上述情况下，他可以向法庭要求乙进行财产赔偿，借助一笔财产损失赔偿金，可以促使工厂从该处迁走，或自己另购他屋，从该地区搬走，从而保护了自身的财产权。

财产赔偿金的科学确定，是产权机制发挥合理调整功能的前提。如果甲要求的赔偿金是X[①]，工厂利润是Z，Z-X<平均利润，也就是说工厂主在该处生产不能获得平均利润率，这时工厂将迁至他处。如果基于住房价格下降，法庭判定财产赔偿金减为$\frac{3}{4}$X，那么，由于工厂乙还能获得平均利润，工厂主宁愿支付赔偿金而不实行外迁，这种情况下，消费者甲或是继续在该宅居住，或是将住宅出售而另购新宅。如果区位条件的优越使工厂主在该处生产获利甚丰，Z-X>平均利润，因而工厂主愿意支付赔偿金X，而在该地继续生产；消费者甲则因得到的赔偿金足以使他另购新宅，他将从该地迁出，也可能干脆将住宅出售给工厂主。以上例证表明，确立有经济根据的赔偿金和借助财产权的转让，可以起到一种有争议的主体双方的经济活动的合理调整和形成一种有利于企业家也有利于住宅消费者的合理的资源配置。

---

① 假定赔偿金X是住宅因晚间噪声而发生的损失，因为有了赔偿金X，甲就能在晚间另找住处休息，从而补偿了财产消费的损失。

四、表述产权的经济调整机制的公式

产权机制的经济调整作用是在有关当事人适应市场机制而不断地调整其活动中实现的。对这一调整的内在机制，拟由下述公式来表示：

养牛户C养牛M头，利润Y，引起种粮户D经济损失KT（K为每吨谷物价格，T为吨）；养牛户从Y中付给D补偿金KT，净利润$\Delta Y = Y - KT$；假定Z为总资本、$\overline{P}$为平均利润率。在$\frac{Y-KT}{Z} > \overline{P}$平均利润率时，则养牛户将扩大饲养规模；且这种饲养规模扩大过程将不断进行下去，直到第n次规模扩张使$\frac{Y^n - KT^n}{Z^n} = \overline{P}$平均利润率为止。养牛户的生产规模（假定是养牛500头）在支付赔偿金后，还能获得平均利润，这样的养牛规模为养牛户带来最佳规模效益。种粮户因获得财产损失的全额补偿，他也得到平均利润率，并且继续种粮。如果出现粮食需求的减少和粮价下降，获得财产损失全额补偿的种粮户，由于不能得到平均利润率，他就会将农场出售，而转营果树，或是将农场出售给C由其去进行牲畜放牧。可见，正是$\frac{Y^n - KT^n}{Z^n} = \overline{P}$平均利润率的机制，调节着养牛和种粮活动，使二者的经营规模达到最优，由此实现资源的优化配置。

第七章

财产权边界的界定和对财产权的调节

财产权是社会经济运行的制度基础。为了保证经济的顺利运行，减少财产权结构的维持和运行费用，必须对财产权明确界定。本章主要从减少产权制度运行费用的角度分析研究财产权界定的含义、方式和财产权界定中的政府功能。

一、产权制度的运行与产权界定

（一）产权制度的运行费用

在本书中，我们已经阐述了任何一种生产和经济活动组织形式，都是立足于一定的财产权制度之上。人们实现社会的生产，一方面需要有各种生产与交易费用，另一方面还需要有社会的财产权制度运行费用。这种费用包括：（1）财产权基本制度固有的矛盾带来的各种费用：有形的支出和无形的耗费（包括生产浪费和劳动浪费）。例如，历史上的以财产私有制为基础的生产，都需要有监督的支出，后者成为生产的一项社会费用；另外，财产私人垄断的制度又带来劳动者丧

625

失内生的积极性，表现为：生产难以有序，效率难以提高，各种各样的资源和劳动浪费难以消除。这一切可以视为是生产的无形费用。（2）用来维护财产权的各种社会组织，包括行政、司法机构、审计机构、律师及其他中介组织的费用。上述财产权制度性运行费用可以称为A。

主体财产权具体形式带来的各种费用。例如股份公司较之小业主制，它存在着维持公司治理结构（股东大会、董事会、监事会、总经理）及股权运作的费用。财产权具体形式带来的结构性运行费用可以称为B。

财产权的维持和运行费用决定于下述情况：（1）财产权基本制度的适合性。在财产权基本制度适合社会经济发展需要的场合，制度性财产摩擦系数低，运行成本A也低，在财产权基本制度不适合时，A值就是高的。（2）财产权具体结构的适合性。如果财产权结构是完善的，产权边界是清晰的，也就是结构性的产权摩擦系数低，结构性财产权运行成本B就是低的，否则就是高的。

在本书中我们指出：历史上任何一种社会形态，存在着特有的财产权基本制度，如原始公社制、奴隶制、封建制、资本主义制、社会主义和共产主义制等。上述产权制度各有其制度性财产权运行成本。大体来说阶级对抗性的财产权制度的制度性财产权运行成本是高的，主要表现在各种各样的浪费，对非产权主体的劳动者的监督、管理成本的高昂。对某一社会形态来说，上述制度性财产权运行成本A可以视为是一个常数。

任何一种财产权基本制度总是要表现为多样的主体产权的具体结构，争取实现各种主体财产权结构的运行费用的节约就是提高社会经济运行效果的关键。例如，资本主义社会形态的企业财产权，总是要体现为小业主制、合伙制、公司制等形式。如果这种主体财产权是完善的，产权矛盾与摩擦就小，因而结构性财产权运行费用B就低。如果主体产权结构不完善，例如，股份公司股东太少，股份公司制固有的多元化产权结构未建立以及法人治理结构不健全，就会出现结构性的产权摩擦，这样的不健全的公司制在营运中就会产生各种有形的费用和因浪费和效率不高而导致的实际的、无形的费用，从而使B值提高。在财产权基本制度不变的前提下，借助经济生活中主体相互的协议而实现的主体产权结构的自发的调整以及借助政府的法律而实现的自上而下的产权结构调整，可以使主体财产权结构优化。例如，人们按照《公司法》的要求，组建起规范的股份公司，就能恰当处理财产权行使中多样主体间的矛盾，从而使结构性的财产权运行费用B保持在较低水平。

基于以上论述，我们可以确立如下公式：财产权一般运行费用=制度性财产权运行费用A+结构性财产权运行费用B。以上两种财产权运行费用是互相影响的。在财产基本制度趋于不合理，制度性产权运行成本A增大时，会抵消财产权具体结构的调整和优化带来的正效应；另一方面，在人们使主体财产权的结构得到有效调整和优化的场合，借助B的降低及其带来的经济活动的正效应，会对制度性产权运行成本起抵消作用。

我们还要进一步分析附加的财产权运行费用。附加的财产权运行费用，是指财产权缺乏规范和社会约束条件下，特别是主体财产权任意扩张，从而产权冲突大量发生情况下产生的经济运行费用，我们称为C，这是财产权运行的附加费用。这一费用不同于制度性的财产权运行费用A和结构性财产权运行费用B，以上二者均是财产权运行的一般费用，这一费用尽管是可以降低的，却是社会经济组织和运行不可避免的。财产权运行的附加费用C，是由于制度安排的缺陷，例如，主体产权结构不完善、产权边界不清等引发的财产权扩张行为和产权纠纷产生的费用，是一种财产权运行"虚费"。财产权运行"虚费"大，表明财产权存在制度安排缺陷。如果人们能够实现某种产权制度的合理安排，可以大大减少上述财产权运行的附加费用。进行这种产权制度的合理安排的通常途径是：主体财产权结构的具体形式的优化、主体财产权边界的界定和明晰化。

（二）财产权边界的明晰

财产权边界，也就是主体（所有者、实际支配者）的财产权限，是指主体拥有的财产支配使用权、收益权、处分权的具体组合方式和量度。财产权绝不是一个抽象的概念，在现实经济生活中，主体实施财产权，即实行排他的占有时，这种主体占有权的内涵、范围和量度问题就被提了出来。

例如，某甲买了一件衣服，对这件衣服就拥有了主体财产权，他可以拿来穿，也可以送给他人。某乙买了一件古玩，用来充实自己的文物收藏，但他发现那是一件不能携带出境的，或者是个人无权收藏的"国宝"，因而他拥有的财产权是有限的或无效的。以上是用简单例证来说明明晰财产权权利边界的重要性。在市场经济中财产权边界明晰问题要复杂得多。例如，一批资本所有者，共同出资成立股份公司，所有者成为出资人，他拥有股权，有权参加股东大会进行董事会选举，有权就公司财务运作发表意见，有权参与分红和在证券市场将所持股票卖掉，但他却无权退股，也无权直接干预企业的活动。因为与出资人的财产权相对应的和并存的，还有企业的法人财产权和经理——被委托人的资产支配权。市场体制下股份经济活动中，主体财产权的内涵和边界明晰问题，涉及所有权与经营权的划分，从而是一个复杂得多的问题。

界定和明晰财产权边界的重要性还在于：当事人总是在主体权利、利益和责任机制下，特别是在利益驱动下，力图不受约束地行使其对客体的支配权、利得权、处分权，从而呈现出财产权能行使中主体财产权的扩张趋势。其后果是：侵犯其他主体的权利，造成人间利害矛盾，甚至危害公众和社会。在阶级社会中人们可以看见：私有主体在强烈的个人利益驱使下，行使其不受约束的私有财产权，带来私有主之间的尖锐的产权矛盾和冲突。而且，他取消和压制直接生产者的财产权，甚至公然侵犯劳动者的人身权，后者最鲜明地体现在奴隶制和农奴制经济中。

市场经济以主体产权为基础，在主体利益的驱动和市场竞争压力下，主体行使财产权更表现为一种强烈的财产权扩张。它表现在：（1）任意地破坏生产资源。如资本家不顾庞大劳动群众的消费不足和贫困，在出现生产过剩时将生产设备销毁，将过剩商品付之一炬，将牛奶倾入河流。（2）强化经济"外部性"，影响其他主体的生产和经营。例如，铁路公司营运中机车的浓烟污染沿线的农田，引起农户的减产。（3）破坏生态环境，造成公害。如工厂排出废气，污染空气；发出噪声，影响居民生活；排放废水，污染河流。（4）居民在行使消费财产权中的"外部性"。如在居室中不分昼夜大声歌唱，播放录音机，在宅旁泼洒脏物，在公共出入行道或街道停放汽车，等等。

此外，在两权相分离的现代产权结构下，也出现了经营者在利益驱动下的经营权扩张，如在股份公司运作中表现出来的"内部人控制"现象。这种经营权限的扩张，不仅损害所有者的利益，而且增大了两权分离产权结构的维持和运行费用。

可见，主体财产权的机制，特别是市场经济中主体财产权的机制，总是表现为主体要在利益驱动下，谋求财产权能的扩张，竭力地扩大其财产权能边界，由此，造成财产权实施中的矛盾与冲突。为了解决上述矛盾，保证经济的顺利运行，减少财产权结构的维持和运行费用，就必须对财产权实行界定，明确财产权的边界或界域。

（三）财产权结构的内在矛盾和产权界定

界定和明晰产权边界，其目的在于减少产权结构的内在摩擦，节约产权运行费用。为此，我们要进一步分析财产权结构的内在矛盾及其带来的运行费用。

财产权结构的形成意味着在所有者与非所有者之间，所有者与代理人、经营者之间以及所有者与使用者之间，确立起的一种具有强制性的和法定的行为秩序。财产权结构维系着一定的社会经济组织形式，支撑着特定的经济运行方式，实现一定的经济效益。但是财产权所固有的主体与非主体之间以及主体相互之间的矛盾，又使社会经济要承担由这一财产权结构所引起的一定运行费用。

1. 所有者与非所有者的矛盾

所有者与非所有者的矛盾及其所带来的制度性的产权运行费用，存在于迄今以来的人类历史上一切对抗性社会形态。即使在原始公有制社会，例如，氏族社会发展的一定阶段也存在着氏族成员对基本生产资料的共同占有权和族外人员的无权和缺乏权利的矛盾。

以私有财产为基础的阶级社会，财产权意味着基本生产财货归少数所有者垄断，广大劳动者对基本生产资料的无权和他们的剩余劳动无偿地被有产者占有，这种占有与非占有的矛盾构成私有财产的基本矛盾。私有者往往贪婪地和肆无忌惮地扩张其财产权界域，并由此造成占有与非占有的矛盾的激化。人们可以看到，在奴隶社会、封建社会和资本主义社会三大社会形态下，都曾经有私有主所有权能的最肆意的扩张，并由此造成广大劳动者的劳动、生活条件的严重破坏，使劳动者丧失生产积极性，甚至引发深刻的经济矛盾和社会政治危机，使这些社会经济形态下的经济活动承担很高的制度性财产权负效应或产权运行成本。为了缓解制度性的产权冲突，统治者也不得不采取措施对私有财产权加以调节和界定。

2. 所有者与所有者的矛盾

所有者与所有者之间的矛盾，即行使其财产权时所有者相互之间的矛盾，是产权运行费用的又一来源。我们也已指出，占有是社会的占有。排他的占有主体，即所有者，不是一个孤立的个人，而是由许许多多的人组成的群体。个别主体，作为群体的构成要素，他们在生产活动、消费活动中互相关联、互相制约，从而在行使财产权上，存在着日常的各种各样的矛盾。一个水利灌溉区有多个农户从事水稻栽培，就会有在用水上的矛盾；在同一农村甲农户从事家畜和家禽饲养，就会有牛群和鸡鸭群践踏和破坏乙农地上的庄稼的矛盾；农户甲在住宅院墙边种植树木，会伸入邻居乙的院界；甲在院内开沟，水会流入乙院内，从而会引起经济上的矛盾。上述矛盾都是所有主体之间的财产权矛盾。发生争议的双方，都以他拥有对土地、住宅的财产所有权为依据而进行申诉，彼此都宣称对方侵犯了自己拥有的"不容侵犯"的产权。

市场经济更是以众多的主体的存在为其特征。首先，千百万个独立主体进行的市场交易，存在着交换契约执行中的矛盾，如买方是否按期付款，卖方是否按照契约规定的品质、数量和时间发送商品。现实经济生活中大量出现的违反合约的行为和当事人之间的争议，本质上都是财产权的争议，多半都可以归结为一方对另一方的财产所有权或支配权的侵犯和财产利益的损害。

其次，市场经济中存在着无数的市场主体在生产与经营中的激烈竞争。竞争不仅通过价格来进行，而且表现在技术专利的争夺，如窃取对方专利；人才的争夺，如挖走对方高级专门人才；模仿利用对方的品牌等方面。在现实经济生活中，市场主体间的竞争行为引起的矛盾和冲突是大量发生的，双方都声言他们拥有主体财产权而互相指控。

可见，所有主体之间在实施其排他的财产所有权中产生的矛盾和摩擦是客观存在的。市场经济催化的财产权的扩张冲动，更使经济生活中充满众多的和激烈的冲突，这些不仅大大增加产权运行费用，而且还会使交易秩序和生产、经营秩序受到破坏，从而影响经济运行的质量。

3. 所有者与经营者、代理人的矛盾

本原含义的财产权，是所有主体占有权。但财产权的实现，不仅涉及所有主体之间的关系，而且也涉及所有主体与代理人之间的关系。因为，财产所有者并不都是实行直接占有。（1）在那种大财产（古代大地产、近代大资本）所需要的管理、经营，超过了所有者本身能力的场合；（2）在财产的管理与经营已经是一种专业化的劳动，从而超过了所有主体自己的能力的场合；（3）在财产的组织结构和实现机制本身，已不再需要所有者参与直接管理与经营的场合。以上三种情况下，就会有所有者的直接占有权让渡和转化为代理人的直接占有权，这种现象可以称为：财产权代理。

财产权代理最早出现于古代私有大地产场合。那时国王、贵族奴隶主的大地产，往往是田连州、郡，在这些场合，土地所有者本身无力亲自经营土地上的农事，而是要任命和授权给家臣去进行管理。在实行大奴隶制生产的场合，由众多奴隶进行生产的作坊、矿山，也是由臣属去进行直接支配，即充任财产权代理职责的。财产权代理是现代化生产与市场经济的特征，以手工工具为基础的古代的、中古的自然经济中的小生产，是主体能够实行直接管理和经营的，而以现代高精尖技术为基础的现代化大生产，则是要依托非所有者的专家来管理和经营。小农可以种好土地，小商人可以搞好小本经营，但现代市场经济中，大企业中的技术管理和面对市场的经营，需要高度专门化的管理，它往往不是所有者能够胜任的，从而不得不依靠专门的经理人员和技术专家。特别是在发达的市场经济中，客观存在着进行现代化的大生产和个别主体资本量有限的矛盾，为此，要实行资本联合，即在公司形式下将一个个独立的主体所有的资本，变成联合的、整体资本。这种公司制度，决定了要实行一种主体财产的委托代理经营制（trustee），股份公司就是这种资产委托代理经营的体制，由公司经理——在作为股东责任代表的董事会的参与下，负责日常的管理与经营。作为现代企业的一般形态的公司企业，经理实际上是以股东的委托代理人的身份，来对财产实行直接占有与支配的。

实行财产权代理，出现了财产权运行和实现中的所有主体与代理人的既统一又矛盾的关系。如果说财产所有者之间，在活动中存在主体为追逐产益而导致的财产权利空间扩大的自发趋势，所有者作为买卖当事人，为了其利益总是力图在财产上"压制对方，扩充自己"，那么，所有者对其代理人，则是要自觉赋予一定范围的对财产的支配、使用以及处置权利，以形成委托代理经营活动与职能，这就是财产权的"分离"，其特征是：所有权限的重构。所有者赋予代理人、被委托人、各种经营人以财产支配权，甚至还承认代理人拥有一定的剩余价值分享权，即利得权。人们看到在现代发达的市场经济中，各种各样的代理人、被委托人、经营人、承包人在实际上拥有一定的"产益"分享权。但是这种两权相分离结构中的权、益的调整，又产生了所有权主体和支配权主体之间的产权矛盾，具体地说就是：委托人与被委托的代理人之间，发包人与承包人之间，出租人与承租人之间——新的所有主体与经营主体的矛盾。现代市场经济的运作，需要在上述多样的所有主体与经营主体之间，做好财产权的安排，既对所有权进行调整，构建起现代代理人的财产权（经营权），但又使经营权约束在所有权的基本框架内。

以上分析表明，财产权结构的内在矛盾和实施财产权中出现的各种摩擦，使财产权的界定成为客观必要。

二、财产权的界定及其方式

（一）财产权界定的含义

财产权的界定包括主体的界定和权能的界定。前者是指财产权主体是谁，主体的性质及法定主体的条件。在市场经济中，法定财产权主体在本质上是自然人，也包括非自然人的经济组织、社会机构，后者是自然人的延伸和转化形式。主体的性质是：（1）纯粹的市场主体：首先是从事生产与经营和以营利最大化为目标的企业，拥有法人身份，享有民事权利和承担民事责任。其次是参与市场交换的劳动者和消费者。（2）不以营利为目标的经济主体：它包括各种非营利性的经济组织，教育、文化、科研等非经济机构以及政府组织和国防机构。它也参与市场交换和拥有法定的财产权。法定财产权的主体是有条件的，如自然人主体要有名字、居住地点、年龄、行为能力等方面的条件。作为财产权主体的非自然人的经济组织和社会机构，必须是按照法律和法规的各种具体规定而建立的。

权能的界定是指主体财产权能的性质、具体结构和权能量度的明确化和边界的清晰化。首先，主体权能性质的明确化，它要回答的是主体拥有什么性质的产权。财产权性质是决定主体行为的。譬如，在承包制下，承包者只是拥有承包期内的财产支配权。他只能按契约规定经营，不能将企业财产出售，因为这超越和侵犯了所有者的权限；如果他拥有的是房屋租佃权，他只能在租期内使用房屋，而无权把房屋卖掉或者在租期结束后继续占用房屋。可见，财产权性质的明确化，是制约和规范主体行为的经济前提。财产权性质的明确化，要求弄清当事人拥有的是财产所有权，还是财产经营权；在性质是财产所有权的场合，要求确认是两权未分离的全能财产权，还是股份公司的出资人财产权；在性质是经营权的场合，要确认是企业法人财产权、租佃人财产权、承包人财产权还是其他形式的代理人财产权，等等。

其次，财产权具体结构和量度的明确。它要回答的是：（1）主体拥有什么样的权利束，例如，是包括支配使用权、收益权、处分权在内的全权（这是古典的财产所有权的内涵），还是代理人选择权、收益权和处分权（这是股份公司企业出资人所有权的内涵）。（2）权能的具体形式。例如，在公司企业的场合，出资人拥有股权（又分为优先股和普通股），债权人拥有债权，代理人（经理人员）拥有获得奖金、股份期权形式的分享盈利的权利，等等。财产权能的具体形式，还包括上市公司的出资人，即股东拥有可转让的证券形式的股权，而与有限责任公司出资人的股权不相同。

现代市场经济存在着多样的经营形式：股份公司制的委托—代理制、承包制、租佃制以及其他财产委托形式。它意味着经营权和所有权分离的普遍化和两权分离具体形式的多样化，出现了财产权在所有者和经营者之间的多种多样的组合。在现实经济生活中的主体权能结构，即权利束是越来越多种多样和丰富多彩。显然，对主体财产权具体结构和量度的明确的和合理的界定，就越发重要。依靠这种财产运作当事人之间的财产权的合理分割，即恰当的财产权利束的构建，才能抑制主体财产权扩张，处理好财产权当事人的利益矛盾，减少产权摩擦，维持财产权结构和润滑其运行，减少产权维持和运行费用。

（二）财产权界定的两种方式

1. 行政权力规定财产权边界

财产权确立和权能界域的界定的最古老的方法，是借助强力。原始共同体确立起对一定的土地、林区、水域的独占的财产权和排除其他氏族的进入是依靠暴力的。由政治强制力来确立财产权和界定财产权边界，最鲜明地体现在古代和中古的私有财产制度下，在那里，国君和领主运用国家权力和军事暴力，对外不断进行战争，征城略地，来扩大其财产权域。对内他们凭借政治权力和对直接生产者的强制，将主体财产权能边界无限度地扩大，不仅集支配权、利得权（收益权）、处置权于一身，甚至会将直接生产者的人身条件也纳入主体财产权界域内。这是一种政治暴力构建财产权的体制，在那里，主体的政治权力和暴力工具有多大，财产权边界就有多大。

2. 经济机制规定财产权边界

实行市场经济的现代私有财产权制度，法定财产权的确立要依靠国家的行政权力，如由宪法规定私有财产神圣不可侵犯。在民法中也载入各种有关私有财产权能、边界的具体规定，日常经济生活和社会生活中的财产权的争端，采取司法方式进行裁决，因而，财产权能和边界的界定仍然要依靠行政机制和国家权力。但是市场经济中主体财产权能及边界的界定，并不是单纯地借助国家强力，更不是听凭行政权力主体"任所欲为"。在这里，财产权的结构确定和权能边界的界定，市场经济的经济规律和市场机制起着基础作用。

财产权结构是在市场作用下形成的。在市场经济中，财产权的结构及其权能边界，不是取决于主体的意志，不是产权主体"想怎么样就怎么样"，而是取决于市场作用。（1）市场确定主体产权。市场实行平等竞争，使参与市场交易者成为平等的产权主体，他们拥有平等的竞买竞卖权利，市场不承认当事人的行政等级、官阶和特权。不管一些自认身份优越的人多么不情愿，市场交易总会使当事人相互承认对方的产权主体地位。而那些违反公平交易，欺行霸市和勒索等行为，也就成为对主体产权的"侵犯"。（2）市场力量确定主体财产权能的结构。如果说所有者总是想拥有古典的财产权结构，即集对象的支配使用权、收益独占权、处置权于一身，但是在企业激烈的经营竞争中，比较利益决定一些所有者实行代理、承包或租赁经营，这种情况下所有者就不得不将支配、使用权与所有权相分离并赋予代理人、租赁人或承包人。在现代市场经济使主体多元化的股份公司制成为通行形式的情况下，所有者不得不使经营权与所有权永久分离，人们可以看见现代股份公司的法人治理结构下，企业日常生产经营权能已经归经理人员。（3）市场力量决定主体财产权的度量。市场经济中人们在经济活动中不断地进行着财产权的转让和财产权结构的调整，在上述权能交换中，人们都力图争取更大的财产权能和尽量扩大财产权能的边界。

我们用具体例子来分析商品交换中财产权的转让及产权边界的确定。

商品交换既是主体之间进行的物的互换，又是所有权的转让。甲将一双鞋出售给乙，按照市场价格换得乙的货币10元。在这里，10元成为甲转让一双鞋的财产所有权所索取的价格，或成为对甲来说的鞋子所有权的交换价值边界，他把这个边界当作是他应享有的合法权利。一般来说，当事人要将他们通过交易谈判达成的商品交易价格，即财产权转让价格写入交易契约之中。

在上述场合，如果乙取走鞋子，不付钱，或者只付8元，甲会向法院上诉乙对他"侵权"，并要求乙赔偿财产损失2元。需要指出，甲提出的一双鞋所有权转让价格为10元的界定不是听凭当事人单方面的意愿，也不是借助谈判的技巧、欺骗对方而获得，而是基于客观存在的市场竞争价格。当然，市场经济中的财产权转让和产权界定，主体的主观行为能力很重要，谈判技巧也可能在财产权交换的协议中使一方占便宜，使另一方受损，但是在市场经济中，财产权能界定毕竟是从属于经济规律的作用。市场交换中的竞争，使一双鞋的卖价均衡于由社会平均必要劳动决定的市场价值，即10元。价值规律的作用决定了任何一个鞋的生产者，不论他在生产中花费的代价，即个人财产支出是更大或更少，一双鞋的卖价，即所有权转让价格都是10元，任何一个买方支付10元后，他都有权将鞋子拿走，并自由地加以处置。可见，支配商品交换的价值规律决定财产权转让的市场价格，这一市场价格也就是所有者所能索取的财产权交换价值的边界。

我们进一步分析企业组织方式、经营方式变化中发生的财产权能的界定。企业的组织与经营方式的变革中，如实行合伙制、公司制等组织形式和承包、租赁等经营方式，就发生了财产权结构的变化和当事人之间在财产权、责、益上的再划分和调整。这种当事人之间在财产权、责、益上的调整是通过谈判和缔结契约来实现的。当事人（如出租人与承租人之间，发包人与承包人之间，出资者与经营者之间）进行着艰苦的谈判，互相讨价还价。在利益的矛盾和磨合中最终达成协议，形成双方同意遵守的契约。在这里，财产权能结构及量度的界定是当事人的主观行为能力的结果，但是也应该看到上述利益的磨合和契约的形成，更重要的是市场作用。人们可以看见，承包租赁均是一个众多当事人相互间的市场竞争行为，人们通过招标、招租等形式，而最终达成某种财产权结构和权能量度的协议。股份公司的委托代理制的复杂的出资人和经营者的权能结构和权能量度的确定，在本质上，也是通过主体之间的市场竞争行为而达成的。例如，所有者的放弃实物财产直接支配权而行使出资人财产权，就是主体多元化的企业多数互相竞争的所有者之间的利益矛盾和磨合的结果。公司制的两权分离以及经营者与所有者间财产权能的划分，更是在双方互相选择和自主结合的市场竞争中形成的。

归结起来，市场经济中的主体财产权具体形式的确立，财产权结构的划分与重组，财产权能的量度和边界的界定，更主要的是取决于市场力量和客观的经济规律，并且是在主体相互的利益磨合的权利契约化过程中实现的。

（三）财产权界定中的政府功能

现代社会的财产权是法定的。在本书中我们已经指出，主体财产权很早就被载入法律之中，表现为法权。法权化意味着主体的权利得到国家的承认和由国家机器的强力来加以维护，从而使主体占有方式制度化和行为秩序化，后者是社会经济活动中财产权运行费用获得节约的前提。

现代社会的财产权制度的形成，更是体现了政府的作用，表现为财产权的高度法制化，即财产权的基本原则，财产权的具体结构，各种主体的权限、利益和责任，均要以法律形式来加以确认和界定。财产权的高度法制化是由于：在现代市场经济中多种多样的和不断变化的经济组织形式和经营形式以及复杂的社会生活中大量的"物"与

"活动"的交换，使主体财产权具体形式越加众多，特别是许多自发产生的财产权形式，需要加以规范，才能融入现有的财产权体系和顺利地运作。因而，在产权制度构建中更加需要发挥政府的作用。

政府的财产权规范和调节功能表现为：

第一，制定各种财产法的原则来约束和规范当事人的交易活动与财产运作，指导和约束主体权利契约化，使各种经济主体间的有关财产权、责、益的契约，符合法律的要求。例如，国家通过制定《公司法》，来指导和约束人们创建公司的行为和规范公司章程的制定。

第二，对依法缔结的各种私人契约予以维护，通过完备的司法程序使之硬化，从而使交易活动与社会生活中主体自我界定的财产权边界合法化与制度化，由此减少那些不执行原定契约而造成的产权争议，节约财产权运行费用。

第三，对主体财产权的争议进行法制调节。市场经济中主体财产权结构的多样化所产生的财产权矛盾有时是十分尖锐的，这种根本利益矛盾，人们不可能指望都通过主体间的协议来获得解决。特别是以私有产权制度为基础的资本主义市场经济中，资本与劳动在产权上的重大矛盾不可能通过相互"协商"获得根本上的解决。因而，发挥政府的经济调节功能，对各种日常的产权争议与矛盾进行政府协调和强制裁决就十分必要。

第四，对主体财产权实行约束和限制。政府处理产权矛盾，不仅要进行现有财产权格局下的利益调节，而且，往往要对现有的主体财产权予以重新界定，这就属于对主体财产权的限制和约束。我们将在下章进行论述。

以上分析表明，现代市场经济是财产权高度法制化的经济，在产权制度的构建和产权的有序运行中，政府发挥着日益明显的主导作用。

第八章

对主体财产权的社会约束

市场经济中主体财产权不是"绝对的"和真正"任所欲为"的，它是从属于社会约束的。受政府干预的、有限制的产权是现代主体产权制度的特征。本章主要研究市场经济中财产权运行的矛盾和对财产权的社会约束方式以及政府如何行使财产权约束、调节的经济职能。

一、市场经济中财产权运行的矛盾与对财产权的社会约束

（一）现代主体财产权从属于社会约束

财产一词德文为eigentum，可译为"我的东西"，即由主体独立支配和从属主体意志之物。一些人为了显示他拥有财产所有权，对物或对象甚至采取某种不合乎情理的、任所欲为的支配方式，例如把自己的衣物烧掉，将拥有的名画加以破坏，牛奶供应商将市场过剩的牛奶倒入江河。有关私有财产的最早的法律——罗马法规定："所有者有绝对的权利（title），他拥有支配他的所有物的绝对权利，他使用

该物的权利是很少有公法条款那样的限制，因而，可以称为绝对的权利。"①西方法学家在阐述私有财产权时，通常把财产权说成是完全从属于主体的自由意志的，"任所欲为"的，即不存在也不需要有任何约束之物。一些法学家将这种至高无上、任所欲为的财产权，归之于人的"本性的需要"，说成是"天赋的人权"；另一些学派则将它说成是至高无上国家所赋予的。

真正任所欲为的，不受任何约束和界域无限度的"绝对财产"权是不是果真存在？我们的回答是：否。

古代和中古的财产权，总是从属于主体的政治权利的，可以说主体政治权利有多大，他拥有的产权边界就有多大。人们可以看到，古代和中古在政治上处于顶峰的国君，实行"溥天之下，莫非王土"，其土地财产权是不受约束的。至于那些居于臣属地位的各种各样的主体，例如贵族地主、庶民地主、小农等，他们的财产权总是受到国家干预，为更高的皇权所限制和约束，从而不可能是真正地"任所欲为"的。

市场经济中的财产权不是产生和决定于军事和政治权力，而是体现在经济关系之中，是一个经济范畴，它是市场主体固有的权利，这种在经济生活中形成的财产权，在其行使中又会带来众多的矛盾。由于：（1）市场经济中的生产、经营主体，是以营利最大化为目标，受内在利益驱动的经营主体之间财产权的矛盾是不可避免的。特别是市场竞争的压力，强化了主体的产权扩张冲动，使企业行使财产权中的外部性问题更加突出。外部性是指："一个人或多个人的自愿行为在未经第三方同意的情况下强加给他们的成本或收益。"如农户在牲

---

① 劳森（F.H.Lawson）：《财产权法》，牛津出版社，1982年，第114页。

畜放牧中，听任牛羊群践踏他人的庄稼；上游的农户开渠放水，切断河流，造成下游农户的减产。更常见的"外部性"现象：工厂排放废气、废水，生产发出噪声，影响该地区人们共同的生活环境，造成"公害"，甚至引起居民拥有的土地、房屋的交换价值降低。后工业社会企业活动的外部性，使生态环境问题愈演愈烈，已经危及生产持续发展和社会生活质量。（2）人们日常消费生活中经常发生的产权矛盾，如在宅旁泼洒污水，乱扔垃圾，在院墙边种植树木等，影响邻近居民的生活。主体财产权行使中的人际矛盾成为屡见不鲜的事。（3）经济和社会发展引起资源重新配置的需要，从而主体财产权的矛盾也越来越多。例如，城市绿化和环境优化，要求工厂迁出；交通设施的兴建，要求居民搬迁和原先的土地占有权的转让，等等。（4）资本主义市场经济中制度性的产权运行成本是很高的，财产权所有者和非所有者的矛盾，使社会蒙受劳动者积极性不高、失业、罢工、社会动荡以及其他多种多样形式的经济浪费。特别是发达的资本主义国家，尽管随着科技与知识价值的提高，促进了中间阶层的发展，但是收入向两极分化和财产权的归少数人垄断的基本格局仍然依旧，制度性的产权矛盾仍然很尖锐。现代经济生活中以及经济发展中出现的财产权矛盾表明：主体财产权不可能是"绝对的"和真正"任所欲为"的。为了有效地缓解十分尖锐的财产权矛盾，减少产权摩擦成本，提高经济运行效率，需要对业已界定的财产权，进行再界定和对主体财产权进行必要的限制和约束。

（二）对主体财产权实行社会约束的方法

财产权的社会约束的目的是：妥善处理主体行使财产权的矛盾与冲突，减少财产权运作的社会成本，形成一种能保证经济顺利运行和社会生活正常运行的财产行为秩序。

在现代市场经济中财产权采取市场约束和政府约束两种方式。

1. 市场约束是借助市场竞争机制，来约束当事人的财产权的实施方式和行为

商品交换（投资、承包、租佃、招工、招聘经理人员均属于交换范畴）中，当事人相互从事财产权的转让，基于当事人固有的尽其可能地扩张其财产权能空间的行为动机，售卖人会采取尽可能提高财产权转让价格的行为，例如，房主在出租房屋时，总是力图提高租金，住户则是力图压低租金。在市场不发育时，交易当事人的确是这样做，但是在发达的市场和充分的市场竞争机制下，人们往往不再讨价还价，而是按照市场价格进行交易，这意味着交易当事人自觉遵守市场界定的财产权边界。此外，在存在充分的市场竞争机制下，股份公司的"内部人"控制，即经理人权利扩张行为，会受到出资人在证券市场转让股票、"用脚投票"和经理人市场竞争配置机制的制约。总之，在发达的市场经济中，主体实施财产权的行为，要从属于市场竞争机制的约束，从而使财产权的边界不是"任所（主体）欲为"的。

2. 政府的调节和干预

财产权是一种法权，它是通过国家的立法、司法等法制工具而得以硬化，成为社会普遍遵守的行为规范。财产法是根据市场形成的主体间财产关系而制定的，它是主体自发的市场契约行为的集中和规范化。财产权一旦成为法律，能使人们自觉遵守，由此可以免掉或减少一对一的谈判过程，节约产权界定的社会成本。特别是：（1）制度性的财产权矛盾和冲突难以通过市场界定来解决。例如，资本主义经济中体现占有与非占有的矛盾的工资争议和劳动者权益保护等问题，是劳资间的谈判所难以解决的，因而要发挥政府调节私有财产权和扶持劳动产权以及知识产权安排的功能。（2）市场对于主体实施其财产权行为的约束功能十分有限。市场经济的机制本身强化了主体的财产权扩张冲动，因此使日常生活中的运行性财产权矛盾与争议越发众多。如企业之间，企业出资人与经营者之间，企业与债权人之间涉及财产权的争议不仅十分频繁，而且由于当事人都宣称他们的行为与要求是基于自身的财产权，使许多争议必须诉诸法院裁决。由于财产权边界的界定越来越与财产权当事人的利益相关，市场界定和当事人之间的协议往往难以妥善解决这种深层矛盾，而政府的介入，对市场主体行使财产权实行行政权力的干预和约束，就成为现代市场经济的现实的需要。

二、受政府规制的主体产权制度——现代主体产权制度的特征

（一）政府对主体财产权的规制与调节

现代市场经济不实行"任所欲为"的主体产权，而要采用有政府规制的、有限制的主体产权制度。

20世纪30年代以来，发达资本主义国家放弃了自由放任的市场体制，实行政府对宏观经济的调节。政府对经济运行的干预主要着眼于扩大有效需求，增加就业和改善劳动者生活福利。70年代后环保运动兴起，政府干预扩大到环境、生态、资源使用领域。在有宏观调控的市场经济体制下，市场主体的财产权制度也要更多地受政府干预。通常做法是：政府通过立法，使财产权从属于政府的调节：（1）对主体的经营领域，即实施财产权的领域进行政府干预。（2）规定主体财产权能的量度，即产权边界或界域。（3）对主体财产收益权实行调整。

政府干预主体进入的经济领域。政府根据产品与资源的性质，决定是实行公营还是私营。例如，对于充分供应的自然资源领域，实行主体自由占有和经营；对稀缺性的、关系社会公共利益的自然资源，实行政府所有，或国有民营，等等。基于新的情况和社会的需要，政府可以对现行的主体财产权结构进行调整，例如，在修建公路等基础设施时政府可以征用私人土地，对某些私人企业可以收归公营，或对公营企业实行财产权主体多元化和民营。我们可以举出如下例证：美国1928年前对广播频道实行谁先使用，由谁所有，有如对无主的土地一样。由于上述占有方式妨碍资源有效利用，不利于效率提高，1928年国会联邦广播委员会以促进公益为由，实行频道三年一换并收取费用，实际上是将频道私有制改变为公共所有权和主体使用产权的制度。可见，现代市场经济中，政府有着调整和改变主体财产结构的功能。

政府调节、限定主体财产权能的量度。政府对公益性经营领域的主体主权实行限制，如公用事业的价格要从属于政府的管理。对资源（河流、土地）的主体所有权进行限制是现代社会的常规。资本主义市场经济的国家对河流实行私人所有，但严格管理用水[①]；城市土地所有者修建住房或工厂，必须服从市政统一规划；工厂的废水、废气、废渣的处理，必须服从城市环保法的规定；旅游景点的居民住房，在市政规划下可以进行拆迁。政府还对某些个人消费财产权限进行限制。如美国立法规定个人对其所有的珍贵艺术品不能加以破坏、焚毁。现代城市的管理中有关不许乱扔垃圾、随地吐痰、公共场合不许吸烟等规定，均可归结为对个人财产权的政府限制。

---

① 美国实行河流及水资源的私有制，西部诸州对水的使用进行严格限制，允许水资源转让，但禁止投机行为。

政府调节收益权。在19世纪的自由竞争的资本主义条件下，政府不干预市场性的收益分配。西方经济学制造出资本—利润、劳动—工资、土地—地租的收入分配是天经地义和不可改变的"自然秩序"的理论，按照这一理论，政府没有私人收益权调节功能，否则，只会牺牲效率。美国早期的宪法甚至禁止向私人征收所得税。但是市场经济存在着它固有的机制性的分配不均，而资本主义市场经济又有来自私有制框架的制度性的分配不公，以上二者造成十分突出的贫富两极分化，后者成为尖锐的阶级矛盾和社会政治动荡的重要根源。当代资本主义正是在上述条件下，产生了政府介入和从事财产权益的制度安排的新职能。如政府征收企业所得税和超额利得税以及对暴利高额课税，即是对主体（企业）财产收益权进行限制和调节；政府对个人征收累进所得税以及高额遗产税，等等，即是对主体（个人）财产收益权进行限制和调节。

人们可以看见，20世纪30年代以来的发达资本主义国家，采取了"福利国家"的政策，这就是借助税收杠杆和各种社会保障制度，在财政转移支付机制下，对失业者、低收入者、老年、残疾者进行生活和医疗等补助。尽管资本主义国家政府作为私有财产权维护者的基本功能不可能改变，但是的确出现了政府介入主体财产收益权的行使和进行剩余产品再分配的新现象与新趋势。

如果说，历史上不曾有过真正的不受限制的、"任所欲为"的财产权，那么，在现代发达的市场经济中，更不存在"绝对的、任所欲为"的财产权，而是实行国家调节的、有限制的主体财产权。在社会主义市场经济中，基于其制度特征和减少财产权摩擦费用的需要，更要实行国家调节的、有限制的主体产权制度。

（二）对财产权实行政府调节的原则

1. 合理限制原则

市场经济立足于主体产权的基础之上，因而，必须保证自然人和企业法人财产主体的地位，也必须维护个人的消费财产权。政府在采用限制主体财产权的措施时，必须严格依据法律，有效地维护主体合法财产权益，而不能任意地加以剥夺。为此，政府在征用私人土地时，就要按照市价对主体进行"合理补偿"；政府在限定城市公用性的企业的定价时，要对企业由此发生的损失给予补偿；至于政府在拆迁民房时要给予合理补偿就更不用说了。政府用累进遗产税形式来对那些高额所得拥有者的个人财富进行限制，但不干预主体的自主经营权，或限制其个人所得支配权，这也是着眼于维护市场主体产权，以调动其经营的积极性，保障主体的市场主体地位，维护其独立的市场竞争行为。

2. 效率原则

主体产权制度完善的重要意义，在于经济运行费用的节约和效率的提高。对于竞争越来越激烈的现代市场经济来说，效率的现实意义越发重要，因而，政府在发挥组织与调节职能促使产权制度的完善中，要考虑和遵循效率原则。在发生财产权侵权和产权争议的场合，人们不应该简单地"禁止"主体实施财产权行为，而需要实行一种基于财产权益的市场价值估算的"合理赔偿"方式，以达到鼓励经济效率（益）提高的现实作用。例如，农场主A放牧10头牛，践踏相邻农场主B的谷物，引起B的谷物减收1000公斤。法院不是裁决禁止农场主从事养牛，而是裁定按谷物市值进行财产权损失赔偿。假定谷物每公斤市值为10元，1000公斤的赔偿金是1万元，农场主A在支付赔偿金后尚有超额利润，他会继续扩大放牧规模。在养牛50头时，A对B的谷物带来损失5000公斤，支付赔偿金5万元，A获得的边际利润为0，A的农场规模将保持50头牛的规模，这对A来说是最低成本和最大利润。对农场主B来说，尽管他的谷物生产量减少了，但他仍然保持原来的收入和平均利润。谷物市价不因B的减产而上升，因为：其他谷物农场的生产有增加；社会需求结构发生变化，增加的肉食供应减少了对谷物的需求。这种情况，意味着产权损失合理赔偿机制促进了农场实现规模经济和有效配置资源，并且促使宏观经济效益得到提高。

还可举出另外的例证。城市工业迅速发展，工厂大量兴建，原有的住户因废气、噪声等而发生财产权的损失。法院裁定由工厂支付合理赔偿金，而不是对工厂发出停产禁令。这时原有住户将乐意另觅环境幽静适于家庭居住的新宅。如果工厂在支付赔偿金后，还可获得超额利润，他将继续扩大工厂规模，甚至将居民房屋购去用于生产。这种情况表明：产权合理赔偿的机制促使城市结构调整和工业区、居住区的形成，实现了资源的优化配置。

按照效率原则，对主体产权进行调节，也体现在精神产品的产权构建和权能量度的安排中。市场经济中的科技产品、艺术产品及出版权、商标权、商誉权等，是作为专利权加以保护的。各国的专利法规定了保护知识产权的具体措施，如规定专利权享有者的条件、专利年限和专利的内容，这些措施一方面是为了确立创造发明人的产权主体地位，调动精神、科技产品生产的积极性，从而增进精神产品生产的效率；另一方面是为了对主体产权进行适当限制，促使专利产品使用范围的合理扩大，从而充分发挥精神产品提高物质生产力和增进国民精神素质的功能。具体的例证是：按照知识产权法的国际通例，禁止复制科技新发明讲座的录音带用于商业营利，但不能禁止其用于教学目的。

3. 社会公共利益原则

保障社会公共利益，是政府对主体产权进行限制和调节的重要目的。在利益驱动下的主体产权扩张行为，不仅会损害相关的生产当事人，造成"私害"，而且往往损害公众，造成"公害"。如生产活动中的任意排放废气、废水，造成环境污染；乱抽地下水，造成城市水位下降；乱伐林木，造成生态环境的破坏。生活与消费活动中的乱扔垃圾，任意在行道停放车辆以及攀折街心花木，践踏公共草坪等，都给社会公共生活环境带来危害。

19世纪自由资本主义时期，政府更多的是充任"守夜人"的职能，还缺乏调节私人产权的功能，因而，私人资本的活动是与私有产权造成的"私害"（private bads）和"公害"（public bads）相并存的。在20世纪的垄断资本主义条件下，大公司更是肆意进行"财产权"扩张，造成了当代后工业社会的更加严重的公害，城市生活环境恶化，生态平衡遭破坏，水及其他自然资源耗竭，这些不仅使社会共同生活的条件进一步恶化，降低了居民生活质量，而且影响到国民经济的可持续发展。因此，世界各国政府都采取措施来调节主体财产权，以维护社会公共利益。如环保法对工厂排放污水和有害废气的行为进行限制，城市规划法令对土地使用和工厂、住宅的兴建进行限制，一些国家政府还通过法令对吸烟、随地吐痰、扔垃圾、酗酒及餐饮的浪费等私人行为以及观看黄色影视、赌博等进行限制和禁止①。

可见，发挥政府的经济职能，按照社会公共利益原则来调节和限制市场主体财产权，是市场经济制度的共同要求，这是调节财产权的

---

① 1997年3月1日起施行的《中华人民共和国环境噪声污染防治法》第61条规定："受到环境噪声污染危害的单位和个人有权要求加害人排除危害；造成损失的依法赔偿损失。"

矛盾，缓解"损他"和损害公众行为、维护共同生活条件与环境的必要，也是优化投资环境，提高地区经济竞争力的要求。当然，政府调节主体财产权和维护公共利益功能，本身要受到财产权基本制度，即所有制的限制。在资本主义市场经济中，随处可见的、愈演愈烈的私有主体财产权扩张和他人利益、社会公共利益严重受损，表明了政府对私有产权约束功能的软弱。

4. 社会公正原则

尽管按照社会公正原则来调整和改造主体财产权结构的思想，很早就已经为进步的思想家所阐述，但是在人类历史上的阶级社会，包括当代资本主义社会，在对待财产权上政府的作用是维护私有财产基本制度，而不是实现财产权的公正。法国经济学家萨伊就宣称资本主义私有产权结构及其资本—利润、劳动—工资、土地—地租的"三位一体"的分配方式是天经地义，不可更易的。但是，资本主义的制度框架下，市场机制的作用，必然会带来收入的高低悬殊，造成进一步的贫富两极分化，使财产权内在结构的矛盾日益激化：（1）生产资料所有者的财富不断积累，而广大劳动者财产权始终限制在劳动力财产权的狭窄框架内，从而造成所有与非所有之间的矛盾日益激烈。（2）财产大所有者与中小所有者之间的矛盾也十分尖锐。人们可以看到，生产领域中大资本以种种方式吞食中小资本，掠夺后者的财产权不仅屡见不鲜，而且愈演愈烈。（3）垄断所有者的财产权扩张，如生产中的肆无忌惮地制造"公害"——污染环境、空气，耗竭水资源，破坏生态，在消费中的穷奢极侈和现代形式的、更使人触目心惊的"朱门酒肉臭、路有冻死骨"现象。资本主义市场经济中财产权内在矛盾的激化和产权不公正引发了一系列的经济矛盾，引起政治冲突和带来社会动荡不安，从而使经济的运行付出高昂的制度成本。正是因此，缓解财产权基本制度固有的不"公正"，也就成为当代资本主义国家调节宏观经济中不得不面对的一个问题。

新古典学派的经济学家A.C.庇古，提出了政府应该采取措施，以缓和社会的经济不平等，抵消垄断的价格扭曲和纠正外部经济效果。自20世纪30年代以来，资本主义国家开始实行"可调节资本主义"，更多的人主张对现行制度结构进行改革以促进"社会公平"，特别是第二次世界大战后北欧瑞典等国倡导实行福利国家政策，在"收入平等化"口号下，采取税收政策，实行累进所得税和高额公司资本利得税，将公司剩余和个人高所得集中于政府，与此同时，政府通过全面的福利政策——对低收入者、伤残者、老年人给予补助金以及医疗保障，由此对市场收入分配制度进行"修正"。上述措施实际上是对资本主义的主体财产权的结构、权能进行了一定程度的调整。

应该看到，主体财产权的具体结构和权能界域，毕竟是受到社会财产权基本制度的约束，而当代资本主义私有财产制度和财产公正是难以兼容的。资本主义国家推行的经济改革的实践中，不可能有真正的按照社会公正原则来进行主体财产权结构的调整①。市场经济所催化的私有财产权的内在矛盾，是资本主义国家难以缓解的，更不要说加以消除了。上述产权制度性的矛盾及其导致的高昂费用，成为资本主义经济难以摆脱的沉重负担和资本主义经济顺利运行的重大障碍。

按照社会公正原则来有效调节和安排主体产权制度，只有在社会主义市场经济条件下，才成为现实的必然性。一方面社会主义市场经济条件下存在公有产权结构的内在矛盾，需要有政府加强调节以实现

---

① 实行福利国家的瑞典，其经济改革措施自20世纪70年代以来遭遇到很大障碍而难以继续推行，目前，许多对大资本进行节制的措施已经放弃。

社会公正；另一方面由于立足于社会主义公有制的产权主体，在经济运行中发生的财产权矛盾，不具有对抗性质。现阶段社会主义条件下的非公有主体，也具有新的特征，它能有效地从属于社会主义国家的管理。可见，在社会主义制度框架下，政府对主体产权的有效调节，实现社会公正，不仅是可能的，而且成为客观的必然性。

归根到底，主体对财产的支配权，不可能是"无限制的"，而是有社会约束的。西方法学理论中那种关于从属于主体绝对意志的"绝对财产"说是没有根据的和不能成立的。财产权是一种法权，它是由法制强力来维护的主体权利，也是由法律来加以界定和明晰其界域的权利，是政府"可调节"和"有约束"的财产权。但是也必须指出，政府和法制对财产权的调节和约束也不是"任所欲为"的。财产权在经济中体现为一种占有关系，后者是在一定生产力基础上出现的。占有关系是生产力的经济形式，法定财产权是占有关系的法律形式。可见，法律上的财产权构建不能超越、违反现实的占有关系，而后者又不能超越和违反物质生产力的性质和要求。可见，对于财产权主体来说，应该明确财产权不是天赋的特权，而是社会生成的权利，财产权不是听从个人自由意志的，而是要从属于社会的规范和约束。对于政府来说，则应该根据市场经济主体的性质和基于有效率和有序的经济运行的需要来维护和合理地约束主体财产权，即对财产权实行调节和科学界定，但政府不能违反财产权形式决定于生产力性质的客观规律，不能在财产权调节中搞超越经济规律任意"升级""拔高""平调"和实行调节者的"任所欲为"。

政府对财产权的干预方式和限度，决定于国家的性质。尽管资本主义国家在财产权矛盾空前激化的形势下，采取了某些政府干预和约束财产权的措施，但是资本主义国家的性质以及政府和议会的屈从于大私有主的利益，使政府对私有财产权的干预和约束力十分有限。对私有财产权的约束也只是在一些表层领域，主要是对财产权益的一般矛盾的调节，对于财产权的制度性构架，即资本主义所有制，则是资本主义国家的政府不可能加以触动的，从而使制度性的产权矛盾成为难以解决的"痼疾"。这也使资本主义市场经济的运行要长期承担高昂的制度性产权运行成本。而只有在社会主义的经济制度、政治制度、文化制度下，人们才能按照客观经济规律的要求，采取多种有效的措施，实现对主体产权的社会约束，从而实现社会主义产权运行的低费、高效。

（三）对财产权主体行为的思想约束

主体财产权制度的内在矛盾，归根到底是主体经济利益的矛盾，上述矛盾的客观物质根源是资源的稀缺性，其主观的思想根源是人类固有的利益动机。财产权矛盾的程度与状况是与资源稀缺性成反比，与人的益己动机成正比。我们在这里分析引起产权矛盾和冲突的主观因素。

人类的活动总是与物质利益有关。为了追求自身的物质利益，人们对生产资料和生活资料实行占有和确立主体财产权。作为社会的人，一方面，要确立某种社会占有方式，社会通行、法定的财产权制度；另一方面，在现实生活中，人们又会在经济利益的驱动下，不断地超越社会界定的财产权边界，即实行主体产权扩张，从而使经济生活充满经常的产权矛盾和冲突。上述主体财产权的矛盾和冲突，在私有制经济中得到最鲜明的表现，历史上的财产私有制总是会煽起一些人的最自私的和邪恶的利己主义动机及无厌的财产占有欲，由此出现了最野蛮的、最无人道的财产占有方式，如用暴力、战争的方法来夺取财产和增值私人财产的践踏人权的奴隶制、农奴制方式和资本主义的最精巧的掠夺和扩大私人财产的方式。

主体财产权的矛盾，绝不是与私人占有欲相关联的私有制经济的范畴，而是市场经济的普遍范畴。市场经济是主体利益驱动的经济，在那里，主体是追求赢利动机、拥有自身的财产权、实行自主经营、自负盈亏、自我发展、自我约束的市场竞争主体，这种自身利益驱动的经济组织和个人，西方经济学家称为"经济人"[①]，不过，科学地说是社会、经济人，其一般特征是：（1）他是法定的财产主体；（2）他以追求自身财产利益为活动动机。主体的追求财产利益的动机必然会表现为他们相互间的市场竞争行为，因此，经济运行和社会生活中财产权的矛盾和冲突是不可避免的。特别是一旦人格化主体，如企业主、公司经理和消费者个人在观念上纯然是受益己心的支配，在思想品格上出现畸化，例如，企业主或公司经理只是追求眼前利益，而缺乏长期目标；只从事狭隘的经营打算，不考虑"外部性"及其社会后果；甚至为赚大钱而不惜贪赃枉法，徇私舞弊。在上述情况下，就会有各种各样扭曲的、非理性行为的猖獗，从而造成财产权的矛盾和冲突的激化。在资本主义国家，财产权矛盾、冲突的极度尖锐和激化，除了由于竞争的激烈等经济原因所造成，还在于市场经济的主体行为动机被私有制的私人利己心所催化；再加之以社会上占支配地位的资产阶级意识形态（自由主义、利己主义和享乐主义思想）的影响和污染，从而造成主体思想道德素质的恶变，表现为个人利己心的大泛滥和行为的非理性化。

[①] 当然，由于是社会的存在，他除了有益己动机外，还有益他动机，因此，市场主体不仅是经济人，而且是社会经济人。

可见，市场经济中的财产权的矛盾和冲突，并不是通过经济约束和政府约束就可以获得缓解，基于人类行为的思想动因和现代市场经济中主体行为非理性化的趋势，人们还需要形成对财产权主体的行为的思想道德约束。要通过文化教育水平的提高，健康思想的提倡，特别是社会、经济伦理教育的加强，来铸造现代人的健康向上的价值观和人生观，形成现代市场社会、经济人的健康的经营观念。只有这样人们才能诱导和培育出真正的文明人类行为，使社会生活中因财产权而产生的矛盾得到缓解和减少产权运行费用。但是在西方资本主义国家的基本经济制度和意识形态下，难以营造一种重视精神文明建设的健康的社会气氛，卓有成效的对主体实施财产权行为的思想、道德制约是难以形成的。

第九章

社会主义市场经济与主体产权制度的构建

社会主义的主体财产权，是当代社会主义理论与实践中的一个极其重大的问题。社会主义国家长期实行的传统计划体制，其重大的制度缺陷，可以归结为：主体财产权的模糊和缺损。而实行社会主义市场体制，则要进行产权制度的改革和创新，其中心环节是主体产权的构建。也就是：要建立拥有主体产权的社会主义市场经济。

一、建立拥有主体产权的社会主义市场经济

（一）产权制度的改革——改革深化的迫切需要

1978年党的十一届三中全会以来，中国启动了一场举世瞩目的和取得巨大成效的市场取向的体制改革。邓小平同志是中国体制改革理论的制定者和总设计师。邓小平同志基于对当代世界、对社会主义国家，特别是对新中国成立以来中国经济建设的历史经验的总结，阐述了建设有中国特色社会主义的理论。从1979年起，小平同志多次指出，社会主义可以实行市场经济。1992年党的十四大基于邓小平的理

论，确立了以建立社会主义市场经济为我国体制改革的目标模式。1993年党的十四届三中全会通过的《中共中央关于建立社会主义市场经济体制若干问题的决定》，进一步阐述了社会主义市场体制构架的特征和从传统计划体制向新经济体制过渡的途径。20世纪90年代中国加快了由计划体制向市场体制的转轨。

1997年党的十五大，进一步推进了我国经济体制的全面改革和转轨。建立社会主义市场经济体制就是要使市场在国家宏观调控下对资源配置起基础作用，为此就需要：（1）建立起以公有制为主体，多种经济成分共同发展的所有制结构；（2）大力进行国有企业的改革，重塑社会主义市场经济的微观主体；（3）全面发育市场，形成和强化市场机制；（4）建立按劳分配和按生产要素分配的制度；（5）建立以间接调控为主的宏观调控体系，完善政府的经济职能；（6）形成多层次的社会保障体系，等等。

中国的体制转轨，既涉及微观体制又涉及宏观体制，是一场包括企业、计划、财政、投资、劳动、工资、金融、外贸等方面的全方位的体制改革，是一项全面的制度创新。产权关系是市场经济活动的一般关系，实行市场经济要求把政府进行产品调拨与直接分配关系改变为以主体产权为基础的市场交换关系。产权制度改革是体制各个方面的改革都要涉及的共同内容。如建立公有制为主体、多种经济成分共同发展的所有制结构，要求进一步发展国有、集体、中外合资、合作、股份制、个体、私营等企业，形成多元化的市场主体，因而，首先要形成和维护多种多样企业的财产权。实行多种经济成分共同发展，需要积极发展各种非国有经济，首先要进一步发展集体经济。就集体企业的改革来说，无论是城市集体企业、大集体企业还是股份合作制企业，当前都面临着进一步明晰和形成适应于市场经济的产权结构的任务。个体私营经济是我国现阶段国民经济的重要组成部分，个体私营经济进一步的和健康的发展，既需要依法维护私有财产权，又需要积极引导，促使其改造成为公司制的法人财产。至于正在兴起的科技型的民营企业，也需要按照个人业主制、合伙制、股份制等市场经济中一般企业组织形式，来构建其产权结构。国有企业的改革是全面的体制改革的中心环节。就国有企业的改革来说，为了建立产权明晰、责权明确、政企分开、管理科学的现代企业制度，进行以构建法人财产权为目的的、深层次的产权制度的改革就是极其紧迫和不可回避的。

全面发育市场，形成包括一般商品、生产资料、劳动力（包括经理人员）、科技产品、各种精神产品等在内的完备的市场体系和形成发达的市场交换，显然必须以上述多种多样的生产要素的交易者成为产权主体为前提。

实行按劳分配和按要素分配的多样分配制度，是以完善的主体产权制度为基础的。真正落实按劳分配，贯彻多劳多得，必须以劳动者个人拥有完全的劳动力产权为前提。而实行按照职工和居民的技术、资金及其他生产要素的贡献进行分配，则首先要明晰和维护各项生产要素的主体产权。

政府对微观经济活动的直接管理和向间接的宏观调控的转换，也是立足于市场主体，特别是企业的产权制度的改革之上。人们可以清楚地看到，不确立企业独立的产权主体和法人实体的地位，企业就不可能真正地自主经营、自负盈亏、自我发展和自我约束，也不可能对市场讯号和各种经济参数作出灵敏反应，实行宏观调控的经济工具的调节功能也就难以得到有效的发挥。

多层次的社会保障体系的建立和完善，也与产权改革密切相关。社会保障体系需要把保障金的社会统筹和个人账户相结合，个人账户的发展，也与个人多种多样要素投入形成的财产权和收入权密切相关。

可见，我国当前全面推进的改革，使深层次的改革——产权制度的改革，成为十分迫切的和不可回避的。

（二）主体财产权是市场经济的一般范畴

主体是一个经济范畴，一般地说，我们可以把主体规定为独立地从事各种各样的经济活动的社会、经济人，更具体地说，主体财产权就是独立从事生产、交换和消费的自然人和各种组织所享有的对生产财产或消费财产的具有排他性的支配权，它包括财产所有权和实际支配权。这种主体财产权具有下述功能：它维护主体的根本经济利益；保障经济活动中主体的自主权；为主体提供利益的激励；确立起与财产权、益相对称的财产责任，从而对主体行为进行约束。归根到底，主体财产权是任何一种社会形态、任何一种所有制条件下有效地进行生产与其他经济活动的最基本的条件，更是市场体制下的微观单位的合理的经济行为和活动效率的制度基础。

主体财产权是市场经济体制下的普遍范畴。市场经济是发达的商品经济，发达的商品交换使各种各样的要素占有者都成为市场交易的主体。市场交易者理所当然地应该是产权主体。如果说主体的有限性和主体财产权的缺损或模糊是历史上的实物经济体制的特征，那么，市场经济就是以拥有多种多样的主体和拥有明晰的和法定的财产权为特征，基于此，我们可以把市场经济称为以主体财产权为基础的经济。

在社会主义条件下，也需要有一种恰当而合理的主体财产权。在社会主义条件下，劳动者当家做主，劳动者是最基本的经济与社会主体。社会主义的主体财产权，一般地说，就是每一个劳动者享有的平等财产权。按照传统社会主义政治经济学的阐述，一旦建立起全社会公有制，即全民所有制和集体所有制，每一个劳动者就处在平等的主体地位，对公有财产拥有平等的权利，因而，主体产权问题就得到根本的解决。就企业来说，按照传统的社会主义经济理论，社会主义全民所有制或是集体所有制企业，产权也已经得到明确的规定，是属于国家财产或是集体财产，因此产权已经无须再加以"明晰"，因而也就不存在什么企业产权问题。至于职工和居民，由于私有制的消灭和公有制的确立，劳动者都成为公有财产的主人，因而就个人来说的主体财产权问题也已经得到彻底落实。可见，按照传统的社会主义理论，一旦完成了生产资料所有制的社会主义改造，建立起全民所有制和集体所有制的公有制度，财产权问题就不再存在。人们可以看到传统社会主义政治经济学中除了公有财产（国有财产、全民财产）范畴以外，没有其他财产权的概念，也没有"明晰产权"的问题，更没有有关企业产权和个人产权的阐述。显然按照传统的社会主义经济理论，社会主义制度下不再有财产权的矛盾和问题需要解决。

（三）传统体制下主体财产权的缺陷及其矛盾

事实上传统的社会主义所有制模式下财产权的矛盾与问题，仍然客观存在。传统的社会主义所有制模式，立足于传统的社会主义理论（我们指的是斯大林时期以苏联的计划体制的实践为基础的社会主义经济理论）之上，这是一种缺乏企业产权和劳动者个人产权的公有制理论，可以称为单一国有主体产权理论。这种理论的特点是：（1）把社会主义财产权归结为生产资料所有权，而忽视了劳动者个人的多样财产权。（2）把社会主义公有制，归结为国家所有制为主和集体所有制为辅，而不承认其他的所有制形式。（3）把国家所有制作为实行高度集权，用行政命令来直接管理企业活动，否认企业的主体地位的国有制。（4）把集体所有制作为"低级的"、要改造和过渡为全民所有制的形式。在高度集中的和无所不包的计划管理下，集体经济的生产自主权，独立的经济利益，实际上已不存在，成为"二全民"，集体企业的主体地位名存而实亡。（5）回避和否定劳动者和居民的个人财产权，否认劳动者对生产资料拥有财产权——顶多承认农村集体经济中农民的有限的土地即自留地使用权。在严格的计划管理体制下，劳动者实行计划安置就业，不能自由择业，劳动者本人不具有支配劳动力的财产权利；劳动者除了享有工资收入权以外，不存在投资权和独立从事其他经济活动的权利和享有经营收入的权利。此外，劳动者除了拥有日常生活消费品外，不具有住房个人所有权以及法定的遗产权，在实行配给制（票证）和实行公共食堂的人民公社体制下，人们原先的稀少的个人财产支配权也几乎不再存在。

传统社会主义所有制模式的根本弊端是：（1）财产所有制结构的单一性。公有制（主要是全民所有制）独占统治，而排斥非公有制经济的存在，个体与私营经济被视为社会主义的"异己"之物。（2）国家成为唯一的财产权主体，企业和个人缺乏主体财产权。传统的全民所有制企业把一切财产权（所有权、支配权、利得权、处置权）集中于国家手中，甚至是集体企业的财产权也由政府行使，企业成为政府主管部门的附庸，不具有主体地位。（3）个人财产权的稀薄。（4）财产权的不明晰。即便是国家这一财产主体，在条块分割的管理体制下，所有权的责任代理者（对企业进行管理的政府机构）的权、责、益也是不清晰的。因而，财产权的单一性、主体的集中于国家和企业、个人主体财产权的缺损、产权的不明晰，就成为传统公有制产权制度的鲜明特征。

　　当然，如果历史地辩证地看问题，那么上述的社会主义公有制模式与产权结构，是一定的历史条件下的产物，这就是：初生的社会主义国家，在严重的国际形势下，需要借助上述财产权形式，集中人、财、物于国家，以行政手段配置资源来催生重工业。可见，传统的社会主义产权模式植根于高度集中的计划体制。但是人们也应该看到，这种公有制模式与产权结构所固有的弊端：（1）财产所有制结构的单一性，以其重全民、轻集体，排斥非国有经济，使所有制在"一大二公"原则下不断拔高，造成所有制结构脱离了初级阶段社会主义的性质和中国国情，使生产关系变革"超前"，对生产力的发展起着破坏作用。（2）主体财产权的缺损、国家财产权过度扩张、企业缺乏主体财产权，这是传统国家所有制的重要的内在矛盾。一方面，就国家来说，它集中了全部国有企业以及集体企业的生产资料所有权、支配权、收益权、处置权于一身，从而要求组织庞大的政府机构来进行微观经济活动以及宏观经济活动的管理。对分散于各地的千万个企业实行高度集中的行政管理，显然不可能有经济效率；特别是庞大的、条块分割的行政管理体系，必然会存在着职责界限不清、互相扯皮、对企业中需要解决的问题互相推诿责任以及办事中的文牍主义和官僚主义，使作为财产主体的政府难以有效地行使所有者和经营者的职能，出现了企业运作中所有者"缺位"的现象；而另一方面，企业由于处于行政附庸地位，既缺乏自主经营权，又缺乏"产益"的激励机制，也不对经营状况承担责任，特别是"大锅饭"和"铁饭碗"造成管理者和职工普遍缺乏积极性，使照章办事、懒懒散散成为企业中人的行为常规，其综合表现则是效率低下和技术、管理停滞不前，用经济学术语来说，主体财产权的缺损使企业付出很高的交易费用和组织费用。

　　就个人主体产权的缺损来说，个人消费财产权的稀薄受到严格限制，不仅影响个人及其家庭成员所能自由支配的消费资源，不利于人们的生活和享受水平的提高，而且它实际上造成与社会主义格格不入的对个人的消费生活的干预与限制，从而妨碍了社会主义生产的目的（全体社会成员不断增长的生活需要的最大满足）的充分实现。对个人占有生产财产的限制，则排斥了劳动者发挥自身特长与潜力，进行个人家庭生产和享有多样收入的可能性。

综上所述，传统社会主义经济运行中以及微观经济活动中的种种问题，特别是十分突出的效率上不去的问题，并不是如西方许多人所说的是社会主义公有制造成的，而是由于人们未能解决好以公有制为主体和多种经济成分共同发展的问题及公有制框架中的主体财产权问题，特别在于未能探索到和建立起具有多样主体财产权的公有制结构，也就是未能寻找到一种最佳的公有制的实现形式。个人财产权的稀薄限制了公有制框架内劳动力与生产资料的相结合的范围和空间，既不利于充分就业，又不利于生产力的发展，此外，造成劳动者在就业上对国家的依赖，也造成劳动者自身追求素质提高的积极上进精神的缺乏。

二、多样性的市场主体产权结构——社会主义市场经济固有的要求

我们以上分析的是传统计划体制下主体财产权的缺陷及其矛盾。从本节开始，我们将以社会主义市场体制为背景，进行主体产权的分析。

（一）市场经济与市场性的主体产权体制的构建

我国经济体制改革的目标，是建立社会主义市场经济。这是一种

建立于社会主义公有制为主体的框架之上，经济市场化充分发展、市场机制的调节作用得到充分发挥从而经济运行顺畅的市场经济。对社会主义国家来说，建立这样的市场经济，需要进行全面的经济体制改革和制度创新，其核心是产权制度的改革和创新。

产权制度改革的目标是建立起市场性的主体产权制度，这在于：市场经济是建立在千百万个以市场为导向、以营利最大化为目标的市场主体的独立自主的经营活动基础之上。市场主体是市场经济的微观组织，广义地说，它包括企业、个人、其他交易单位（政府及其他社会组织），上述主体是微观经济活动和整个国民经济运行的起点和基础。企业是最基本的市场主体，它必须拥有自身财产权——所有权或经营权，后者是主体独立地进行生产、交换和其他经营活动的前提条件，如果不具有财产权，它就不可能进行独立自主的经营，也就不能成为市场竞争主体。市场经济中的个人，也要进行消费性的市场交换或生产性的市场交易（包括各种投资行为），因而，必须拥有个人财产权。市场经济中的各种组织，包括各种社会团体、事业单位、政府机构、国防机构，也要参与各种交换活动，因而，也需要有与其性质和职能相适应的财产权结构。建立起适应市场经济的包容一切经营组织和非经营组织的明晰的和多样性的主体财产权制度，是转型期产权构建的主要内容。

（二）多样性的财产所有权结构——市场性主体产权制度的特征

这里，我们首先分析最重要的市场微观组织——企业和个人的主体财产权。发达的市场经济是以主体产权结构多种多样为特征。上述主体产权的多样性，归结为主体财产权性质的多样性和主体财产权组织形式的多样性，主体财产权性质指的是财产所有制的差别。如企业、个人的财产有私有制与公有制、混合所有制等差别。必须指出，任何社会形态尽管有一种占支配的所有制形式，但是所有制并不是一元的，而是"普照之光"与多样色彩相结合。市场经济可以包容多种所有制，特别是发达的市场经济更是以所有制结构的多样性为特征。多种多样的所有制并存，意味着实行向不同性质的财产权主体开放，从而造成数量大、范围广的主体从事于交换和开展竞争的、竞相提高效率的生机勃勃的经济局面。

当代市场体制和机制臻于完善的发达资本主义国家，尽管是以资本家私有制为基础，但是也存在多层次的政府所有制或公有制。而且，出现了劳动者的合作制，特别是各种性质的个体所有制（从个体企业到科技人员与知识阶层的知识产品个人所有制）也日益得到发展。这种所有制结构的多样化，尽管是建立在资本家所有制的制度框架之上，但是它却使越来越多的公众成为产出和市场交换主体。他们或者组建从事各种商品生产与营销的企业，或者从事知识产品生产和市场转让，或者从事一般劳动力的出卖和消费品的购买，等等。所有制结构的多样化，动员和吸引多种经济资源的拥有者进入市场交换和竞争之中，由此出现了市场微观主体的普遍化。这种市场主体的普遍化，成为经济市场化和市场体系完备化的前提，促使市场机制在国民经济中全面覆盖和市场调节的最充分发挥，从而大大增强了市场经济的活力，形成了发达的和生机勃勃的市场经济。

所有制结构的多样化，也是建立社会主义市场经济的固有要求。在社会主义条件下，需要动员和吸引各种经济资源的拥有者参与市场活动，形成市场主体的普遍化。微观主体的普遍化以主体的多样化为前提，不仅需要有公有制——多层次的国家所有制，而且需要有各种集体所有制及混合公有制。此外，多样性质的合作社、社区所有制、股份合作制、职工投资为主的保险基金等，都是社会主义的公有制的具体形式。基于我国处在社会主义初级阶段的国情和解放与发展生产力的要求，还需要包括个体、私营等非公有制的存在，并鼓励其发展。所有制结构的多样化，是市场微观主体普遍化的基础，是使千百万人卷入市场经济活动的先决条件。所有制的单一和对多样化设置各种各样的限制，只能桎梏市场交易，阻碍竞争和市场体系的发展，使市场机制难以形成和充分发挥作用；更重要的是它打击了在资金、物质资源、精神禀赋的拥有上不相同的人和组织参与市场经济的积极性。可见，所有制的单一性是和市场经济的发展格格不入的。而为了构建社会主义市场体制，就必须进行所有制结构的改革，按照以公有制为主体，多种经济成分共同发展的原则，大力地推进所有制结构的多样化。

（三）微观主体的多样性及其财产权结构的差异性

市场经济是建立在多种多样的市场性微观主体之上。最基本的微观组织是企业，具体表现为：小业主制、合伙制、公司制（包括有限责任公司和股份有限公司及独资公司）及合作社企业等。从事市场交易活动的个人，也属于微观主体的范畴。企业特征是以追求赢利极大化为目标，具有自主经营、自负盈亏、自我发展、自我约束的性质与功能，能够有效地吸引和凝聚各种生产要素，形成生产力，提高效率，节约组织费用与交易费用。多种多样的企业组织的存在，使拥有资本、技术与知识、管理能力和一般劳动力的公众，得以从事适应其具体情况的商品生产和市场交换，从而使市场经济充满活力。特别是多种具体形式的现代公司企业，成为有效地吸引、黏合和聚集资本及其他基本生产要素的载体，是进行现代化大生产和大规模营销活动的支柱，是现代市场经济的最重要的微观主体。

市场主体的吸引和凝聚各种生产要素的功能和主体的适应市场的行为，在于它的财产权结构的特征——拥有明晰的主体产权。如果说，一般的购买者和售卖者这样的个人主体，它的主体产权是较为简单的，即必须是拥有财产（货币收入或商品）的独立支配权，那么对于像小业主制、合伙制这样的企业组织形式来说，它的主体财产权结构就具有多样规定性，具有较为复杂的产权结构。现代股份制企业，特别是股份有限公司企业，则拥有最复杂和最精致的法人财产权结构。正是依靠这种主体财产权结构，才使股份公司制得以有效地聚集社会资本，黏合各种生产要素（包括知识要素）和发挥经营者的功能，实现自主经营、自负盈亏、自我发展、自我约束，并能适应市场状况和竞争需要对企业的资本结构、产品结构、组织结构进行自我调整。个人也是重要的市场主体。除了一般劳动者外，科技人员、作家、作曲家、拥有各种技艺的表演技术家、球星、影星、歌星等也从事各种各样的活动交易。消费品和各种服务的购买者的个人，也是市场主体的组成部分。此外，按照市场原则，采用经济手段（如招标、竞购）进行市场采购活动的政府机构，也可视为是一种市场主体。上述多样市场主体的市场行为，均立足于各具特色的主体产权结构之上。例如，提供科技和各类精神产品的知识分子所从事的特殊的交易就是立足于十分精巧的现代的知识产权（如专利权）之上，这种特殊的主体财产权，有效地激励高知识产品的生产，使各种知识精英脱颖而出，并促使知识产权的流动和使知识产品转化为普遍的生产力。

基于以上对主体产权结构、市场主体的合理行为的分析，基于企业组织及其行为取决于主体产权制度的理论，在社会主义条件下，构建市场经济就必须大力发展适应市场经济要求的多样化的现代微观主体，特别是要建立起产权明晰的现代公司制度，建立起适合精神产品生产者以及个人的主体财产权。可见，市场主体的多种多样的、各具特色的财产权的构建，就成为构建社会主义产权制度的重大要求。

三、各种社会、经济组织的产权制度的完善

社会主义市场经济产权制度的构建，除了上节所指出的以营利为目标的市场主体的财产权结构的构建而外，还包括不以营利为目标的经济组织以及多种多样的、履行各种不同职能的社会组织的财产权结构的构建。

（一）不以营利最大化为目标的经济组织与社会组织

1. 合作社的产权结构

市场经济以营利性的微观主体为基础，但也存在不追求赢利最大化，而以对成员提供各种服务为目标的企业，如合作社。合作社是以成员投资（包括技术、劳动或其他要素）为基础，成员拥有平等权利的经济组织。在市场经济条件下，合作社概念具有广延的内涵，它包括劳动合作和资金合作以及其他投入要素的合作。马克思主义经典作家十分重视合作社，并把它作为社会主义的起点和重要内涵。在生产力水平低的国家发展起来的初级阶段的社会主义，合作社更有着重要作用。

在实行分散的、细小的家庭农户经营的我国农村，农业的产业化和现代化，需要发展多种多样的为农户提供产前、产中、产后服务的新型合作社。这种合作社中成员以资金、技术及其他要素入股，形成合作社财产；合作社实行一人一票的表决权，成员拥有个人要素投入形成的整体财产的支配权，其表现是可以退股。合作社的明晰的产权

结构和治理结构，保证了人社成员享有平等的财产权益，使合作社的生产经营能对成员提供有效的服务，由此保证了合作社组织对成员的凝聚力。合作社不仅适合农村经济，也适合城市经济。为满足城市的众多的个体、私营企业的信贷需要，有必要兴办城市信用合作社。为满足我国众多的职工和居民的住房建设的需要，有必要兴办住房合作社。可见，各种各样的合作社的发展，是市场经济固有的需要，更是社会主义条件下发展市场经济的需要，在我国的具体条件下，合作社更有着重要的意义，拥有进一步发展的广阔前景。传统的合作社模式由于合作社产权的扭曲和产权模糊，不适合市场经济。因而，合理安排和明晰各种合作社组织的财产权就是十分必要的。

2. 公益机构的产权结构

医疗保健服务，是维持劳动力再生产、提高人民身心素质和增进群众的生活享受所必要的。在市场经济条件下，私人举办的诊所、疗养院、健身房，其医卫保健服务是作为一般商品来提供的。这些医卫机构具有企业的性质，是市场主体，并且拥有主体财产权。在实行社会福利制度的西方发达的市场经济国家，医疗、保健服务的主要部分，是作为居民有权共享的公益（福利）产品来提供，其所以如此，在于缓解资本主义市场经济制度固有的阶级矛盾以及为了使人们在不稳定的和充满风险的市场经济中拥有安全感。显然，在社会主义条件下实行市场经济，更加需要发展好公益、福利产品的生产，要提高它的服务效果和效率。为此，要坚持医疗、卫生等服务的公益性和福利性，贯彻救死扶伤和社会主义人道主义精神，为人民群众的身心健康服务。公益性医卫、保健服务一般应采取依靠财政资金的公立医院形式来组织生产和提供。为了调动各级政府单位组织医疗、保健事业的积极性，可以实行多层次政府所有制的财产权结构。在社会主义市场经济条件下，一部分医疗卫生、保健服务可以作为一般竞争性的商品，由企业来组织生产和提供。如可以允许医生个人开业经营，或者将一部分基本医卫服务，由公有医卫机构实行企业化经营。实行以非市场性的公益性服务为主体，以市场性服务生产为补充的医卫体制，不仅有利于最充分满足收入不等、需要不同的人们对医卫服务的需要，而且也可以调动医卫人员的积极性和最充分地发展医卫服务产品的生产。对于那些提供一般商品性医卫服务的生产单位，应该赋予其竞争主体地位和使其拥有市场性主体产权。

3. 公益基金会的主权结构

发达的市场经济中，存在着各种以提供失业、贫困救济、资助养老、育婴、兴办义务教育、资助科技事业等为目的的各种公益团体。上述各种各样的从事社会公益、福利事业的团体的产生，不仅是私有制社会调节和缓和阶级矛盾的需要，而且是解决市场经济中的不稳定性和风险带来的劳动者就业、就医、入学等问题的需要；此外，它也是适应现代文明发展中企业承担社会责任的需要。资本主义国家的各种慈善基金会，尽管从事捐赠的当事人有着各种各样的私人动机，但是它也在现实上体现出企业和资产者承担社会责任的行为。公益基金会是非营利性的组织，但拥有由私人与企业捐赠形成的、由机构（社团）所有和支配的财产。公益基金会为了保证基金的增值，需要参与市场活动，例如直接或间接参与投资活动。为进行上述活动，需要赋予基金会法人身份和使之拥有法人财产权。可见，公益基金会有其特殊的主体财产权结构。社会主义的根本特征是共同富裕，社会主义经济社会的发展中，各种公益福利事业的兴起就是必然的。特别在社会主义市场经济条件下，还会存在经济发展的不稳定性，从而还会存在经济重大调整阶段企业破产、职工下岗、失业等社会问题。我国处在社会主义的初级阶段，又拥有13亿人口，贫困、入学、就业、就医等社会问题的获得充分解决难度很大。以上情况，决定了一方面要有效地发挥社会主义的优越性，搞好由政府举办的公益事业；另一方面还需要鼓励和发展各种民办的公益组织，以促进社会福利事业和教育科学事业的发展。为此，就要从构建和规范民办的公益组织的产权着手。

（二）兼有社会目标和经济目标的经济组织

1. 公用事业领域的产权安排

公用事业如城市交通、供水、供电、供气等行业，应该实行市场性的经营制度，以提高效率。由于这些行业的生产与经营关系着居民的基本生活需要和切身利益，作为投资环境，它又关系着地区企业和地区经济的发展，因而，这些企业的生产就应该不只是从属于营利最大化的目标，而是要承担一定的社会目标，如对居民、企业提供质优、价廉和周到的服务。因而，可以采取：（1）公用事业由政府来办，某些决策权（价格及行业进入）由政府行使，但同时确保企业的市场主体的性质，确保企业的产权明晰和充分，使企业成为自主经营的市场主体，以保证企业活动的效率。（2）一些领域允许多种性质的企业进入，实行政府规制下的市场竞争机制。

2. 自然垄断性的企业产权安排

航空、铁路、邮政、电信等行业的生产，具有自然垄断性的特征，实行放开的自由经营，会带来盲目发展，重复建设以及破坏性"杀价"等浪费现象。这些部门一般要实行政府所有，或公有公营，但企业也应该确立自主经营、自负盈亏的竞争主体的性质，而不应是依靠财政拨款，吃国家"大锅饭"，可以实行多层次的政府所有制和混合所有制，以加速其发展和提高效率，一些行业允许民营。

（三）精神产品领域的主体产权的构建

精神产品指：（1）科技性的创造发明、技术诀窍，也称为科技产品；（2）文学艺术性的产品，包括绘画、诗歌、小说、乐曲等；（3）社会科学的理论创新；（4）教师的教案安排与方法，等等。精神产品并不是一开始就成为生产者的财产。原始人制作的精美的绘画是共同占有的，古希腊行吟诗人绝妙的朗诵诗作，不成为诗人的财产，因为行吟诗人本身是奴隶，是奴隶主的财产。只有在商品经济形态下，在诗作可以出版并在市场销售的条件下，诗歌才成为创作者的财产，如马克思指出：密尔顿的《失乐园》"值5英镑"，表现为密尔顿的个人财产。可见，商品交换才使精神产品的交换者拥有某种主体财产权。

在发达的市场经济中，确立"专利"的立法，赋予精神产品的生产者以法律界定的产权，即知识产权，它包括："专利权""版权""商标权""商誉权"，等等。知识产权的确立，无疑是现代产权制度的一项重要的创新。其意义是：（1）它通过精神产品的生产者、经营者和持有者的财产权、责、益的明确和得到保障，使他们成为市场竞争主体，由此进一步扩大了市场经济的微观基础；（2）它从财产价值的利益机制上有效地激励精神生产者的积极性；（3）借助财产使用的利益机制，促进了精神产品的市场转让；（4）造成一个庞大的从事精神产品生产和经营的产业，包括创作者以及从事各类精神产品的市场转让以及营销的企业、中介组织，各种精神产品市场及拍卖企业，传播精神产品的新闻媒体和印刷出版业、音像出版业以及信息产业，等等。总之，有关精神产品的主体产权的构建，促进了精神产品的生产，润滑了市场交换，促使其转化为物质生产力和其使用价值得到更充分的发挥。

为了建立起社会主义市场经济体制，必须赋予和构建起完备精神产品的主体产权制度。首先需要赋予一切精神产品的主体（包括直接生产者个人以及组织精神生产的企业、事业单位）以财产权，使其成为市场主体。要改变传统计划体制下精神产品生产者财产权缺损和模糊的状态，这种精神产权缺损和模糊，由于破坏了"产益"机制，严重地挫伤了广大科技人员和知识分子从事创造的积极性；而且，由于主体和产权边界的模糊，堵塞了财产权的市场转让，造成有限的精神产品处在"闲置"状态，难以转化为物质生产力和发挥其精神使用价值。特别是传统产品生产体制下，不可能有从事精神产品生产的组织、企业以及中介组织的产生。人们看见，传统体制下不存在技术市场，也不存在文学、艺术作品的市场交换，从而造成精神产品的经营事业的薄弱和文化产业的难以发展。

总之，构建主体产权制度，不仅能大大提高精神产品生产的效率，而且也由此将市场竞争主体引入广阔的精神生产领域，从而能够大大充实和壮大社会主义市场经济的微观基础。

（四）自然资源占用中的产权结构

社会主义市场经济体制要求在自然资源的占有中实行公有财产制度。如社会主义国家的法律宣布，土地、河流、矿山等，实行国家所有或集体所有制。公有制在这些关系人类生存和发展的自然要素的利用上，杜绝了私人垄断及其所固有的种种弊端。随着人口的增长、经济和社会的发展，上述基本自然资源越来越变得匮乏，稀缺性越加突出，因而公有产权制度的意义越发重要：（1）它是在社会主义市场体制下实现分配社会公正的基本保证；（2）它是防止各种滥用行为，合理而有效地利用宝贵的自然资源，形成良好的生态环境和高质量的生活环境以造福于社会成员的重要条件；（3）它是节约使用稀缺自然资源，保持社会可持续发展的重要制度保证。

在实行市场经济条件下，自然资源占用中的社会主义公有制，需要寻找恰当的实现形式。对于那些尚未进入经济开发和现实生产的潜在的自然资源来说，例如，对于尚未有人进入的崇山峻岭、浩瀚的沙漠、广阔的滩涂，确立法律上的国家所有制是必要的。但是对于那些业已被各种市场主体所占用和实行市场性经营的自然资源来说，人们就要寻找与确立起适应市场性质的主体财产权形式，其核心是要将使用权与所有权相分离和将使用权（包括使用权的转让权）赋予使用者，由此形成一种促使自然资源获得有效率地使用的财产权机制。例如，就土地财产权来说，现阶段要在农村中实行家庭承包制形式下的集体所有、农户使用的主体产权结构，这是调动广大农民从事市场性的家庭经营和有效使用土地资源所必要的。当前，为了适应市场经济的发展和农民家庭经营适当扩大规模的需要，农村土地集体所有、农户使用的主体产权结构，还要进一步完善，其趋势是搞好使用权的自主流动和合理的集中。

合理利用与节约土地、水资源，已经成为世界各国的共同要求。对于人口多，土地人均占有量少的我国来说，节约用地、用水，保护国土资源，就更加重要。特别是在转型期体制下产生的主体的土地盲目占用冲动下，节约用地，保护国土资源，是关系到经济可持续发展和子孙后代生存的大事。为此，要健全保护国家所有权的行政杠杆，加强中央政府对土地占用和使用的管理，更为重要的是要确立起国有产权的有效实现机制，如实行政府主导的土地使用权的合理定价制以及土地使用权转让的税费制，由此来促使土地的合理使用和抑制土地滥占和滥用。合理利用和节约水资源，已成为我国经济发展中一个十分迫切的现实问题，有效解决这一问题，也在于探索一种水资源的国有产权的具体形式和实现机制，例如严格实行用水付费，使水资源使用中的经济"外部化"转变为"内部化"。引进和切实依靠产权的机制，有可能实现水资源利用上的更加合理与更加节约。

在自然资源越来越稀缺的情况下，节约使用自然资源，维护人类最宝贵的公共财产，防止对公共财产的侵犯，成为当代公民的职责。因此，人们应该把在使用上述资源中的"外部性"，即将成本转嫁给他人的行为视为对公有产权的侵犯。不仅那些造成严重公害的将有害气体排入空中、将有毒的工业用水倾入江河等行为，即使攀折公园中的花木，践踏毁损城市绿地，甚至在公共场所随地吐痰、扔烟头，都属于对公共环境与公共生存条件的破坏，从而是损害公共财产的行为。因此，在上述资源使用中，确立起公有产权观念和建立起公有产权的有效实现机制，是一项重要的改革探索。

四、社会主义条件下主体财产权理论的形成和发展

（一）马克思关于社会主义条件下的个人财产理论的早期阐述

本书中提出的建立有主体产权的社会主义的命题，并不是毫无理论依据的。我们要指出，马克思主义经典作家在他们的著作中不仅对历史上的各种各样的主体财产权进行了分析，给我们提供了十分宝贵的产权研究的方法论；而且需要指出的是，马克思主义经典作家还提出了社会主义条件下主体产权的英明思想。马克思在《资本论》第一卷第二十四章中，结合社会主义公有制产生的阐述，提出了社会公有制中包孕着个人财产的重要论题。他说："从资本主义生产方式产生资本主义的占有方式，从而资本主义的私有制，是对个人的、以自己劳动为基础的私有制的第一个否定。但资本主义生产由于

自然过程的必然性，造成了对自身的否定。这是否定的否定。这种否定不是重新建立私有制，而是在资本主义时代的成就的基础上，也就是说，在协作和对土地及靠劳动本身生产的生产资料的共同占有的基础上，重新建立个人所有制。"①其英文全文是：The capitalist mode of appropriation，the result of the capitalist mode of production，produces capitalist private property.This is the first negation of individual private property，as founded on the labour of the proprietor.But capitalist production begets，with the inexorability of a law of nature，its own negation. It is the negation of negation.This does not re-establish private property for the producer，but gives him individual property based on the acquisitions of the capitalist era：i.e.，on cooperation and the possession in common of the land and of the means of production.②按照确切的译法，最后一句话应是："在协作和对土地及靠劳动本身生产的生产资料的共同占有的基础上，重新建立个人财产。"③

可见，按照马克思的科学社会主义理论，社会主义的重要任务不仅要消灭私有制，实行生产资料的社会共同占有，而且要在生产资料占有基础上"重建个人财产"。重建个人财产的含义，学术界还有不同的解释和争议，这种争论与探索，应该允许继续进行。恩格斯在《反杜林论》一书中指出：一旦实现社会主义，"那时，资本主义的占有方式即产品起初奴役生产者而后又奴役占有者的占有方式，就让位于那种以现代生产资料的本性为基础的产品占有方式，一方面，由

---

① 《马克思恩格斯全集》第23卷，人民出版社，1972年，第832页。

② Karl Marx：Capital.Volume I.p.763.Foreign Languages Publishing House，Moscow1961.

③ 余名汉1983年在《江汉论坛》第2期《〈资本论〉卷一中的一处误识》一文中提出"个人所有制"应为"个人财产"。1991年奚兆永在《中国经济问题》的论文中也持同样观点。

社会直接占有，作为维护和扩大生产的资料；另一方面，由个人直接占有，作为生活和享乐的资料"①。在这里恩格斯强调消费资料归个人直接占有，可以说是对马克思关于社会主义条件下重建个人财产的论述的诠释。按照马克思和恩格斯的上述论述，我们看到马克思主义创始人设想的社会主义，并不是小资产阶级空想社会主义曾经设想的一切财产公共化，从而不再有"个人财产"的社会主义。马克思基于无比锐利的辩证唯物主义与历史唯物主义的方法论，阐述了未来社会主义中的"公共财产"与"个人财产"的关系，即对生产资料实行社会公有，而对消费品则实行个人占有。人们可以从《资本论》中看见，马克思指出了一种生产资料社会共同占有与个人财产相结合的公有制模式，这种所有制模式在其法权形式上表现为公有财产权和个人财产权的共存。而且，上述社会主义公有财产结构，不只是适合社会主义社会，也适合社会主义发展的高级阶段：共产主义社会。当然，马克思在《资本论》中并没有也不可能对社会主义条件下的个人财产进行具体的分析，更不可能对现阶段的初级阶段的社会主义的财产权结构进行论述。但是他毕竟为我们在今天进行社会主义条件下的主体财产权的创建，提供了重要的理论依据。

应该说，20世纪世界社会主义的实践，在很长时期中违反了马克思的上述有关社会主义条件下主体产权的阐述。长期流行的传统社会主义经济理论，把个人财产权与社会主义相对立，没有哪一本政治经济学的教科书，曾提到和阐述上述马克思有关"重建个人财产"的思想。人们对社会主义条件下个人财产权的认识十分模糊，流行着把公有制内涵的个人财产，作为"资产阶级的法权"，视为原本的私有

① 《马克思恩格斯全集》第20卷，人民出版社，1971年，第304~305页。

财产，当作理应加以铲除的"资本主义的土壤"。对个人财产的错误认识，造成了政府的限制和压抑，甚至取缔个人财产权的"左"的做法。且不说苏联建设初期建立的各种各样的共产主义"消费公社制"，我国1958年在"左"的思潮下，人们在生产资料所有制上大搞"一大二公"，热衷于"割资本主义尾巴"，大肆取消和践踏劳动者的个人财产，不仅把属于生产资料财产的农村集体经济中的自留地加以上收和取消，就是作为生活消费品，如住房这样的居民个人财产也要实行公有化。我国在当时出现的统一劳动和平均分配的人民公社，吃饭不要钱的公共食堂以及对全体社员"从生到死"的"统包"，即供给制，就是这种消灭"个人财产"的社会主义的典型模式。对个人财产的模糊认识和社会财产结构中个人财产权的缺损，不仅破坏了人们正常的消费生活，抑制了社会主义条件下财富的个人积累，而且造成群众观念的误区。人们缺乏个人财产权观念，在"左"的"无产"光荣的气氛下，与其个人存钱，不如花光；与其积累家庭财富，不如吃光分光；与其自购和使用个人的车，不如使用"公车"，喝公家酒，吸公家烟。总之，个人财产权的缺损，打击了劳动者的合理的占有和形成个人财富的积极性，造成吃光用光的心态——后者成为"穷社会主义"的一种思想因素；另一方面，人们也理所当然地把个人的吃、穿、用、生、老、病、死等个人生活消费全部依靠国家，形成"对国家的依赖"，国家成为个人生存的全能的"慈父"，人们甚至认为这就是社会主义公有制的固有特征，是社会主义优越性的体现。

显然压抑和取缔个人财产的经济结构，只能使国家财政和企业、单位承受着极大的医疗、福利负担，使计划体制经济运行的社会成本越来越高。在如何对待个人财产权（重要的主体财产权）的问题上，离开了马克思，在理论上陷入了误区，这给社会主义建设带来了极其严重的甚至是灾难性的影响。这种消极影响还表现在当前改革过程中，例如，对推行住房商品化实现居者有其屋的改革，一些人还有着"私有化"的疑虑。可见，在理论上搞清马克思的社会主义理论和深入学习马克思的公有制基础上的个人财产权的光辉思想，有着极其重要的现实意义。

（二）结合实际对社会主义主体财产权理论进行新探索

马克思的主体财产权理论中，社会主义财产权表现为生产资料社会共同占有权和个人财产权。马克思论述的是诞生于发达的资本主义，立足于较高的物质技术基础之上的社会主义社会，他提出了通行于成熟的社会主义制度下的主体财产权的构架。20世纪的社会主义实践出现在生产力水平低、资本主义发展不足的发展中的国家。按照马克思主义的生产关系适应生产力水平的规律，当代的社会主义国家只能是处在社会主义的初级阶段，只能构建起一种以多种所有制并存为特征的社会主义。多种经济成分意味着生产资料占有中的多样主体的长期存在，不仅有国有企业，而且也有集体企业、个体私营企业及混合型的企业。可见，在社会主义初级阶段，个人产权不仅存在于消费品占有中，而且存在于生产资料的占有中。就组织生产和占有生产资料的企业来说，除了以国家为所有主体，或者以集体为所有主体外，还存在以个体、私营为所有主体，或者几种不同性质结合的多元的所有主体，而且在实行股份制的公有制企业也存在部分职工股权。可见，按照马克思主义的基本理论，结合我国现阶段社会主义的实际，我们有理由将社会主义条件下的财产权结构表述为：生产资料领域中的多种主体+消费品领域中的多种主体，也就是说：现阶段社会主义存在多种多样的主体财产权。

1. 主体财产权是用来研究剖析社会主义市场经济内在机制的一个重要经济学范畴

主体财产权的概念既包括所有制的内涵，也包括财产的实际支配权的内涵。从所有制的角度，即定性的角度研究财产权，是马克思主义经济学的主要内容，而财产实际支配权则是从权利具体结构和具体形式的角度研究财产权。马克思曾经对财产权的丰富内涵进行了不少深入的研究，留给我们许多光辉的思想。但是主体财产权概念，主要是市场经济理论中的经济范畴，特别是它是用来剖析发达的现代市场经济的范畴，也是适用于分析我国社会主义市场经济运行的理论范畴。我们应该以马克思的财产权基本理论为依据，结合当代和中国实际来开展对社会主义市场经济中的主体财产权的理论研究。

2. 主体财产权的概念，包括财产权的定性分析，即所有制性质的分析，但是使用这一概念更重要的目的在于弄清财产权主体的具体形式

例如，是个人主体产权，还是合伙企业、公司企业、合作企业等的主体产权。使用这一概念的目的，还在于分析主体的财产权结构，例如，是集占有、支配、收益、处置诸权为一体的古典主体产权，还是实行经营权与所有权相分离的现代公司产权。使用这一概念还要分析主体在实施其财产权的同时必须承担的经济责任和社会责任。

3. 社会主义条件下的主体产权理论，只有在总结发展社会主义市场经济的实践经验的基础上才能逐步形成

马克思阐述的社会主义制度下的个人财产思想以及马克思对人类历史发展中的诸多主体财产权形式的分析，是我们开展社会主义市场经济中主体财产权的研究的理论依据。在当前，以马克思的所有制理论和主体财产权理论为指导，紧密结合我国实际，构建起系统的社会

主义主体财产权理论，已经是当前进行社会主义基础经济理论建设中一项重要课题。

在对待财产权问题上存在着一种模糊观念：把财产权等同于所有制，把主体等同于私人。其逻辑结果就是把主体财产权范畴等同于私有财产权范畴。传统的社会主义经济理论是以公有财产、国有财产为基本范畴，很少使用个人财产范畴，更没有主体财产权范畴。上述状况的出现，一方面是传统社会主义计划体制在理论思维上的反映，另一方面也是立足于上述模糊认识之上。这种认识的迷误造成我国在实行"左"的路线时期，把劳动者行使其个人财产权，如在工资分配中维护其按劳动分配的收入权以及维护商品交换的等价权等合理权利，视为是维护资产阶级的权利，并加以取缔。可以说，迄今上述传统的理论观念与模糊认识并未得到彻底的澄清。如一些人仍然把发展社会主义市场经济所必要的实行房屋、汽车等消费品的个人财产化，视为搞私有化。国有企业进行股份制的改革中，实行"工者有其股"的劳动者股权，也还有人把它当作"公有财产量化到个人"的私有化、自由化行为。以上情况表明，对什么是财产权、什么是主体财产权、主体财产权和私有财产权概念的区别是什么等问题，迄今人们并未把它弄清楚。

需要再指出的是：财产权范畴不同于所有制范畴。所有制范畴属于生产关系，使用所有制范畴，是对占有关系进行定性分析，旨在回答基本生产资料的归属和揭示占有的社会性质。财产权范畴在内涵上比所有制宽得多，它包括：财产权的性质、财产权的具体组织形式。后者又包括主体的具体形式和主体拥有的权利结构（权利组织或权利束），分析上述财产权的具体组织形式，是人们使用主体财产权概念的着眼点。提出构建社会主义条件下的主体财产权论题，旨在解决更合理的财产权的具体组织形式问题，而不是要改变社会主义所有制的性质。提出构建主体财产权与全面建立私有财产权的"私有化"是风马牛不相及的。广义的主体是指占有与使用客观对象的个人，或组织，这样的主体存在于不同的社会形态，并按照它体现的所有制而具有不同社会性质。在原始公社制下，基本主体表现为氏族、部落群体，上述主体财产权属于公有财产权。在奴隶制下主体主要表现为奴隶主个人或作为总奴隶主的国家，在封建制下的主体主要表现为领主或地主，资本主义制度下的基本主体表现为资本家。上述几种主体财产权属于私有财产的性质。此外，原始公社解体以来，长期存在各种独立劳动者（农民和手工业者）主体，这种主体财产权也带有私有性质，是小私有财产。可见，主体财产权本身是一个中性范畴，既不姓"社"也不姓"资"，在不同的社会形态和所有制下，它具有不同的社会性质。

在历史上同一社会经济形态下，主体财产权是随着生产力的发展，生产方式和经济组织形式的变化而不断变革和创新的。这种主体财产权形式的两种类型，所有制性质不变和所有制性质发生变化。如在市场经济中，小业主制转变为合伙制以及公司制的制度变迁，意味着产权组织结构的变化。在资产者对企业权益的垄断权不变的情况下，上述主体产权的变化，并不改变资本主义所有制性质。如果是另外一种情况，例如，个体劳动者放弃个人独立经营，联合起来组成合作社，那么，这里既是主体产权的变化，又体现了由小私有制到劳动者集体所有制的变化。可见，主体财产权的变化，完全可以在原有的所有制的框架之内来进行，它实质上是所有制的实现形式的变化，是所有制具体形式的调整和完善。

（三）主体财产权结构是社会主义所有制的实现形式

基于上述理由，我们应该把社会主义条件下的主体财产权的构建，视为社会主义所有制的实现形式的变化，是社会主义所有制的调整和完善。例如，为了解决传统国有制下主体产权的模糊和企业产权缺损的问题而实行股份公司制，在那里，主体产权结构发生新的变化，国家成为所有主体（在国有独资场合），企业成为拥有法人财产权的经营主体，但是国有制的基本性质并未发生变化。即使是实行产权主体多元化的混合所有制的股份公司，在国家控股的场合，企业也仍然保持国有制的基本性质。实行职工持股的股份合作制，或是全员持股的股份制，是明晰劳动产权的一种新的主体财产权组织形式。在实行规范的以劳动合作为主的股份合作制的场合，尽管职工拥有明晰的个人财产权，但是后者体现在集体财产权之中，并受到集体财产权的限制，因而，企业财产中个人财产权机制的引入并不改变企业的公有制的性质。

对于实行职工全员持股的国有股份制企业来说，职工拥有明晰的个人产权，但是职工股在数量上是受到限制的，例如可规定占资产的30%；职工股权的内涵及其运作上也从属于公司制的股权规划，如不能实行退股，股权由职工持股会持有等。由于作为股东的职工，从属于公司制的治理结构的运作，因而，在那里，主体财产权组织的变化，并未影响企业的国有性质。恰恰相反，由于引入劳动股权，强化了劳动者对生产资料的"直接占有"，因而，它改变了国有制的"代理"带来的劳动者占有的"间接性"，从而，使这种国有制的社会主义占有的性质体现得更加鲜明。

现阶段社会主义要实行所有制的多元化，因而主体财产权的构建，意味着在较为广泛的领域对多种所有制实行开放，由此形成众多的、性质不一的市场主体与财产权主体。除了要构建多种多样公有制（包括国有制、集体所有制、公有性的混合所有制）性质的财产权主体之外，当前要积极地发展非公有制的经济。我国的个体、私营企业目前处在制度初创时期，还存在产权结构的现代化（实行公司制的产权结构）和进一步明晰的问题。搞好非公有主体产权制度的合理化与现代化，是非公有制经济健康发展的先决条件。

可见，提出主体财产权构建的命题，并不意味着实行"私有化"的改革取向。建立社会主义市场经济，要坚定不移地实行以公有制为主体的方针。在国有企业中，建立股份制企业和完善其主体财产权，包括实行主体多元化和产权流动化等，都旨在加强公有经济的控制力。即使在股份制的公有企业中引入私人产权（外商、企业、个体、私营企业等的出资），也是为了改善股权结构，转换企业运行机制。可见，进行主体财产权构建，是进行国有企业的深层次改革，搞好多形式的公有经济，实现以公有制为主体之途。

社会主义条件下的个人财产权的含义，也需要进一步从理论上加以明确和澄清。如上所述，马克思提出了在"生产资料的共同占有的基础上，重新建立个人财产"的命题。如果我们把个人财产限定为劳动者通过按劳分配机制而分得的消费品，那么，这种个人财产就是马克思在《哥达纲领批判》中所阐明的，是减去各种社会扣除后的社会消费基金的转化形式，就是采取个人财产形式的社会公共财产，这是作为社会公有制固有内涵的个人财产。可见，建立这种个人财产与实行"私有制"是不相干的。恰恰相反，社会全体成员都能拥有丰裕的个人财产正是共同富裕的重要标志，是成熟的和富裕的社会主义的特征和社会主义优越性的表现。可见，马克思使用"个人财产"一词，是明确地把社会主义条件下的个人财产排除于私有财产范畴之外。

如果我们立足于当代社会主义市场经济的实际，个人财产的含义是大大扩大了，它不只是个人拥有的消费品，而且也包括下述内容：

1. 个人拥有使用权的公有财产

在社会主义市场经济条件下，一部分公有财产，在实行两权分离的形式下，将使用经营权转归个人，由此在公有制框架下建立起适合市场经济的主体财产权。农村家庭承包制经济中，农民拥有对土地（农用地和宅基地）的定期或长期的使用权，这是以生产资料使用权为内容的个人财产，是采用个人、家庭财产形式的公有财产（集体财产）。城市公有经济领域中在实行承包制场合，个人承包的企业财产并未改变其公有财产（国有财产或集体财产）的基本性质。由于个人只拥有承包期内生产资料的使用权，上述生产财产领域内的个人主体财产权，不是真正的和完全的"私有财产"。

2. 某些精神产品领域的个人财产

科技产品、文学艺术和人文科学产品，体现了劳动者占有自身的精神劳动的成果，这种对象的主体财产权，在本质上是一种劳动产权，而不同于历史上的非劳动者拥有的私有财产；它是一种内生的财产权，而不同于表现为资本、土地形式的、"外生的"私有财产。特别是一些精神产品的个人财产权是不完全的。如许多创造发明难以长期保密和保持其"排他性"，它即使作为个人财产，也会产生"流漏"，为其他主体或社会共享；至于专利权这样的主体财产权，它是在法定的时期内生效和受到法律保护的，超过保护期就成为归社会共同占用的自由财富或归国家所有的财产。因而，这是一种带有"易于消逝"性质的个人财产，是一种受限制的、不完全的个人财产权。可见，构建精神产品领域的主体财产权，是社会主义条件下劳动产权的完善。

3. 非公有制的个人财产

社会主义初级阶段存在着多种经济成分，因而个人财产也就包括非公有制经济领域的个人财产：私有的生产财产——资本及其他要素和由私有生产财产的使用和营运中增值的私有的消费财产。上述个人财产是私有制性质的。在社会主义条件下，依法形成的私有财产应该受到法律保护，当然，也要受到国家的调节和规范。但是由于社会主义经济实行以公有制为主体，公有财产是"普照之光"，因而保持一定范围内的私有财产，不仅是不可避免的，而且是社会主义初级阶段财产制度的固有特征。当代社会主义的实践表明：人们在建设社会主义中不能从主观愿望出发，超越历史发展的阶段去构造一个消灭了一切私有财产的"纯社会主义"，而是要从我国生产力发展的水平和国情出发，建设有中国特色的社会主义，为此，就需要积极探索如何实现把社会共同占有与个人财产相结合，把公有制主体与非公有制相结合，把对私有财产的维护和调节、规范相结合。因而，我们又回到本书的主题：要寻找和构建起适应社会主义市场经济的主体产权制度，从而为现阶段社会主义所有制确立一种最佳的实现形式。这是解放和发展我国社会生产力的重要前提。

第十章

社会主义市场经济条件下对
财产权主体行为的社会约束

　　本书中的主体，指的是一个个独立的商品生产者，也包括非营利性的机构和作为消费者的居民。由于主体的多样性，特别是由于市场主体行为追求赢利的性质，决定了社会主义条件下主体行使财产权中众多矛盾产生的必然性。因此，对财产权主体行为实行社会约束，以有效地调节经济运行中的财产权的矛盾，减少产权运行成本，提高经济效率，也就成为发展社会主义市场经济的重要条件。

一、社会主义市场经济条件下财产权主体行为的矛盾和制度完善

（一）财产权主体行为引发的矛盾

　　主体产权制度强化了主体在经济活动中的利益驱动，从而使经济运行与社会生活中的非理性行为的产生成为不可避免。在社会主义

条件下，随着体制转轨和主体产权制度的引进，经济活动中也引进了主体的非理性的、畸化的行为，从而使产权矛盾经常发生。我国当前经济转型期的经济活动中十分令人注目的现象是各种侵权行为大量出现。如：（1）在日常生产与交换中，不顾产品质量，生产伪劣产品，或盗窃专利，冒充名牌；交换中搞赚了就走的"一锤子买卖"；进行恶性竞争以及各种花样百出的、不正当的促销行为，强夺对方的市场阵地或是制造、利用垄断地位和依靠行政权力欺行霸市，漫天定价。上述损害对方财产权和损害消费者财产权益的行为，不仅发生在一般商品交换中，也发生在资金、土地、企业财产权、专利权及其他知识产品的交换中。交换活动中的主体产权扩张和"侵权"行为的普遍化和十分猖獗，成为转型期的一项鲜明特征。（2）在组织生产中，只顾节约资本费用，不顾安全生产和劳动保护以及保障妇女、儿童的权益的要求，从而造成生产中危害工人健康和各种工伤事故的不断发生。（3）在自然资源利用和开发中，滥用公共资源，如乱占耕地、滥用水资源，对矿产实行野蛮开采，对林木实行乱采滥伐，甚至公然违反国家法令和置子孙后代的命运于不顾。（4）在对待环境和生态上，普遍缺乏环保意识，如房地产开发商在利益驱动下，消灭城市稀有的绿地，破坏宝贵的历史文物和文化遗址，企业任意排放废气，向江河排放污水，造成生态环境严重破坏并危及居民的生活和健康。（5）在对企业实行公司化改组中，由于对经理人缺乏有效的约束，经营权恶性扩张的"内部人控制"现象，也十分明显。

　　上述的企业的不合理的、畸化行为的猖獗，固然是在于转型期经济制度与法律制度的不健全，但是更本质地看，它是植根于市场性产权制度固有的主体利益矛盾。

（二）主体产权制度的完善化

如何看待实行改革开放以来经济生活中的产权矛盾这一新现象？是把它当作邪恶的资本主义来加以诅咒，还是肯定它存在的必然性和通过进一步的深化改革，通过产权制度的完善和优化来加以解决？显然后者是正确的态度和方法。

市场经济中经济生活中主体的非理性的行为，往往与主体产权制度有关，人们可以通过产权制度创新和完善，通过权、责、益结构的调整，创造和强化对主体活动的产权制度约束，从而促使主体行为的理性化。

第一，日常交换活动中的非理性行为，多半有其产权制度的根源。例如，企业法人财产权未确立，企业的权、责、益不清晰，特别是企业还处在"软预算约束"条件下，"有了盈利未必自身能得到，出现亏损反正归国家"，这种产权制度造成企业不可能有完善生产和交换的内在激励和自我约束，屈从短期利益的行为，如出售假冒伪劣产品，劫掠性的高价或破坏自身（国有）财产的低价等就必然会产生。转型期经济中资本市场上过度的投机性以及一些国有公司经营者在证券、期货市场上像赌徒一样的投机行为，追溯其根源，多半与企业产权制度的缺陷有关。

第二，企业组织生产中的资本利益偏好和对劳动利益的漠视，往往与"工者有其股"和社会主义"直接占有"制未能形成，从而劳动者主体地位未能真正落实有关。

第三，自然资源的滥用和生态环境的破坏行为，或者是由于资源产权形式的缺陷，例如，对稀缺性的水资源实行免费使用的"大锅饭公有财产"制，成为水资源浪费的最深刻的根源①。自然景观、文化遗址的国有产权的未真正确立，成为各种利益主体任意对之侵权的根源。

第四，国有企业公司化改革中出现的"内部人控制"现象，是由于公司制强化了企业生产与经营中的经营者权利，但是所有者的权利却未"到位"，"所有权虚置"，使公司治理中缺乏内部制衡，归根到底，是与公司财产权结构和公司治理结构的未能规范化密切相关。

可见，社会主义经济条件下，要抑制主体进行财产权扩张的非理性行为，首先要依靠主体产权制度的健全和完善化，依靠产权制度的权、责、益来形成主体行为的激励和自我约束，离开了产权制度的建设和合理化，不可能有主体行为的理性化和合理化。

主体产权制度的完善化，不仅仅指作为生产关系的财产权结构的完善，而且包括作为上层建筑的法权关系的完善，后者要求将各种经济制度（交易、产权）法制化，形成系统、完备的法律、法规和组织好确保法律得以贯彻落实的司法体系，借助完备的法制，形成财产运行的秩序，缩小人们利用制度"缝隙"的机会主义行为的空间，从而减少经济运行中的产权矛盾。就处在体制转型阶段的我国来说，法制的建设和产权法制化更是十分迫切。

可见，主体产权制度给经济和社会生活中引进了新的矛盾，但是这些矛盾可以通过产权制度的完善，通过经济活动的法制化，来恰当地加以解决。由于转轨时期产权制度正在构建过程中，经济制度和法制的不完善，制度缝隙多，客观上存在诱发主体的机会主义行为的富饶土壤。因而，大力进行主体产权制度的完善化和法制化，就是解决

---

① 我国经济快速发展中水资源的滥用，已经成为一个危及经济持续发展的重大问题。例如，黄河近年来出现了历史上未有的断流现象。要解决好水资源的节约与合理使用问题，必须改变水的免费使用，也就是要真正确立起用水收费的国有主体产权制度。

转型期经济中产权矛盾多发性的根本之途。

二、社会主义条件下对财产权主体行为的社会约束

（一）增强主体行为的市场约束

主体产权制度的完善，通过权、责、益的调整，能够形成对当事人行为的内在自我约束，但是，对于主体的行为，还需要有外部的经济约束——市场约束。

市场经济中财产权是通过市场交易来实现的。当事人在交易中存在着谋求以高于成本的价格进行交换和转让商品产权的行为动机。对一个简单商品售卖者来说，如果出售价格只是包括成本和平均利润，售卖者只是实现了一般的主体财产权，如果出售价格包含着超额利润，这意味着售卖者实现了主体财产权的扩张。当事人都谋求获得最大的超额利润和主体财产权的最大扩张，但是主体财产权毕竟有其客观的界域。市场经济中，人们的交易行为要从属于市场竞争和铁一样的价值规律。市场体系越完善，市场竞争机制越是充分地发挥作用，人们的交易行为的主观随意性会越小，客观经济规律性会体现得越充分。人们看到发达的市场经济中，交易者的实施财产权不是听凭主体的欲望而是要服从于市场力量确定的权利边界。尽管商品、劳动、技术、知识的持有者和交换者，在出让商品时期望能卖最高的价钱，但实际上，他们只能实现商品的市场价值，市场价值的边界，也就是主体财产权的边界。当然，市场机制起作用的不同状况使主体财产权边界表现为宽窄不同的界域。在垄断（寡头或双头）场合，借助垄断价格，主体可以通过不等价交换肆意行使掠夺性的财产权；在垄断竞争，即不完全竞争市场的场合，主体可以通过高于平均成本的价

格获得超额收益，即实施一个利己性的主体财产权；但在竞争完全的市场，人们难以获得市场价格以外的收益。例如，在竞争充分的经济中，甲试图在交换中搭卖伪劣产品，或是任意涨价，他的市场就被乙夺去；甲如果进行恶性降价，甚至不惜以低于成本价出售，他就会亏损和破产；甲（工厂主）的工厂劳动条件恶劣，损害职工利益，职工就会另觅就业场所；乙（经营者）如果经营业绩差，或是铺张浪费，大把花费出资人的钱，他就会丧失经营者职位；丙（出资人）舍不得对有能力有业绩的经营者实行奖励，甚至亏待经营者，杰出的经营者就会离他而去另谋高就。可见，尽管交易行为中的当事人谋求自身财产利益的冲动是客观存在的和很强烈的，但是市场竞争的机制却强使人们在交易中服从市场界定的财产权利边界。可见，完备的市场体系，充分的竞争，作用充分的市场机制，将提供一个有效的市场制约，使人们难以把财产权扩张的主观愿望变成客观现实。

我国转轨期经济生活中表现得十分猖獗的主体产权扩张行为，其根子除了以上指出的主体财产权结构的缺陷之外，还在于缺乏市场的外约束。可见，加快经济市场化的改革，大力发育市场，强化竞争，在价值规律充分发挥作用的基础上，强化对主体行为的市场约束就是一项十分重要的任务。

（二）强化主体行为的政府约束

市场经济中，一方面需要维护主体产权，依法保障各类主体行使财产权的行为，另一方面需要对主体行为实行社会约束，抑制和制止主体的非理性的财产权扩张行为。

1. 对主体行为实行政府约束

社会主义条件下的产权主体是多种多样的，包括以营利极大化为目标的企业，兼有营利目标和社会目标的特殊企业，参与消费和投资活动的个人，履行社会公益、福利功能的各种团体，履行文化、教育、医卫、科研等社会职能的机构和事业单位等。这些不同性质的主体，有其不同的产权结构和法定的财产权能。政府要通过立法和司法机制，根据各类主体的性质与社会职能，确定主体财产权的界限，规定其行使产权的方法，监督主体的行使产权的行为，用法律手段对各种非理性的侵权行为进行惩罚，从而，实现对主体行为的政府约束。

政府以完善的法制对主体实施财产权的行为进行引导和约束，是社会主义产权制度的重要特征。首先，由于市场主体固有的追求赢利极大化的动机和市场竞争的外在压力，主体行使财产权中的"越位"和非理性的产权扩张行为是经常产生的，并由此带来主体相互之间的财产权矛盾与纠纷。其次，由于财产权的界域是社会的，是在一定的条件下得到界定，成为合理的，但随着条件的发生变化，合理的财产权限又会变得不合理，已经界定的产权又需要再界定。例如随意吸烟，随处吐痰，从来是被视为是个人的自由行为，而在当代严格的环保制度下则被规定为对自然环境公共财产权的侵犯。在市场体制下，对土地、住房这样的不动产，人们习惯于和要求拥有"完整的"和纯粹从属于个人意志的产权，但在工业化、城市化的条件下，为了适应基础设施建设、城市的改造、生态环境的保护等的需要，政府要对土地实行征用，对房屋进行拆迁。这意味着对土地、住房的私人产权还要服从于公共权益的"约束"。特别是在社会主义市场经济条件下，对一些关系到公共利益的资产的主体产权进行适时适度的再界定，是有效调节社会生活中的产权矛盾，促进经济发展和社会和谐的必要措施。

2. 多种所有制结构中主体行为的政府约束

社会主义初级阶段实行以公有制为主体，多种经济成分共同发展，多样的非公有制经济主体长期存在是不可避免的，也是发展社会主义市场经济所必要的。基于上述情况，经济生活中来自私有制的制度性的产权矛盾，就是客观的存在。其表现是：个体、私营、外资企业中所有者与劳动者有关产权的各种争议和纠纷，特别是资本侵蚀劳动权的争议时有发生和在一定时期表现得十分突出，这种情况表明体现私人资本本性的主体产权扩张行为的客观存在。如经济运行（市场交换、投资与股票运作、兼并、联合等）中个体、私营、外资企业相互之间和个体、私营、外资企业与公有制企业之间的涉及财产权益的大量纠纷，其中不少体现了私人资本的主体产权扩张行为。此外，市场经济所固有的生产要素参与分配的机制，使主体间收入高低不等，特别是收入分配中的向资本倾斜和"分配不公"成为不可避免的。我国体制转轨时期，由于指导主体行为的各种法律规章尚未形成和完备，对市场行为的社会自律与政府监管体制的不健全，政府改革不到位，存在着较广阔的用于寻租的空间，以上情况决定了转型期广泛的经济活动中较为普遍的畸化行为的存在，如依靠权力保护其垄断地位，获取垄断利润，钻政策空子，搞"富了和尚穷了庙"，谋取灰色收入，化公为私，侵蚀国有资产，甚至违法搞权钱交易，牟取非法暴利。显然，转型期市场主体大量行为失序和有关财产权的众多的矛盾，不可能借助主体间的自主协议和自发的市场机制来加以解决，而必须依靠政府的规制引导和调节的功能。政府对主体产权的规制、调节，表现在下述三个方面：

第一，政府要制定各种有关保障劳动就业、劳动安全条件、工资待遇、休息、医疗及其他社会保障的法律和法规，确立一个能切实保障劳动者权、益的社会主义的主体产权制度。在劳动者以被雇用身份的形式参与社会劳动的市场经济体制下，建立上述确保劳动者权、益的主体产权制度框架就尤为重要。

第二，政府要加强制度建设，完善经济体制和政府职能，及早出台各种规范主体行为的法律、法规并强化监管。特别是要在国有企业改组中加强政策指导、制度约束和行政监管，防止国有资产流失。

第三，政府要探索和建立对主体财产收益进行调节的机制，主要是通过完善所得税制，利用累进税、暴利税、遗产税等杠杆和完善各种转移支付的财政机制，来调节和矫正主体的财产收益，实现收入分配的合理化。

现代资本主义是有调节的资本主义，国家对经济的调节，不仅仅着眼于宏观经济的稳定运行，而且也试图调节收入分配，缓解两极分化和阶级对抗。20世纪30年代以来，西方发达的资本主义国家采取了对私人收入进行税收调节，对低收入阶层实行某些收入补偿等"节制"资本产权的措施。当然，资本主义国家的经济制度和政治制度的性质，使"收入合理化"的革新实效甚微。在社会主义市场经济条件下，人们可以发挥社会主义国家的强调节的功能，汲取西方调节收入分配的有用方法和经验，对各类主体的收益分配权进行合理的调节，特别是寻找有效地调节私有主体的收益分配的方法和措施，通过对私有主体产益的调节，推进私有产权的制度创新，并使私人主体的经济行为与社会主义的大目标相兼容。当然，这是一项有关建设有中国特色的社会主义的探索，要经历一个不断总结实践经验的过程。可见，在社会主义市场经济条件下，建立和强化政府调节主体财产收益的机制，有着重要意义，它不仅是抑制私有主体的产权扩张和对剩余产品过度占有所必要，而且，体现了文明社会对私有产权进行调整，更意味着社会主义主体产权制度的进一步发展和完善。以上分析，可以归结为：社会主义主体产权制度的构架=主体产权制度的完善+政府对产权的有效调节。

社会主义条件下主体对财产的支配权不可能是任所欲为的，政府对主体财产权实行约束时也不可能是任所欲为的。如我们在本书中已经指出：财产占有关系是生产力的经济形式，法定财产权是占有关系的法律形式，法律上的财产权构建不能超越和违反物质生产力所决定的现实的占有关系。因此，政府在调节和约束主体财产权时，只能适应客观经济规律的要求。例如，对于主体的财产权扩张行为，要实行经济手段和法律手段的抑制，但不能约束主体合理的财产权行使行为；对于引起"私害"和"公害"的主体财产权扩张行为要进行惩罚，但是惩罚又要适"度"合理，损失赔偿金额要有经济依据；对于各种主体的财产权扩张行为的抑制和约束，要一视同仁，而不能畸轻畸重，实行不同所有制差别对待；对于私有主体中的侵权行为要以法律为准则加以制止，对于私有主体中的依法经营获得的收入和私有财产，则要加以保护。政府在处理与调节公有制经济与私有经济成分的关系与结构时，主要应立足于公有制经济的健康发展和实力的增强，而不是去限制私有成分的发展。在处理私有主可能形成的过高的收入与财产积累时，主要应采用税收杠杆，使用累进税制和借助财政的转移支付，来调节私人资本与劳动的利益矛盾，而不是述诸对私有主体的自主经营权和收益支配权的直接干预。总之，政府在实行对主体财产权的调节时，要立足于对主体财产权的科学界定，着眼于抑制与约束非理性的财产权行为和维护正当的、合理的财产权行为；政府对主体财产权的调节，着眼于财产权能的调整和合理化，以达到充分调动和发挥多种多样的市场主体的生产积极性，而不能实行财产"平调"，任意废止主体的财产权。

（三）强化主体行为的思想、道德约束

在社会主义市场经济条件下，引进和构建主体产权制度会强化主体经济活动中的利益驱动，使经济运行和社会生活中的非理性行为经常地和大量地发生，导致产权矛盾的普遍化和产权运行费用的增加。当然，主体产权制度支撑了富有活力与生气的经济的运行，其积极效果是大大高于负效应，但是人们也必须兴利除弊，尽可能减少与节约产权运行成本。为了使社会主义条件下的主体产权制度的功能得到最充分发挥，除了借助加强制度建设和政府调节功能之外，还需要大力加强思想建设，形成主体行为的思想、道德的约束。

我们已经指出，人的行为有来自物质条件的、社会制度的和主观思想的三重根源。社会主义市场经济条件下，经济生活和社会生活中经常地和大量地出现的非理性行为，既有物质生产力的根源和制度根源，也有主观意识上的根源。无疑，社会主义市场经济的公有制框架，是益他动机的强化和社会主义、集体主义的思想意识和先进的道德观、价值观得以确立和发扬的制度基础。但是，市场经济的产权制度引入了强主体利益驱动，又会促使益己动机的强化和个人主义、本位主义意识的滋生。可见，社会主义条件下意识形态面对着复杂的新旧思想，先进与落后思想，起积极作用的和有负面效应的思想并存、互相斗争和此消彼长的情况。加强社会主义精神文明的建设，提高群众的社会主义、集体主义的思想和树立起良好的公民道德，培育和塑造高素质的一代新人，不仅仅是发展和完善社会主义的需要，也是发展和完善社会主义市场经济的需要，是费少而效宏地发挥主体产权制度的功能的需要。社会主义市场体制下人的思想品质的塑造，具有下

列两方面的特色。（1）要适应现代社会的特征，提倡高品位，允许多层次。现代社会的经济带有多元化的特征，就人的思想道德来说，也是高低不齐。建设社会主义对人的思想品质的要求也不能一律，要提倡先进性，兼容多品类，实行多层次。（2）要适应市场经济的要求，培育能把益己动机和益他动机相结合，把个人利益、自身价值追求和履行公民责任、遵守公民道德规范相结合的新人。

人的思想品质的塑造，总是在一定的社会、经济制度下进行和服从于巩固和发展这一社会的经济制度的目的。社会主义思想建设和新人的塑造，必须适应社会主义市场体制的需要，服务于促使主体行为理性化的目的。在本书第一章中我们已经指出，一般地说，人具有追求自身物质利益的行为动机。在市场经济中，作为市场主体的人和经济组织，是以自身利益为行为导向的，在这种意义上可以称为"经济人"；由于人是社会的存在，他也具有对他人和社会的关心，因而，更准确地说，人是社会、经济人。社会主义市场经济制度下，市场主体（包括公司企业、合伙企业、小业主企业）是以营利极大化为目标，因而自身利益驱动的主体行为体现出鲜明的社会、经济人的特征，从而与传统计划体制下实行政府决策和依靠行政力量推动的企业行为根本不相同。这种社会、经济人的行为是立足于对人的益己的本性的依靠和承认。但是另一方面，公有制企业的制度框架和产权结构，又使企业的活动和机制（生产、交换、剩余产品的分配）表现出从属于全社会利益的特点。可见，与私有主体的经济行为性质不同，在这里，公有制企业的整个经济机制和全部行为体现出既追求企业赢利，又有益于公众的社会、经济人的崭新的性质，而其所以能实现经济人和社会人的统一，除了制度的原因而外，主观意识的原因则在于人格化的主体（劳动者、经营者）所拥有的把益己动机和益他动机相结合的思想品质。

可见，社会主义市场体制下的立足于社会、经济人性质的经济体制的顺利运转，其人身条件是拥有千百万能正确对待和妥善处理企业盈利和社会利益的和能在行为中把益己动机与益他动机相结合的新人。如果人们完全缺乏个人物质利益动因，往往会出现满足于现实，不思进取，得过且过，人就会变懒，麻木不仁，企业就没有活力，更说不上有适应市场、自我完善、不断创新、不断自我调整的行为，企业就不可能成为真正的市场主体。如果人们只是热衷于对个人利益的追求，而缺乏对国家利益和他人利益的关心和新社会的公民责任，就会出现益己动机淹没益他动机，市场主体就成为片面追求个人利益的单纯经济人，失去了社会人的本性。如果人们的头脑进一步受到各种极端利己主义、享乐主义等不健康的思想污染，就会出现更多人身上的思想滑坡与人性异化，这种主观思想意识的恶变，只能带来主体在生产、经营活动中以及在实施财产权活动中的非理性的和扭曲的行为大量发生，从而引发严重的产权矛盾和冲突，并使经济运行承受高的产权运行费用。以上的分析，归结于如下命题：适应社会主义市场体制需要的新人需要进行培育。人的益己动机植根于人的自然生物本性，表现为天赋品能，几乎是不需学习就会具有；人的益他动机则是在后天的社会生活中形成的，是需要发挥文化、教育功能才能发展和巩固的。在社会主义条件下，益他的动机和社会主义意识形态也不是自然地产生的，而需要有思想的灌输和文化教育的启迪，也就是需要大力进行以培育一代新人为目标的社会主义精神文明的建设。

可见，引进了强个人利益驱动的主体产权制度的社会主义，需要增强主体行为的思想、道德约束，以促使受营利驱动的市场主体得以进行冷静的"有所为，有所不为"的理性选择和实现行为的合理化，也就是说，搞好社会主义精神文明建设，培育人民群众的健康的思想品质和理性的行为取向，就成为社会主义主体产权制度的积极功能得到充分发挥的一项重要条件。